에센스

세계의 음식문화

머 리 말

오늘날 국제 이주 증가에 따른 다문화 현상에 따른 세계화는 인류에게 있어 더 이상 피할 수 없는 현상으로 인식되고 있습니다. 여기서 세계화는 다양한 국가와 민족이 지구촌에서 더불어 살아감을 의미하며, 그런 세계인으로 살아가기 위한 첫 번째 노력이 국가 간 민족 간의 서로 다른 언어와 생활양식에 대한 이해에서 시작될 것입니다.

인간의 삶에서 가장 기본이 되는 의식주 중에서 가장 원초적인 것이 바로 食과 관련된 것이라 볼 수 있고 식품을 조리하고 가공하는 체계와 식사행동 체계를 통합한 문화를 음식문화(飮食文化)라고 합니다. 이런 음식문화의 이해를 통해 한 국가의 역사, 관습, 전통 등을 보다 쉽게 이해할 수 있습니다. 다른 나라의 음식문화를 미리 알고 인정한다면 개인적 차원에서든 국가적 차원에서든 원만한 관계를 유지하는 데 큰 도움이 될 것입니다. 따라서 음식문화를 공부하는 것은 그 효용이 단순히 음식에 한정되지 않을 정도로 중요합니다.

이 책은 모두 6개 **Chapter**로 식문화의 이해, 아시아의 음식문화, 유럽의 음식문화, 아메리카의 음식문화, 아프리카의 음식문화, 오세아니아의 음식문화로 구성하였습니다. 총 21장 20개국의 자연환경, 사회문화적 환경, 식문화 역사, 음식문화의 특징, 대표 음식을 중심으로 집필하였습니다. 그럼으로써 호텔관광분야를 전공하는 관광경영, 외식조리, 식음료, 식공간연출 전공 학생들을 위한 세계 각 나라의 식문화를 이해하는 지침서가 될 뿐만 아니라 음식문화에 관심이 많은 일반인에게도 세계 여러 나라의 음식문화를 쉽게 접할 수 있도록 노력했습니다.

좋은 교재를 만들기 위해 저자들이 열심히 조사하고 집필하였으나 부족한 부분이 있을 것으로 사료됩니다. 부족한 부분은 앞으로 계속 수정·보완하여 보다 나은 음식문화 이론의 지침서가 되도록 노력하겠습니다.

병신년 새 봄에

저자 일동

차례

Part 1 식문화의 이해

Part 2 아시아의 음식문화

한국

Contents

중국

일본

인도

태국

베트남

터키

이란

Contents

Part 3 유럽의 음식문화

프랑스

이탈리아

영국

독일

스페인

러시아

헝가리

Contents

Part 4 아메리카의 음식문화

멕시코

브라질

미국

Contents

Part 5 아프리카의 음식문화

이집트

Part 6 오세아니아의 음식문화

호주

PART 1
식문화의 이해

1. 음식과 문화의 관계
2. 식생활과 식문화권 분류
3. 종교의 식생활
4. 기후의 식생활

1. 음식과 문화의 관계

문화란 후천적으로 획득된 학습행동으로 자연환경에 적응하면서 만들어낸 사람과 사회의 생활양식이라 할 수 있다. 영국의 인류학자 E. B. 타일러는 저서 "원시문화"에서 문화란 '지식, 신앙. 예술. 도덕. 법률. 관습 등 인간이 사회구성원으로서 획득한 능력 또는 습관의 총체'라고 정의했다.

식문화는 식(食)에 관한 문화로 식생활문화는 인류가 생활하고 있는 서로 다른 자연과 사회 환경에서 조화를 이루면서 형성된다. 그러므로 한 시대의 식생활 문화는 당대의 시대적 가치관을 반영한다고도 할 수 있다.

과거에는 식생활 문화를 영양적인 측면과 영양생리학적 관점에서 주로 연구하였으나, 현대에는 경제, 사회, 산업, 조리, 문화측면에서 연구하는 대상으로 바뀌고 있다. 과거 인간은 수렵이나 채집, 목축, 농업, 어업 등의 수단으로 환경에 적극적으로 대응하여 먹거리를 확보해왔다.

이렇게 획득한 먹거리를 조리 · 가공하여 다양한 음식을 만들고, 완성된 음식을 편안하고 위생적으로 먹기 위해 식사 도구나 식기, 식탁 등을 사용하였다. 또한 여러 사람이 즐거운 마음으로 음식을 먹기 위해서 식사 예절을 만들어 식사행동의 체계를 지키고자 하였다. 식품을 조리 · 가공하는 체계와 식사행동 체계를 통합한 문화를 음식문화(飮食文化)라고 한다.

이와 같이 음식문화는 음식의 재료가 되는 식품의 획득 방법과 종류, 식품의 조리 · 가공법, 식기류, 상차림 및 음식을 먹는 방법 등에 대한 정보를 준다. 따라서 음식문화를 통해 한 국가의 역사, 관습, 전통 등을 보다 쉽게 이해할 수 있다. 오늘날 세계화는 우리 인류가 직면한 피할 수 없는 역사의 단계로 인식된다. 세계화는 여러 국가와 민족이 지구촌에서 더불어 살아간다는 의미이며 세계인으로 살아가기 위한 필수 요소는 다른 나라의 언어와 생활에 대한 이해이다.

다른 나라의 음식문화를 미리 알고 인정하는 것이 개인 간이나 국가 간에 친밀

한 관계로 나아가는 첫걸음이라 할 수 있다. 음식의 재료가 되는 식품은 그 지역의 기후와 토양 조건을 반영하고 있으며 조리방법과 식사예절은 그 지역의 독자성을 엿볼 수 있는 부분이다. 각 대륙별 현지 주민들의 음식문화를 학습하게 되면 한 국가의 역사, 관습, 전통, 종교, 국민성을 보다 쉽게 이해할 수 있을 것이다.

2. 식생활과 식문화권 분류

1. 주식에 따른 분류

원시시대의 인류는 수렵, 채취, 어로의 생활을 하면서 먹을 것을 찾아 이동하며 생활하였다. 그러면서 식물의 종자, 뿌리, 줄기, 열매 등을 먹으면 힘이 생긴다는 것을 알게 되었고 그것을 심으면 더 많은 양의 수확물을 얻을 수 있다는 지식을 터득하면서부터 먹을 것을 찾아 돌아다니기보다는 물이 있고 기후가 좋으며 토양이 비옥한 하천 유역을 중심으로 정착하면서 농경생활이 시작되었다.

가장 오랜 경작 역사를 가진 작물은 보리로 기원전 7,000년경부터 시작되었고 밀은 기원전 6,000년경, 벼는 기원전 5,000년 전부터 재배되기 시작하였다. 동물도 수렵에 그치지 않고 기원전 9,000년경부터 성질이 온순하고 무리를 쉽게 이루는 양과 염소를 시작으로 기원전 8,000년경에는 돼지, 기원전 6,000년경에는 소를 사육하기 시작하였다.

이 때부터 인간의 식생활은 점차 안정되었고 필요한 에너지를 충족시키기 위한 주식이 확립되었다. 전 세계 인구의 1/3은 밀을 주식으로, 1/3은 쌀을 주식으로, 나머지 1/3은 보리, 호밀, 감자, 옥수수, 고구마 등을 주식으로 활용했다. 이처럼 정착한 지역의 자연환경에 따라 주식이 구분되기 때문에 주식을 기준으로 식생활 문화권을 나눌 수 있다.

(1) 밀을 주식으로 하는 문화권

밀은 중근동과 카스피해 연안을 중심으로 재배되기 시작하였고 인도 북부지역, 파키스탄, 중국 북부, 북아프리카, 유럽, 북아메리카 등에서 밀을 주식으로 이용하고 있다. 밀은 배아부가 약하고 외피가 강하여 입자를 유지하면서 외피를 분리하기가 어려워 대부분 제분하여 빵이나 국수의 형태로 이용한다. 밀이 재배되는 지역은 주로 건조한 지역으로 수확량이 적고 목축이 함께 이루어지는 곳이어서 상대적으로 동물성 식품의 섭취가 많다는 특징이 있다.

(2) 쌀을 주식으로 하는 문화권

벼는 중국 운남성 고원지대와 아삼지방을 중심으로 재배되기 시작하여 동북아시아, 동남아시아 지역 등 세계 각국으로 전파되었다. 주로 인도 동부, 태국, 미얀마, 베트남, 중국 중남부, 대만, 한국, 일본 등에서 주식으로 이용된다. 일반적으로 한국, 중국, 일본은 찰기가 많은 쌀밥을 선호하고 기타 지역에서는 찰기가 적은 쌀밥을 선호한다.

(3) 서류를 주식으로 하는 문화권

주식으로 이용되는 서류는 감자, 고구마, 마, 토란 등이 있다. 동남아시아와 태평양 남부의 여러 섬에서 주식으로 이용되고 있고 16C에 유럽으로 전래된 감자는 현재는 유럽의 여러 국가에서 밀과 함께 주식으로 이용되고 있다.

(4) 옥수수를 주식으로 하는 문화권

멕시코에서 재배되기 시작했으며 멕시코, 페루, 칠레, 미국남부, 아프리카 지역에서 주식으로 이용하고 있다. 지역에 따라 먹는 방법은 차이가 있는데 멕시코 지역에서는 주로 옥수수 가루를 반죽하여 둥글고 납작하게 구워서 먹고, 페루나 칠레에서는 알곡 그대로 또는 분쇄하여 죽 형태로 만들어 먹는다. 또한 아프리카 지역에서는 가루를 내어 수프나 죽의 형태로 끓여먹는다.

2. 먹는 방법에 따른 분류

국가나 민족 또는 음식의 특징에 따라 음식을 먹는 방법은 다르게 발전해 왔다. 식사를 하는 방법에 따라 도구 없이 손으로 음식을 집어먹는 수식 문화권(手食文化圈)과 숟가락과 젓가락을 이용해서 음식을 먹는 저식 문화권(箸食文化圈), 나이프 · 포크 · 스푼을 사용하는 문화권으로 나눌 수 있다.

먹는 방법	지역	특징	사용인구
수식 문화권	동남아시아 중동, 아프리카 오세아니아(원주민)	이슬람 문화권, 힌두교 문화권 엄격한 수식 매너가 존재 인류문화의 근원	40%
저식 문화권	한국, 중국 일본, 베트남 등	중국 문명 중 화식(火食) 문화에서 발생 중국, 한국은 수저 사용 일본은 젓가락만 사용	30%
나이프 · 포크 · 스푼식 문화권	유럽, 러시아 남 · 북 아메리카 호주	17C 프랑스 궁정요리에서 확립됨 빵은 손으로 먹음	30%

(1) 수식 문화권

인류문화의 근원으로 역사 이전 시대에는 음식을 먹을 때 도구 없이 손으로 먹는 것이 일반적이었다. 도구를 사용하지 않고 손을 사용할 경우 손으로도 음식의 온도와 촉감을 즐길 수 있다고 한다. 현재 수식문화권으로 대표되는 곳은 힌두 문화권과 이슬람 문화권이다.

힌두 문화권과 이슬람 문화권에서는 음식을 먹을 때 반드시 오른손을 사용하는 것이 지켜지고 있다. 개인용 식사도구가 대중화된 18세기 이전의 유럽의 경우도 손으로 음식을 먹는 것이 일반적이었고 19세기 말까지도 손으로 음식을 집어먹는 습관이 남아있었다.

- **수식 문화권에 속하는 지역** : 인도, 동남아시아, 서아시아, 아프리카, 오세아니아 등

(2) 저식 문화권

음식을 먹을 때 주로 숟가락과 젓가락을 사용하는 문화권으로 한국의 경우는 음식을 먹을 때 수저를 동시에 사용하는데 국물이 있는 음식과 밥은 숟가락을 사용하고 젓가락은 반찬을 먹는 용도로 사용한다. 중국의 경우는 원대(元代)까지는 밥을 먹을 때 숟가락을 사용하였으나 점차 밥은 젓가락을 사용하여 먹고 숟가락은 수프 전용의 도구가 되었다. 일본의 경우는 젓가락만을 사용하여 음식을 먹는 전통을 형성하여 모든 음식은 젓가락을 사용하고 국물이 있는 음식은 젓가락을 사용하여 건더기를 먹은 후 국물은 국그릇을 들어 올려 입으로 마신다.

• 저식 문화권에 속하는 지역 : 한국, 중국, 일본, 베트남 등

한국, 중국, 일본의 젓가락 비교

구 분	한 국	중 국	일 본
명칭	젓가락	콰이즈	하시
재질	금속	플라스틱이나 대나무	나무
형태	납작하고 위,아래의 굵기 차이가 적다	길이가 길고, 뭉툭하고 위,아래의 굵기 차이가 적다.	끝이 뾰족하고 위, 아래의 굵기 차이가 크다.
특징	다양한 형태의 반찬을 집기에 적당하다.	기름지고 뜨거운 음식을 집기에 적당하다.	생선을 발라 먹기에 편리하다.
모양		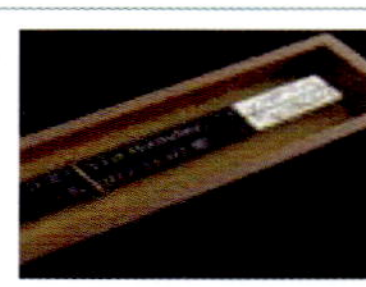	

Check point

젓가락의 역사

4,000년 전 중국에서 발명되었고 공자는 칼을 호전적인 도구라고 여겨 비폭력을 가르치는 교육의 일환으로 젓가락을 쓰도록 권장하였다.

콰이지 : 중국어로 '빠른 꼬마'라는 의미이다.

젓가락을 뜻하는 영어 '찹스틱'의 '찹'은 중국어 콰이를 잘못 발음한 것이라고 한다.

(3) 나이프 · 포크 · 스푼 문화권

16세기경부터 이탈리아와 스페인의 상류 사회에서 개인용 포크, 나이프를 사용하기 시작하였고 영국, 프랑스, 독일, 북유럽에서는 17세기가 돼서야 도구의 사용이 대중화되었다. 포크는 18세기에 들어가서야 대중적인 도구가 되었다.

- 나이프 · 포크 · 스푼 문화권 지역 : 유럽, 러시아, 남북 아메리카 등

Check point

포크의 역사

BC 100년경 중동에 왕실 식탁에 처음 등장한 것으로 본다. 11세기 비잔틴제국의 공주가 베니스 총독의 아들에게 시집갈 때 혼수로 가져가 유럽에 전파되었으나 종교적 이유로 300년간 사용 하지 않다가 18세기가 돼서야 대중적인 식사 도구가 되었다.

3. 종교와 식생활

인간의 식생활은 근본적으로 신과 밀접하게 관련되어 있다. '신인공식(神人共食)'이라고 하는 것이 신성한 행위이며 근본적인 식사 양식이었다. 따라서 식사예법이 엄격해질 수 밖에 없었을 것이다. 인간은 신의 보호를 받고 신에 대한 감사의 표시로 소중한 음식을 바쳐 신에게 인정받기를 원했을 것이다.

이러한 이유로 종교 의식에서 음식은 반드시 포함되었고 한 국가의 종교는 그 민족의 음식에 대한 금기 사항, 규정, 습관 그리고 풍습에 큰 영향을 끼쳤다. 종교는 한 민족의 식생활 형태에 영향을 미치는 가장 큰 요인 중 하나이다.

종교별 금기 식품

구 분	불교	힌두교	이슬람교	그리스도교
발원지	인더스강 유역	인도	사우디아라비아	예루살렘
전파지역	전 세계	인도 대륙	전 세계	전 세계
신앙적대상	붓다 (Budda)	브라만 (Brahman)	알라(Allah) 모하메드 (Mohammed)	예수 (Jesus)
신앙적특징	육식 금식	소의 신성화 카스트제도	라마단 (단식월 행사)	종파에 따라 금식, 금욕을 제정
금기 식품	동물의 고기 시장에서 파는 기성식품 더러운 음식	동물의 고기 쇠고기를 금함 술을 금함	죽은 짐승의 고기와 피, 돼지고기, 목 졸려 죽은 고기	종파에 따라 술 금지
식생활의 특징	채식주의	카스트 순위가 높을수록 채식주의	금기 식품 이외의 모든 식품 허용 단식월 행사 시 낮 동안에 물, 흡연 및 모든 음식 섭취 불가	종파에 따라 채식주의

1. 불교와 음식

고대 인도사회의 카스트제도가 신분과 직업을 고정시키고 브라만교의 타락에 대한 불만이 높아져가는 분위기에서 기원전 5세기경 석가모니가 브라만교의 차별주의에 반대하고 깨달음과 자비, 윤회사상을 기본으로 하는 불교를 창시하였다.

'불교'의 의미는 부처가 설한 교법이라는 뜻과 부처가 되기 위한 교법이란 뜻이 포함되고 붓다는 '깨달은 자'를 뜻하며 '부처'로 통용되기도 한다. 석가 생전에 이미 교단이 조직되어 불교 포교가 시작되긴 했으나 부처 입멸 이후인 기원 전후에 인도, 스리랑카 등지로 전파되었고 다시 동남아시아, 서역을 거쳐 중국, 한국, 일본으로 교권이 확대되었다. 그러나 14세기 이후로는 교권이 축소되었고 오늘날 발상지인 인도에서는 세력이 미약하나 스리랑카, 타이, 미얀마, 캄보디아, 티베트에서 몽골에 걸친 지역, 한국을 비롯한 동아시아 지역에 많은 신자를 확보하고 있다.

불교는 모든 생명의 존엄성에 대한 신앙과 그에 따른 채식주의를 옹호하며, 채식에 종교적 신성을 부여하였다. 인도에서는 직간접적으로 소를 신성시하고 미덕으로 표현하기도 한다. 또한 불결한 음식의 개념들이 강화되었는데 칼로 자른 고기, 개고기, 인간의 고기, 육식동물의 고기, 메뚜기, 낙타, 털이 지나치게 많은 동물의 고기가 포함되며, 밤새 방치해 상한 밥, 시장에서 만들어진 기성 음식, 곤충이나 쥐, 개, 고양이, 인간 등에 의해 더렵혀진 음식물을 식용에 부적합한 것으로 간주한다.

2. 힌두교와 음식

약 4,000년경 인도에서 형성된 종교이다. 힌두라는 말의 어원은 'Shindhe'로 발음이 변형되어 현재의 'Hindu'가 되었다. 'Shindhe'란 인더스강 지역의 민족과 문화라는 의미로 이는 힌두교의 발생지가 이 지역인 것을 증명한다고 할 수 있다.

힌두식 생활방식과 종교에 암묵적으로 내포되어 있는 제도가 카스트제도이다. 카스트제도는 출생성분에 따라 사회적 계급으로 사람들을 구분하고 변화하지 않는 신분제도이다.

힌두교에서는 모든 생물은 신의 정신을 가진 존재이고 작은 생물이라도 생명을 죽이는 것은 브라만에게 해를 입히는 것과 같다고 생각하여 생명을 죽이는 것을 기피하며 소를 신성시 한다. 그러므로 힌두교도는 철저한 채식주의자이고, 좀 더 엄격하게 지키는 사람은 달걀을 섭취하는 것조차 거부한다.

3. 이슬람교와 음식

예언자 무함마드가 전지전능한 신 알라의 가르침을 대천사 가브리엘을 통해 계시 받아 완성시킨 종교로 유대교, 그리스도교 등 유대계의 여러 종교를 완성시킨 유일신 종교임을 자처한다. 이슬람의 경전은 코란이며 무함마드가 천사 가브리엘로부터 받은 유일 신 알라의 말을 기록한 것이라 한다.

이슬람교를 믿는 민족은 돼지고기를 절대 먹지 않는다는 공통점이 있다. 이슬람 율법과 구약성서에 "저절로 죽은 동물의 피, 돼지고기, 소와 양의 기름, 갈고리 발톱을 가지고 있으면서 동족을 잡아먹는 날짐승, 날개를 가지고 있으면서 네발로 기어 다니는 짐승, 날개도 비늘도 없는 수중 생물 등은 먹어서는 안 된다."고 명확히 규정되어 있다.

코란 경전에는 죽어 있는 동물의 피, 돼지고기와 알라의 이름으로 잡지 않는 가축, 그리고 날짐승은 먹어서는 안 된다고 명문화되어 있으나 "기아상태, 모반에 가담하여 고역을 치를 때, 월군 행위로 죄를 지어 부득이한 상황에 처해 있을 때는 금기 식품을 먹어도 죄가 되지 않는다."는 단서조항이 존재하여 이슬람교를 믿는 민족마다 각각 금식과 식생활 양식의 차이가 있다. 또한 코란 경전에 "술은 이로움보다 해로움이 더 많고, 술을 마시고 예배하는 것은 마귀 행위의 죄악이다. 즉 술을 마시는 것 자체가 알라에 대한 불경이다."라고 명문화되어 대부분의 이슬람교들은 술을 마시지 않는다.

4. 그리스도교와 음식

1세기에 태어난 나사렛 예수를 구세주로 믿는 종교로 그리스도교의 기점과 근거는 바라 예수 그리스도로서 예수를 하나님의 아들이며 이 인류의 구원자로 믿는 것을 신앙의 근본 교의로 삼는다. 그리스도교는 역사적 변천을 거쳐 로마가톨릭교회, 동방정교회, 프로테스탄트교회의 세 갈래로 갈라졌으며 이후 수많은 종파들로 분화하여 세계 곳곳에 퍼져 있다.

초기 그리스도교 율법은 식생활에 대해 매우 엄격하여 한 끼 저녁만 먹을 것을 허용하고 식사의 내용도 제한하여 채소와 생선 및 달걀만 허용하였으나 9세기에 완화되었고, 13세기부터는 간단히 식사를 하였다. 9~14세기에 이르는 동안에는 교구의 성직자는 칠순절부터 단식을 시작하였으나 현대에 들어와서는 단식이 완화되었다.

4. 기후와 식생활

음식을 만들 때 재료가 되는 식품은 그 지역의 기후와 토양 조건 등의 자연환경에 영향을 받으며 발전했고 농작물 자체가 문화의 산물이기도 하다. 원시시대의 인간은 식량을 찾아 이동을 했으나 점차 기후가 좋고 토질이 비옥한 하천유역을 중심으로 농경 생활을 시작했고 그 지역의 자연환경에 순응하면서 식량자원을 확충해왔다.

기후에 따른 식생활 문화권은 크게 열대 기후 지역, 온대 기후 지역, 건조 기후 지역, 한대 기후 지역, 냉대 기후 지역으로 나눌 수 있으며 식생활은 거주지역의 자연환경인 수질, 토양, 지형, 기후에 따라 다르게 발전해왔다.

특정 지역의 기후와 토양 및 농업 생산물은 음식문화에 많은 영향을 미쳤다.

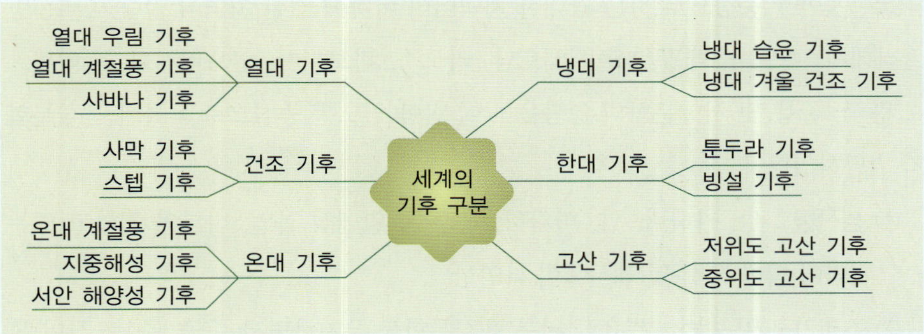

세계의 기후 구분

1. 열대 기후 지역

월평균 기온이 영상 18도가 넘는 열대 기후 지역은 강수량의 분포에 따라 열대 우림 기후, 열대 계절풍 기후, 사바나 기후 지역으로 세분할 수 있다.

(1) 열대 우림 기후 지대

아프리카의 가봉을 중심으로 한 콩고강 유역, 세네갈, 나이지리아, 라틴아메리카의 브라질, 페루, 콜롬비아 등의 낮은 지대이다. 식량 자원이 주로 자연에서 수요 충족이 되므로 이 지역에서는 새로운 식량자원을 개발하려는 의지가 약한 편이다.

① **생산물** : 카사바, 얌, 고구마, 땅콩, 바나나, 파인애플, 망고, 파파야, 팜야자

② **조리기구** : 일반적인 조리 기구나 취식기구의 발달이 늦어 전반적으로 조리문화의 발달이 늦음

③ **조리방법** : 발효법이나 훈연법 등의 조리방법은 발달하지 않음. 건조 외에는 전통적 가공방식이 발달하지 않음

(2) 열대 계절풍(몬순) 기후 지대

동아시아를 중심으로 하는 광대한 지역이며 바다에 접한 지역이 많다. 인도, 방글라데시, 미얀마, 네팔, 타이, 베트남, 라오스, 캄보디아, 인도네시아, 필리핀으로 중국, 중동 및 서양문화의 영향을 많이 받아 인도를 중심으로 독특한 음식문화가 발달하였다.

① **생산물** : 쌀, 카사바, 얌, 바나나, 옥수수, 열대성 과일, 바다와 접하고 있는 지역이 많아 생선 및 해산물이 다양함

② **조리기구 및 방법** : 특유한 전통 음식문화를 유지하면서 중국, 중동, 식민 통치자였던 서양의 영향을 크게 받음

(3) 사바나 기후 지대

비가 오는 기간인 우기와 비가 오지 않는 건기로 나눠지기 때문에 열대 초원이 형성된다. 양생동물들이 살기 좋은 환경이다.

(4) 열대 기후 지역 음식의 일반적인 특징

더운 날씨로 인해 음식이 잘 상하며 땀을 많이 흘리므로 수분 보충과 염분 보충이 필요하다. 따라서 타 지역에 비해 신체 에너지를 많이 필요로 하지만 입맛이 없어 소화가 용이하고 쉽게 칼로리를 보충할 수 있는 음식이 발달하였다.

① 기름의 사용량이 많고 기름을 이용한 조리법이 발달

② 조리법은 주로 튀긴 음식, 기름진 음식이 다양한 형태로 발전

③ 음식에 향신료를 많이 쓰는 것이 특징 (식욕증진, 소독 · 방부효과, 불쾌한 냄새나 맛을 제거)

④ 비교적 채소를 적게 쓰는 반면 열대 지역의 과일을 음식에 많이 이용

⑤ 소독 효과를 높이기 위해 여러 종류의 차를 마심

⑥ 음식의 간을 세게 함

⑦ 주요 식재료는 고구마, 카사바, 얌, 쌀(지역에 따라), 옥수수, 땅콩, 바나나, 망고, 파인애플 등의 열대성 과일, 생선(일부 지역)

2. 온대 기후 지역

아열대와 한대 지역의 중간인 중위도 지역에서 나타나는 기후로 월 평균 10도 이상인 달이 4~8개월 지속되는 지역이다. 온대 기후는 최한월의 월평균 기온이 0도인 선을 기준으로 온대 계절풍, 지중해성 기후, 서안 해양성 기후로 세분된다. 사람이 살기 좋은 기후대로 일구 밀도가 높은 것이 특징이며 동부 아시아, 중동아시아, 남북 아메리카 동부, 오스트레일리아 동부, 중국 남부지역, 인도 및 인도차이나 반도의 북부, 북서부 유럽, 북아메리카 서안, 칠레 남부, 뉴질랜드, 지중해 연안, 캘리포니아, 칠레 중부, 아프리카 남단에 분포한다.

(1) 온대 기후 지역 음식의 일반적 특징

① 여러 종류의 먹거리가 생산되어 음식의 종류가 다양

② 조리방법이나 식품가공 기술이 발달

③ 적당량의 향신료를 사용

④ 순한 술과 독한 술을 고루 즐김

⑤ 식품 건조 기술이 발달

⑥ 소, 돼지, 양 등의 목축이 발달하여 유제품이 많이 생산

⑦ 다양한 종류의 채소류가 많이 재배되어 채소를 이용한 요리가 발달

⑧ 쌀, 보리, 밀 등 다양한 곡류가 많이 생산되어 이를 이용한 요리가 발달

⑨ 다양한 종류의 가축 및 가금류의 사육이 많아 이를 이용한 요리가 발달

⑩ 콩을 다양한 방법으로 가공, 발효하여 먹는 음식이 발달

⑪ 어류 및 해산물의 사용이 광범위하게 이루어짐

3. 건조 기후 지역

강수량을 기준으로 하여 스텝 기후와 사막 기후로 나눈다.

(1) 스텝 기후 지역

스텝 지역에는 단초 초원이 형성되고 토양이 비옥하기 때문에 곡창지대가 형성된다. 우크라이나, 아르헨티나의 팜파스, 몽골을 중심으로 한 중앙아시아, 이란에서 이스라엘에 이르는 중동지역, 오스트레일리아의 대분지, 미국의 대분지, 사하라 사막 등이 포함된다.

(2) 사막 기후 지역

주로 아열대 고기압대에 형성된다. 아프리카의 사하라 사막 등이 있다.

(3) 건조 기후 지역 음식의 일반적 특징

① 유목 생활이 주류를 이루고 있어 소나 양의 젖, 요구르트, 치즈, 버터등의 유제품

② 옥수수, 밀, 수수, 대추야자, 양고기

③ 건조기후 지역의 음식은 비교적 단순함

4. 한대 기후 지역

기온 0도를 기준으로 툰드라 기후와 영구 빙설 기후로 나뉜다. 날씨가 매운 추운 지역으로 식물의 성장이 어려워 인구 밀도가 매우 낮다.

(1) 툰드라 기후 지역

최난월의 평균기온이 0~10도로 여름의 짧은 기간 동안 눈이 녹고 초목이 자랄 수 있다.

(2) 영구 빙설 기후 지역

최난월 평균기온이 0도 이하로 항상 눈과 얼음으로 덮여 있다.

(3) 한대 지역 음식의 특징

① 음식의 종류가 적음

② 음식의 맛이 담백하고 싱거우며 가공을 거의 하지 않음

③ 생선 및 절인 생선을 많이 이용하고 생선을 날로 먹음

④ 순록, 곰 등의 동물이 많아 수렵이 발달

⑤ 치즈, 요구르트 등이 유제품을 많이 이용

⑥ 알코올 도수가 높은 술을 많이 먹음

PART 2
아시아의 음식문화

1. 한국
2. 중국
3. 일본
4. 인도
5. 태국
6. 베트남
7. 터키
8. 이란

대한민국(Korea)

- 인구 : 약 4,911만 명
- 수도 : 서울
- 언어 : 한국어
- 종교 : 불교, 유교, 그리스도교 등
- 위치 : 동북 아시아
- 기후 : 온대 기후

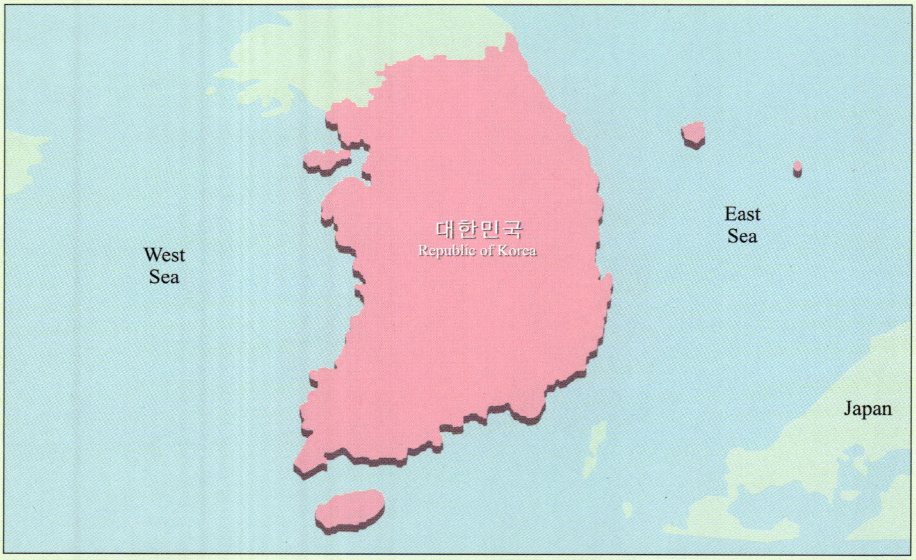

한국 관광청 http://www.visitkorea.or.kr

1. 한국의 자연환경

한국은 아시아 대륙과 태평양 사이의 반도국가이며 국토의 70%가 산지이며 삼면이 바다이다. 온대 몬순 기후지역에 속하며 대륙성 기후와 해양성 기후를 고루 갖추고 있으며 4계절이 뚜렷하여 계절의 변화와 지역 간의 풍토에 적합한 식품의 조리 및 가공법이 다양하게 발전하였다. 기온, 습도, 강우량이 농사와 축산에 적합하며 특히 밭 작물 농사에 적합한 환경이 조성되어 있다. 뚜렷한 4계절 덕분에 다양한 식품의 산출이 가능했고, 농한기(農閑期)에 대비한 식품의 저장법과 가공법의 발달을 가져왔다.

2. 한국의 사회문화적 환경

대한민국의 인구는 약 4,900만 명(2015통계)이며, 대륙과 해양이 접해있는 지형과 기후로 인해 다양한 요소를 고루 갖추고 있다. 생활문화 요소에 대륙성 영향의 폐쇄성과 해양성 영향의 개방성이 반영되어 나타난다. 또한 이런 지리적 환경으로 인해 대륙과 해양에서 문화를 받아들여 다양한 음식문화가 발달하였다. 13세기 이전까지는 북방문화, 임진왜란을 기점으로 남방문화, 19세기에 서양문화의 영향을 받으면서 음식문화가 변화하고 발전해왔다.

3. 한국 음식문화의 역사

1. 구석기 시대의 식생활

수렵, 어로와 채집을 하던 시대이므로 이 시대의 주된 식량원은 들짐승이나 식용식물, 물고기였다. 동굴 유적에서 모닥불 자리가 발견된 사실로 미루어 보아 구석기 시대 사람들은 자연동굴이나 평지에 살면서 불을 사용하였다는 것을 알 수 있다. 불을 사용하여 모닥불에 고기를 익혀 먹는 식생활은 전 세계 공통적으로 나타나는 현상이며 오늘날의 바비큐 형태로 이어져온다.

① 수렵, 어로, 채집으로 식량 자원을 얻던 시대

② 불을 이용한 조리를 시작함, 수렵한 짐승의 고기를 불에 직접 구워 먹는 형태

2. 신석기 시대의 식생활

대부분의 유적이 강변이나 바다 가까운 곳에 조개무지로 남아있는 것으로 보아 강변이나 바닷가에 살면서 조개를 따거나 어로를 통해 식량을 얻는 생활을 하였을 것으로 추정된다.

수혈주거 구역 안에서 화덕이 발견되어 정착 생활의 시대가 시작되었다는 사실 또한 알 수 있다. 흙을 구워서 만든 토기가 발견되는 것으로 봐서 식품을 저장하거나 식사 시 그릇에 담아서 먹었던 식생활을 한 것으로 보인다. 중국의 동북방 지역으로부터 농업을 배운 이주민이 이주해 옴으로써 잡곡 중심의 농업이 시작되었다.

농업이 시작되면서 주거 지역이 강변에서 구릉지로 옮겨져 취락이 형성되었다.

① 후기로 접어들면서 잡곡 재배 중심의 원시 농경이 시작되어 피, 기장, 조 재배

② 조리용구로 마제석기와 흙을 빚어서 구운 토기를 사용

③ 과일주 형태 술의 역사가 시작됨

④ 갈돌에서 갈은 미숫가루, 잿불에서 구운 떡, 밤, 토기에서 끓인 죽 등이 있었을 것으로 추측

3. 부족(연맹)국가 시대

부여, 고구려, 옥저, 예, 삼한으로 연맹왕국이 세워졌던 시기로 철기문화를 배

경으로 농경 생활이 정착이 되어 농업이 주요 산업이 되었다. 제천의식으로 곡신제를 지냈고 공동으로 음식을 만들어 먹었다.

① 농업이 주산업이 되면서 농산물 주식시대로의 전환됨. 주식과 부식의 분리된 시대를 초래

② 피, 기장, 수수, 조, 보리, 벼, 콩, 팥 등을 재배

③ 곡신제를 지냈고 제천의식 때에는 공동으로 음식을 만들어 먹었다.

④ 술, 장 등의 발효식품을 가공하였으며 술은 제천의식의 필수품

⑤ 수렵으로 잡은 고기에 양념을 하여 재워두었다가 꼬챙이에 꿰어 불 위에 굽는 맥적이 등장

⑥ 시루의 증가로 찌는 요리가 발달

Check point

삼국지에 나타난 고구려인의 음식문화

위지 동이전 고구려조에 '고구려 사람은 장양(藏釀)을 잘 한다'고 기록되어 있다. 이 때 장양은 술빚기, 장담기, 채소절임과 같은 발효식품의 총칭이라 본다.

4. 삼국 시대~통일신라 시대

고구려, 백제, 신라의 삼국을 거쳐 통일신라 시대에 이르는 과정에서 식생활의 구조와 체계가 성립되었다. 삼국은 모두 농업을 기본 산업으로 하였으며 토지제도를 정비하였다.

(1) 삼국 시대의 특징

① 삼국 시대 이후부터는 농경이 확립되어 목축, 수렵, 어로로 얻는 식량자원은 보조역할을 하게 됨.

② 주식, 부식이 분리된 생활이 정착 : 밥과 반찬으로 구성하는 밥상차림이 상용 식사의 기본 양식으로 정립됨.

③ 귀족은 금, 은을 도금한 그릇과 유리그릇 등을 사용하는 화려한 생활문화 전개

④ 무쇠솥의 등장으로 밥 짓기가 일반화되고 주방의 필수 용구가 증숙 전용 시루와 자숙 전용인 무쇠솥의 두 계열로 발전

⑤ 술, 장, 시, 혜와 같은 발효식품이 상용 필수품

⑥ 장, 포, 젓갈, 김치와 같은 상용 기본식품의 가공법도 보편화

⑦ 신라 흥덕왕 3년 김대렴이 중국으로부터 차의 종자를 들여와 차 재배를 시작

- 궁 안에 차를 달이는 일을 담당하는 직제로 '다방(茶房)'을 둠
- 차는 기호품만이 아니라 제물이나 공양물의 하나로 씀

고구려의 부엌 및 육고 – 안악 3호분 벽화

고구려의 공동 우물

고구려의 상차림 – 무용총

상 나르기 – 무용총

삼국 시대의 식생활을 엿볼 수 있는 고구려 벽화

* 시 : 현대의 청국장으로 '하루 밤이면 만들 수 있다'라고 기록되어 있다.
* 혜 : 어패류, 수 · 조육류, 채소 절임을 총칭하는 말이다.
* 포 : 생선, 고기, 조개 등을 말린 식품의 총칭이다.

(2) 삼국 시대

① **농산물** : 상추(고구려 특산물), 박, 아욱, 순무, 가지, 동아, 시금치, 토란, 버섯, 우엉, 마늘, 파, 밤, 잣, 유자, 귤, 복숭아, 배, 살구 등이 재배

② **축산물** : 소, 돼지, 닭, 개, 양, 오리, 거위 등이 가축으로 사육됨

③ **수산물** : 항해 기술의 발전으로 고래, 바다표범, 상어, 고래, 조기, 가자미, 숭어, 문어, 새우 등을 잡았으나 불교가 유입되면서 타격을 입음

(3) 통일신라 시대

① **농산물** : 부식으로 오이, 미나리가 첨가되었고 밤, 잣, 자두, 배, 밀감, 앵두, 참외 등을 식용

② **수산물** : 다시마, 해초 등이 추가됨

③ **조미료** : 소금, 생강, 천초, 귤피 등이 쓰임

5. 고려 시대의 식생활

숭불정책과 미곡의 증산 환경을 배경으로 육식 절제의 식생활로 채소음식이 발전하였고 떡과 과정류 등 쌀로 만드는 음식의 조리 기술이 고도로 발달하였다. 음다(飮茶) 풍속의 성행으로 청자 다구와 다과상 차림의 규범이 성립되었다.

① 숭불정책으로 인한 어육 절제 식생활로 식생활의 범위가 축소

② 진다례(進茶禮)와 음다 풍속의 성행으로 다구가 발달, 차가 제수용 쓰임

③ 유밀과, 다식과 같은 조과류가 발달하여 의례음식, 연회 음식으로 성행

④ 김치와 채소음식이 발달

⑤ 양주업의 확대와 소주가 유입

⑥ 고려 말 몽고의 영향으로 육식이 복원 발달

⑦ 송 · 원나라로부터 식품 전래 : 소주, 상화, 후추, 사탕

⑧ 농산물 : 우엉, 연근, 당근, 토란, 더덕, 파, 아욱, 가지, 죽순, 표고버섯, 마늘, 포도 등이 재배됨

6. 조선 시대의 식생활

유교를 새로운 정치이념으로 삼았고 성리학의 영향으로 의례음식의 조리기술과 상차림이 발달했다. 향약 연구가 활발하여 양생음식이 발달하였고 지방의 유림문화가 신장되면서 향토음식이 발달하였다. 임진왜란을 기점으로 고추, 감자, 호박 등의 남방식품이 유입되어 식생활의 변화를 가져왔다.

조선 시대는 한국 식생활문화의 전통 정비기라고 할 수 있다.

① 유교의 영향으로 의례음식의 조리기술과 상차림이 발달
② 숭유배불정책은 불교 공불 음식의 하나였던 유밀과의 사용을 금하였고, 불교의 상징이었던 차의 음용을 기피하여 음다 풍속이 쇠퇴함
③ 불교의 쇠퇴와 함께 육식복원의 식생활이 시작됨
④ 유학자들은 의례를 중시하여 관례, 혼례, 상례, 제례 때의 규범을 엄격하게 지킴
⑤ 향약에 대한 연구가 활발하여 양생음식이 발달
⑥ 온돌이 일반화되어 주거생활이 좌식으로 되고 일상의 상차림은 좌식으로 일원화
⑦ 임진왜란을 전후하여 고추, 감자, 고구마, 호박 등의 남방 식품이 유입되어 식생활의 변화가 일어남
⑧ 향음주례의 의식과 향약은 각 지방의 향토음식이 발달하기 계기가 됨
⑨ 각종 농서와 조리서들이 출간됨
⑩ 제사가 빈번하여 제주를 상비해야 했으므로 가양주가 발달

4. 한국 음식문화의 특징

일반적 특징

① 곡물을 이용한 음식이 발달했다.

- 농경이 주업, 곡물을 가장 중요시 함
- 주식으로 곡물과 함께 영양상 균형 잡힌 식사
- 쌀이 주식이었으나 벼농사가 불가능한 지역의 경우 잡곡을 혼합하여 곡물음식이 다양하게 발달

② 주식과 부식이 뚜렷하게 구분된다.

- 주식인 밥과 여러 가지의 찬을 부식으로 먹는 것이 일상식

③ 준비된 음식을 한상에 차려놓는 공간 전개형 상차림이다.

④ 음식의 종류와 조리법이 매우 다양하다.

- 곡류를 중심으로 밥, 죽, 국수, 만두, 떡국, 수제비 등으로 350여 가지의 주식
- 육류, 어류, 채소류를 주재료로 한 부식이 1500여 가지 이상
- 떡, 과자, 차, 술 등의 기호 식품이 800여종 등 다양한 조리법이 존재

⑤ 김치, 장아찌, 장, 젓갈, 술 등 발효식품이 발달했다.

- 정월부터 섣달까지 절기에 맞추어 저장 발효식품과 건조 저장 식품이 발달

⑥ 식품자체의 맛보다는 조미료와 향신료를 써서 복합적인 맛을 즐긴다.

- 다양한 양념의 발달(간장, 설탕, 파, 마늘, 깨소금, 참기름, 후추, 고추 등)
- 양념은 한자로 藥念으로 표기하는데 양념을 쓸 때 '몸에 이로운 약이 되도록 염두에 둔다'라는 뜻을 지님

⑦ 약식동원(藥食同原)의 조리법이 우수하다.

- 약식동원은 약과 음식은 그 근원이 같다는 뜻
- 동의보감에 병을 예방하고 치료 하는 데는 식생활을 바르게 해야 함을 주장
- 음식이 바로 약이고 음식을 바르게 먹는 것이 바로 醫의 행위이므로 병이 낫기 위해서는 음식을 먼저 다스리고 다음에 약을 쓰는 것을 권장

  ㊎ 삼계탕, 한약재를 넣은 탕차, 약용술

⑧ 유교의 영향으로 상차림이나 식사예법이 엄격하다.

⑨ 음양오행 사상에 입각하여 오색재료, 오색고명을 사용했다.

- 오방색 (흰색, 검은색, 녹색, 붉은색, 노란색)을 이용 재료의 색과 고명에 사용
- 음식을 만들 때 주재료와 부재료를 사용하여 고기가 주재료인 요리에는 채소와 버섯 등의 부재료를 사용하여 음양의 조화와 영양적 균형을 고려

⑩ 향토음식이 발달했다.

5. 한국의 향토음식

우리나라는 예로부터 북쪽은 중국 대륙과의 육로를 통한 교류가 빈번하고 남쪽으로는 일본과의 교류가 활발하게 이루어졌으나 그 지리적 위치, 영토의 경계가 시대에 따라 달랐다. 또한 왕조가 교체할 때마다 도읍이나 도시의 발달이 지역적으로 다양해지고 조선시대의 향음주례 등의 지역문화의 발달 등의 사회환경으로 향토음식이 발달하게 되었다.

향토음식은 지역의 기후 · 지리적 특징으로 생산되는 지역의 특산물을 포함한 재료와 지역의 고유한 조리법으로 조리하여 과거부터 현재까지 그 지역사람들이 먹고 있는 음식이라 할 수 있다.

1. 서 울

(1) 향토음식의 특징

서울은 조선의 도읍지였기 때문에 서울음식에는 조선시대의 특징이 많이 남아 있다. 지역에서 생산되는 산물은 많지 않으나 전국의 여러 음식재료들이 모여드는 곳이다.

① 전국의 여러 재료가 모여 다양하고 화려한 음식으로 발전

② 조선왕조의 도읍지로 왕족과 양반 계급이 많이 살던 곳이라 궁중음식이 발달

③ 격식이 복잡하고 맵시를 중시하는 음식이 많음

④ 짜지도 맵지도 않은 중간 정도의 간

⑤ 외국사신의 왕래로 화려한 맛과 의례를 존중하는 관습이 음식에도 표현됨

⑥ 고운 양념류, 적은 음식의 분량, 음식의 가짓수가 많음

(2) 대표 향토음식

① **주식류** : 설렁탕, 잣죽, 떡국, 장국밥, 비빔국수, 편수, 국수장국, 흑임자죽.

② **부식류** : 신선로, 갈비찜, 도미찜, 전복초, 구절판, 탕평채, 너비아니구이

③ **떡 · 과정류** : 각색단자, 각색편, 약식, 매작과, 약과, 각색다식, 각색전과

④ **음청류** : 원소병, 식혜, 떡수단, 보리수단, 한방재료의 차류

2. 경기도

서해안은 해산물이 풍부하고 동쪽의 산간지대는 산채가 많고 전반적으로 밭농사와 벼농사가 활발하여 해산물, 산나물, 농산물을 고루 생산하는 지역이다. 개성을 제외하고는 전반적으로 소박하며 양이 많은 편이다. 개성은 고려 시대의 도읍지로 그 당시의 음식 솜씨가 남아 궁중요리와 같이 사치스럽고 공이 많이 들고 여러 가지의 재료가 필요한 음식이 많다.

(1) 향토음식의 특징

① 사치스런 개성음식을 제외하고는 수수하고 소박한 음식이 많음

② 음식의 간은 세지도 약하지도 않고 양념을 많이 쓰지 않는 편

(2) 대표 향토음식

① **주식류** : 개성편수, 조랭이 떡국, 제물 칼국수, 팥밥, 뱅어죽

② **부식류** : 홍해삼, 개성무찜, 개성 닭젓국, 보쌈김치, 용인 오이지, 감동젓찌개

③ **떡 · 과정류** : 개성약과, 주악, 여주산병, 인삼정과

3. 강원도

강원도는 영서 내륙 지방과 영동 해안지방, 산악지방으로 나눌 수 있다. 지역에 따라 기후가 지세가 달라 생산되는 산물이 다르고 식생활에도 차이가 있다. 산악지방과 내륙에서는 밭농사가 활발하여 옥수수, 메밀, 감자, 도토리가 생산되고 해안지방에서는 생태, 오징어, 산나물을 이용한 음식이 많다.

(1) 향토음식의 특징

① 옥수수, 감자, 메밀 등의 잡곡과 산채, 해산물이 풍부함

② 감자, 옥수, 메밀을 이용한 음식이 발달하였고 음식이 소박함

③ 산악지방은 육류를 쓰지 않는 담백한 음식이 많고, 해안지방은 멸치나 조개를 넣어 음식의 맛을 냄

(2) 대표 향토음식

① **주식류** : 강냉이밥, 감자밥, 메밀막국수, 감자수제비, 어죽, 강냉이범벅, 감자범벅, 감자옹심이, 강릉방풍죽, 메밀만두

② **부식류** : 오징어순대, 동태순대, 오징어불고기, 동태구이, 북어식해, 도토리묵, 메밀부침, 메밀묵, 더덕생채, 취쌈, 다시마튀각

③ **떡 · 과정류** : 감자송편, 메밀총떡, 감자경단, 찰옥수수 시루떡, 송화다식

4. 경상도

남해와 동해에 접하고 있어 해산물이 풍부하고 낙동강 주위의 기름진 농토에서 풍부한 농산물도 생산된다. 가야문화, 천년 왕조의 찬란한 신라의 불교문화, 선비정신의 유교문화 등이 조화를 이루고 있는 민족문화의 본산지이다. 남해와 동해에 좋은 어장을 가지고 있어 해산물이 풍부하고 낙동강 주위의 기름진 농토에서 농산물도 많이 생산된다.

(1) 향토음식의 특징

① 음식의 멋을 내지 않고 소박하고 칼칼한 감칠맛이 있음

② 음식의 맛은 입안이 얼얼할 정도로 맵고 간이 센 편

③ 멸치젓국과 된장으로 간을 맞추는 것이 특색

④ 지역의 해산물, 담수어, 콩을 이용한 음식이 많음

⑤ 고기라고 하면 물고기를 의미할 만큼 생선을 제일로 쳐서 해산물을 이용한 음식이 많음

⑥ 싱싱한 바닷고기에 소금간을 한 뒤 말려서 구워 먹는 것을 즐기고 생선으로 국을 끓이기도 하고 동해안쪽은 해산물로 물회를 만들어 먹음

⑦ 곡물음식 중에는 국수를 즐기는데 밀가루에 날콩가루를 넣어 반죽한 칼국수를 제일로 침

(2) 대표 향토음식

① **주식류** : 진주비빔밥, 무밥, 헛제사밥, 닭칼국수, 조개국수, 통영비빔밥, 충무김밥

② **부식류** : 재첩국, 아구찜, 미더덕찜, 동래파전, 콩잎장아찌, 상어산적, 대구탕, 장떡, 콩잎장아찌, 고추부각, 해파리회, 깻잎김치, 돌나물김치

③ **기타** : 모시송편, 쑥굴레, 망개떡, 안동식혜

5. 전라도

기름진 호남평야에서 생산되는 풍부한 곡식과 남해와 서해에서 생산되는 각종 해산물, 산야에서 생산되는 산채 등 타 지방에 비해 식재료가 풍부하다. 그 결과 음식의 종류가 다양하며 정성이 유별나고 풍요로운 것이 전라도 음식의 특징이다. 전주, 광주를 중심으로 대를 이어 좋은 음식을 가정에서 대대로 전수하여 풍류와 맛이 뛰어난 지역이다.

(1) 향토음식의 특징

① 타 지방에 비해 재료가 많고 음식에 유별난 정성을 들여 풍요로운 편이다.

② 상차림의 반찬수가 많고 각종 젓갈을 이용하여 감칠맛이 강하고 짜고 맵다.

③ 기후가 따뜻하여 음식의 간이 세고 맵고 자극적이다.

④ 남해안과 서해안이 접해있어 해산물이 풍부하여 음식에 많이 이용된다.

(2) 대표 향토음식

① **주식류** : 전주비빔밥, 콩나물국밥, 피문어죽, 추어탕, 대합죽, 고동칼국수

② **부식류** : 꼬막무침, 꼴뚜기젓, 홍어어시육, 홍어찜, 낙지호롱, 붕어조림, 갓김치, 고들빼기김치, 미나리강회, 부각, 죽순채, 죽순찜, 각종 젓갈류

③ 기타 : 호박고지 시루떡, 동아정과, 감인절미, 감단자

6. 충청도

논과 밭, 하천과 접해있는 지역에서는 쌀, 보리 등의 곡식과 채소가 많이 생산되고 해안지방에서는 해산물이 풍부하고 산간지방에서는 산채와 버섯이 많이 생산되는 지역이다. 죽, 수제비, 국수, 범벅 같은 음식이 흔하고 늙은 호박의 사용이 많다. 날떡국과 칼국수를 즐겨 먹고 겨울에는 청국장을 즐긴다.

(1) 향토음식의 특징

① 음식의 양이 많고 양념을 많이 쓰지 않아 순하고 구수하며 소박함이 특징

② 국물 육수로 닭, 조개, 굴 등을 많이 쓰며 양념으로 된장을 즐겨 씀

③ **충청북도** : 쌀, 보리, 고구마, 배추, 호박과 질 좋은 버섯이 많이 생산됨

④ **충청남도** : 황해를 접하고 있어 해산물이 풍부함. 국물을 내는 데는 닭, 굴, 조개같은 것을 쓰고 양념으로는 된장을 사용

(2) 대표 향토음식

① **주식류** : 보리밥, 칼국수, 날떡국, 호박범벅, 녹두죽, 보리죽

② **부식류** : 굴냉국, 넙치아욱국, 호박지찌개, 청국장찌개, 말린 도토리묵볶음, 굴깍두기, 올갱이국, 가죽나물, 애호박 나물, 장떡, 호두장아찌

③ **기타** : 녹두편, 쇠머리떡, 도토리떡, 무엿

7. 제주도

섬이라는 특수한 상황과 어촌, 농촌, 산촌의 생활방식이 공존하는 지역이다. 농산물의 경우, 쌀은 거의 생산이 안 되고 콩, 보리, 조, 메밀 등의 잡곡을 생산하고 고구마가 주요 산물이다. 감귤, 전복 등이 특산물이고 주요 식재료로는 바닷고기, 채소, 해초를 들 수 있다. 음식을 만들 때 여러 가지 재료를 섞어서 조리하기 보다는 재료가 가진 본연의 맛을 그대로 살리는 음식을 만든다.

(1) 향토음식의 특징

① 재료를 여러 가지 섞어서 만드는 음식의 거의 없고 재료가 가지고 있는 자연의 맛을 그대로 살리는 조리방식

② 된장으로 맛을 내기를 즐겨하고 바닷고기로 국을 많이 끓이거나 죽을 쑴

③ 더운 기후로 인해 간은 대체로 짠 편

(2) 대표 향토음식

① **주식류** : 전복죽, 옥돔죽, 생선국수, 메밀 만두, 메밀저배기, 초기죽

② **부식류** : 고사릿국, 자리물회, 옥돔국, 전복김치, 갈치호박국, 옥돔구이, 해물김치

③ 기타 : 오메기떡, 빙떡, 닭엿, 꿩엿, 밀감화채

8. 황해도

북부지방의 곡창지대로 쌀과 질 좋은 잡곡이 많이 생산되는 지역이다. 인심이 좋고 생활이 윤택한 지역이라 음식의 양도 풍부하고 요리에 기교를 많이 부리지 않아 구수하면서도 소박하다 할 수 있다. 송편이나 만두도 큼직하게 빚고 밀국수를 즐겨 먹으며 밀국수나 만두에는 닭고기를 많이 쓴다.

(1) 향토음식의 특징

① 음식의 양이 풍부하고 요리의 기교를 부리지 않아 음식이 큼직하고 푸짐함

② 밀국수를 즐겨 먹는데 밀국수나 만두에는 닭고기를 많이 사용

③ 간은 짜지도 싱겁지도 않은 맛에 맵지도 않은 중간 정도의 맛

④ 김치에는 특수한 향을 내는 고수와 분디(산초)라는 향신채를 사용하고 국물을 넉넉하게 잡아 시원하게 만들고 동치미를 넉넉히 담가 두었다가 냉면국수나 찬밥을 말아 먹음

(2) 대표 향토음식

① **주식류** : 잡곡밥, 김치말이, 호박만두, 비지밥, 김치밥, 밀범벅, 호박만두

② **부식류** : 되비지탕, 호박김치찌개, 행적, 고기전, 연안식해, 돼지족조림, 호박김치 순대, 된장떡, 김치적, 분디장아찌

③ 기타 : 오쟁이떡, 닭알떡, 큰송편

9. 평안도

동쪽은 산이 높고 험준하지만 평야지대로 곡식이 풍부하고 서해와 접해 있어 해산물도 풍족하게 생산되는 지역이다. 이 지역은 고구려의 도읍으로 성품이 진취적이고 대륙적이어서 음식도 먹음직스럽게 큼직하고 푸짐하게 만들어 먹는다. 겨울이 매우 추운지방으로 겨울에 먹는 음식이 발달했으며 기름진 육류음식을 즐겨 먹고 메밀, 콩, 녹두로 만든 음식이 많다.

(1) 향토음식의 특징

① 음식은 먹음직스럽게 크고 푸짐하게 만듦

② 음식의 간은 싱겁고 맵지 않게 만듦

③ 음식의 모양에 신경 쓰지 않고 소담스럽게 많이 담는 것을 즐김

④ 겨울이 특히 추운 지역이라 기름진 육류를 즐겨먹고 겨울에 먹는 음식이 발달

(2) 대표 향토음식

① 주식류 : 온반, 평양냉면, 온면, 어복쟁반, 만둣국, 생치만두, 느릅쟁이 국수

② 부식류 : 순대, 녹두지짐, 콩비지, 돼지고기 편육, 오이토장국, 가지김치, 숭어국, 내포중탕, 똑똑이 자반, 돼지고기전, 더덕전, 두부회

③ 기타 : 노티, 송기떡, 무지개떡, 꼬리떡, 뽕떡

10. 함경도

한반도의 최북단에 위치해 있으며 험한 산악지대와 동해를 접해 있어 곡식은 밭곡식이 많고 기장밥, 조밥 등이 주식이다. 동해에서 생산되는 대구, 명태, 연어, 정어리 등의 풍부한 해산물과 감자, 고구마의 생산량도 많아 전분을 이용한 음식이 많다. 함경도 냉면은 홍어, 가자미 등의 회를 맵게 무쳐 냉면에 얹어 비벼먹는 음식이다.

(1) 향토음식의 특징

① 음식의 간은 세지 않고 맵지도 않은 담백한 맛이 주를 이루지만 고추와 마늘 등의 양념을 많이 써서 진한 맛을 즐기기도 함

② 감자 전분과 고구마 전분을 이용한 냉면이 발달

③ 동태, 가자미, 대구 등을 썰어 깍두기나 김치에 버무려 넣고 김칫국물을 넉넉하게 담금

④ 콩의 질이 좋은 지방이기 때문에 콩나물을 데쳐서 물김치도 담금

(2) 대표 향토음식

① **주식류** : 잡곡밥, 회냉면, 감자막가리 만두, 닭비빔밥, 옥수수죽, 귀밀밥, 섭조개밥

② **부식류** : 동태순대, 가자미식해, 원산해물잡채, 콩나물김치, 도루묵식해, 콩부침, 천엽국, 단고기국, 가릿국, 닭섭산적

③ **기타** : 귀밀떡, 감자찰떡, 꼬장떡, 콩엿강정

6. 한국의 시식과 절식

농경 위주의 생활을 해온 우리나라는 세시풍속이 발달하였고 일 년을 통해 명절 때마다 해 먹는 음식이 다르고 또 춘하추동 계절에 따라 나는 새로운 식품을 즐겼다.

절식은 다달이 끼어 있는 명절음식을 일컫고 시식은 춘하추동 계절에 나는 식품으로 만드는 음식을 말한다. 시절식은 절식과 시식을 통틀어 이르는 말로 춘하추동 절기마다 절식과 시식을 차리는 풍습은 궁이나 서울이나 시골이나 마찬가지다. 대개는 농사의 월령에 관계되는 세시 풍속이 많다. 절기는 4계절마다 6절기를 포함하여 1년을 24절기로 나눈 것이다.

1. 정월 절식 – 설날

① **정초다례** : 종묘나 가묘에서 제사 지내는 것을 다례라고 한다.

② **세찬** : 정초에 차례를 지내느라 만드는 음식과 세배 손님들에게 내는 음식들을 세찬이라 한다.

③ **명절음식** : 떡국, 만두, 편육, 각색 전유어, 떡찜, 느름적, 잡채, 장김치, 약식, 과정류, 식혜, 수정과, 햇김치, 세주

④ **떡국** : 어느 집이나 공통으로 먹는 음식은 떡국으로 길게 빚은 가래떡을 돈짝처럼 얇고 동그랗게 썰어 고기장국에 넣어 끓인다.

2. 정월 절식 – 대보름

음력 정월 보름으로 조상들은 1년 중 첫 보름달이 뜨는 이 날에 중요한 의미를 부여하였으며 상원을 일컫는다. 대보름에 달을 보면 일 년의 운이 좋다고 하여 달맞이를 하고 대보름날 다른 성을 가진 세 집 이상의 밥을 먹어야 그해의 운이 좋아진다고 하여 여러 집의 오곡밥을 서로 나누어 먹는 풍습이 있었다. 대보름의 절식은 오곡밥, 묵은 나물, 약식, 유밀과, 원소병, 부럼, 복쌈, 귀밝이술 등이다.

① **귀밝이술(耳明酒)** : 대보름날 새벽에 데우지 않은 청주를 한 잔씩 나누어 마시면 귀가 밝아진다고 하여 귀밝이술이라 한다.

② **부럼** : 생밤, 호두, 피잣, 은행, 엿, 땅콩 등을 새벽에 하나씩 깨물며 일년 열두달 부스럼이 없기를 기원했다.

③ **상원채(上元菜)** : 전 해에 말려 두었던 묵은 나물들을 삶아서 나물을 만든다.

④ **복쌈** : 밥을 싸는 것을 복을 싸는 것이라 하여 김이나 참취나물 등으로 쌈을 싸 먹는다.

3. 단오 절식

음력 5월 5일을 단오 또는 수릿날이라 한다. 일 년 중 양기(陽氣)가 가장 왕성한 날이라 하여 단오는 설, 추석과 함께 우리나라 3대 명절 중 하나이다. 한방에서는 단오에 뜯는 쑥이 약효가 좋다하여 뜯어서 건조해 두었다가 일 년 내내 사용했고 조선시대의 궁중에서는 내의원에서 '제호탕'을 만들어 임금님께 진상하였다.

① **수리취떡** : 쌀가루에 취를 이겨 넣어 녹색이 나게 만들어 수레바퀴 모양으로 문양을 찍어내어 '수리취떡'이라 하니 단오날을 수릿날이라고도 한다.

② **제호탕** : 여름에 더위를 이기고 보신을 위해 마시던 일종의 청량음료로 조선 시 대의 궁중에서는 내의원에서 '醍醐湯'을 만들어 임금님께 진상하면 기로소(연로한 공신들이 모이는 곳)로 하사하는 풍습이 있었다.

4. 삼 복

초복, 중복, 말복을 통틀어 삼복(三伏)이라 하고 그해 더위가 극치인 때이고 모든 사람들이 더위에 지쳐 있을 때이기도 하여 보신을 목적으로 하는 음식을 만들어 먹는 풍습이다.

① **개장국** : 개고기는 양기를 돋우고 허함을 보충한다고 하여 개고기를 삶고 파, 들 깻잎 등의 채소를 많이 넣고 맵게 끓여서 먹는 음식이다. 개고기를 꺼려하고 식성에 맞지 않을 경우 쇠고기를 이용한 육개장으로 대신한다.

② **삼계탕** : 영계나 오골계에 인삼, 황기, 대추 등을 넣고 푹 고아서 베보자기에 걸러 마시거나 영계에 찹쌀, 인삼, 대추, 마늘 등을 넣어 고아 먹는다.

5. 추 석

음력 8월 15일로 우리나라의 가장 큰 명절 중 하나이다. 가배일 또는 한가위라고도 하는데 햇곡식으로 밥과 송편, 술을 빚고 햇과일을 준비하여 차례를 지내고 조상 묘를 찾아 성묘를 한다. 추석 명절 음식은 오려 송편, 갖가지 나물, 토란탕, 그리고 밤, 대추, 사과, 배 등의 햇과일 등이다.

① **오려 송편** : 햅쌀을 이용해 빚은 송편을 오려 송편이라 한다.

6. 동 지

민간에서는 작은설이라고도 했는데 일 년 중 낮이 가장 짧은 날이다. 새알 모양의 떡을 만들어 넣은 팥죽을 쑤어 먹고 팥죽을 문짝에 뿌려 사귀를 쫓는 풍습이 있다. 궁중에서는 내의원에서 전약(煎藥)을 만들어 임금님께 진상하는 풍습이 있었다.

① **팥죽** : 찹쌀가루를 반죽하여 팥죽을 쑤고 끓인 죽은 사당에 올리고 각방, 헛간, 장독 등에 담아 두었다가 식구들이 모여서 먹는 풍습이 있었다. 새알심은 먹는 사람의 나이대로 먹는 풍습도 있다.

② **전약** : 쇠족이나 쇠머리, 껍질 등과 대추고, 계피, 후추, 꿀을 함께 넣어 푹 고아서 식혀서 묵처럼 굳힌 후 먹는 겨울철 보양식이다. 악귀를 물리치고 몸을 보호하는 효력이 있다하여 내의원에서 만들어 임금께 진상하는 풍습이 있었다.

중국(China)

- 인구 : 약 13억 5569만 명
- 수도 : 베이징
- 언어 : 중국어
- 종교 : 도교, 유교, 불교, 기독교 등
- 위치 : 아시아
- 기후 : 습윤기후, 건조기후, 열대기후, 냉대기후의 다양한 기후

서안 병마용

만리장성

중국 관광청 http://www.cnta.gov.ch

1. 중국의 자연환경

넓은 영토를 가진 중국은 그 크기만큼 다양한 지형과 기후로 광범위한 식재료를 생산하고, 요리에 활용해 왔다. 또한 각 지방의 기후, 풍토, 산물 등이 각기 특색이 있고 민족 구성 또한 복잡하다.

기후는 중국 대부분 지역이 대륙성 기후에 속하며, 남부지방은 아열대습윤, 중부지방의 양쯔강 하류는 온대습윤, 서부지방은 온대몬순, 북부지방은 한랭습윤으로 큰 차이가 있다. 따라서 요리법과 요리의 종류가 다양하고 각 지역에 따른 독특한 음식문화가 형성되어 각 지방의 고유의 수많은 음식을 맛볼 수 있다.

중국은 세계의 농업 발원지 중 하나로 일찍이 물을 끌어다 농사를 짓고 수로를 만들어 사용하였다. 또한 산비탈을 이용하여 관개농업을 발전시키는 등 여러 가지 경작방법을 발명하였다. 농경사회에 들어오면서, 중국인들은 곡식을 주식으로 하고, 육류를 부식으로 먹기 시작하였으며 지금까지 이어져 오고 있다. 인구밀도가 높고 농사짓기 편한 지역일수록 육식의 비중이 적고 주로 곡식이나 식물의 뿌리 · 줄기 · 잎 · 꽃을 먹는 식습관을 가지고 있다.

2. 중국의 사회문화적 환경

황하 문명의 발상지인 중국은 5,000년의 오랜 역사를 가진 나라로 인구는 약 13억 명으로 세계 인구의 1/4을 차지하는 거대한 나라이다. 대부분은 한족이지만 55개의 소수민족이 공존하는 다민족국가로 지리 · 환경 · 기후 · 산물 · 종교 · 신앙 · 사회 · 역사의 영향으로 각 소수민족은 독특한 고유의 음식문화를 형성하고 있다. 중국인은 어떤 나라의 문화이든 자국에 들어온 이상 그것을 포용하여 융화시키는 민족이다.

중국은 '단 하나의 중국'을 국가의 최우선 정책으로 삼고 있는데, 56개의 민족으로 이루어진 만큼 민족 분열을 우려하여 소수민족 우대정책으로 이를 미연에 방지하고 있다. 따라서 중국은 소수민족 나름대로 문화와 풍습을 보존하고 교육을 통해 동화시키기 위하여 자치제를 실시하고 있다. 민족 구역 자치제도는 중요한 정치제도의 하나로, 각 소수민족이 거주지에서 구역자치를 실시하며 자치기관을 설립하고 자치권을 행사하게 하는 것이다. 이러한 국가정책에 의하여 55개 소수민족은 식생활을 비롯하여 전통문화를 보존 · 계승할 수 있었으며, 여러 민족 간의 교류는 중국의 식생활 문화를 다양하게 하는 계기가 되었다.

수준 높은 문화와 막강한 힘을 가졌던 중국은 일찍이 다른 나라들과 교역을 하였다. 실크로드를 통해 서아시아를 비롯한 유럽 문화와 교역하였고, 티베트를 거쳐 인도 및 파키스탄과의 무역 거래도 활발하였으며, 해로를 통하여 동남아시아 국가들과 교역하여 향신료를 포함한 농산물을 도입하고 토착화하였다. 이렇게 서양문물과의 교역을 통해서 식재료들이 도입되어 재배되고, 새로운 식재료를 이용한 요리가 더불어 발전하게 되었다.

중국요리는 불교의 전래 및 다양한 서방문화의 유입을 통해 발전하여 청대에 와서 보다 세련되고 완전한 요리로 정착하였다. 재료에 따른 탁월한 조리법과 많은 조미법이 확립되어 보통 중국요리를 청요리라고 부르게 만들었다.

중국의 종교는 조상에 대한 숭배를 중요시하며 도교, 유교, 불교가 지배적이지만, 음과 양의 조화를 강조하는 도교가 식생활에 가장 많은 영향을 미쳤다. 현대에는 중국도 서양 음식, 특히 패스트푸드가 도입되어 베이징, 상하이, 청두와 같은 대도시에서 자리를 잡아가고 있다.

3. 중국 음식문화의 특징

1. 일반적 특징

드넓은 중국의 영토는 지역마다 독특하고 특색 있는 요리를 발달시켰다. 교통 · 운송 · 냉장 · 냉동시설의 발전 없이는 지역적 한계를 극복하기 어렵기 때문에 지역의 특산물과 수확물에 따라 음식이 다를 수밖에 없었다.

오랫동안 토지를 경작해 왔던 중국인들은 서양인들이 알지 못했던 식용식물을 많이 이용해 왔고, 인류에게 필요한 영양분의 대부분을 그 식물에서 얻을 수 있다는 것을 알게 되었다. 중국인들이 주로 먹는 콩류, 쌀, 기장, 조 등은 단백질, 지방, 탄수화물을 풍부하게 함유하고 있으며, 그 곡식들로 만든 식품도 다양하다.

기록에 의하면 중국인들은 3,000여 년 전에 이미 젓가락으로 식사를 한 것으로 나타났다. 은허에서 출토된 동으로 만든 젓가락 한 쌍이 현존하는 가장 오래된 젓가락이다. 한대에 이르러서는 젓가락 사용이 거의 보편화되었는데 이는 채소의 뿌리, 줄기, 잎을 많이 먹은 중국인들의 식습관과 관련이 있을 것으로 추측된다.

과거 중국은 왕과 호족, 지주 등 지배계급을 중심으로 한 부의 집중현상이 심했다. 따라서 음식을 비롯한 일상생활의 향락과 사치가 심했으며, 더 맛있는 음식, 불로음식, 희귀한 음식에 대한 갈망이 다양한 음식 개발로 이어졌다. 또한 외국과의 전쟁, 국내의 왕권 획득을 위한 전쟁도 많았으며, 한재와 수재로 인한 식량부족으로 인간이 식용 가능한 것은 모두 소비하여 심지어 흙, 곤충, 벌레, 제비집 등을 구황식품으로 많이 이용하였고, 식량부족을 대비한 식품저장, 가공방법을 개발시켜 왔다.

중국의 가치 체계를 발전시킨 기본 철학은 오행철학과 음양철학 및 중용철학이다. 이러한 가치 체계가 음식을 섭취하는 데도 깊이 도입되었는데 천일합일을 중요시하는 철학은 식생활에서 음식을 섭취하는 자와 음식 간의 궁합을 중요시하였다. 같은 음식이라도 먹기에 가장 적합한 시기와 맞지 않는 시기가 있어 시령식기를 지킨다. 예를 들면 겨울과 봄 두 계절에 부추를 먹으면 허리와 무릎을 따뜻하게 할 수 있으나, 여름에 먹을 경우 눈이 흐려진다고 믿는다. 또한 교자는 식초에, 대파를 말아 넣은 전병은 간장에 찍어 먹는다. 면요리에는 고명을 반드시 하며 가정식 식사에는 고기요리와 채소요리를 함께 먹는 것이 바로 음양의 조화이다.

중국인들은 병을 치료하거나 건강을 관리하는 데는 좋은 음식을 균형있게 섭취하면 된다고 생각했다. 음식으로 몸을 보호하고 병을 예방하여 장수한다는 의식이 뿌리내려 있으며, 여기에 음양오행설, 신선술 등이 결합되어 도교적 음식관이 형성되었다. 그래서 음식에서 약효를 구하고 독특한 식재료를 가지고 만드는 조리법도 발달하였다. 중국인들의 건강에 대한 관념은 '의식동원'이라는 말에 나타나 있듯이 건강을 지켜 주고 질병을 치료해 주는 효능이 음식에 있다고 믿고 있다. 중국인들은 재료의 양과 배합, 세심하고 정교한 조리, 고기와 채소의 궁합 등을 매우 중요시하며 조리 시 각종 영양소의 비율을 적절히 맞춰 최상의 효능을 발휘할 수 있도록 한다.

또한 중국인들은 일물전체식 사상에 따라 한 가지 재료를 전부 먹는 것이 건강에 좋다고 여겨 어떤 재료라도 버리는 부분이 없다. 예를 들어 중국에서는 닭요리를 할 때 껍질, 벼슬, 발까지 요리 재료로 사용한다. 중국 요리는 일반적인 식품의 모든 것이 재료로 이용되고, 이와 함께 제비집, 원숭이, 곰발바닥 같은 특이한 재료에 이르기까지 음식에 재료의 한계를 두지 않는다.

중국요리는 색채의 배합을 일본요리나 서양요리처럼 중요시하지 않아 보기에는 화려하지 않으나 미각의 만족에 중점을 두고 있다.

Check point

중국인이 생각하는 장수비결

중국에서는 장수의 비결로 오미팔진(五味八珍)이 전해진다. 오미는 신맛, 쓴맛, 단맛, 매운맛, 짠맛의 다섯 가지 맛으로 인간의 오장(五臟)을 보양한다고 해서 소중히 여겨 오미의 배합이 조화를 이루도록 한다. 일반적으로 신맛은 간, 매운맛은 폐, 쓴맛은 심장, 짠맛은 신장, 단맛은 비장에 들어간다고 여기며, 각 원소들은 각기 다른 장기로 흡수되어 각각의 효능을 발휘한다.

(1) 다양한 식재료의 사용

음식에 사용하는 재료의 종류가 매우 다양하여 식용 가능한 모든 동식물이 요리의 대상이 된다. 특히 상어지느러미, 제비집, 오리피, 생선내장, 돼지껍질 등을 이용한 요리가 있으며 식재료의 종류도 매우 다양하고 풍부하다. 바다나 산에서 나는 식물과 동물들 중 자주 이용되는 것이 3천 종류가 넘는다. 고기는 물론이고 내장, 힘줄, 껍질(돼지), 피, 귓불 등 모든 것을 다 사용한다. 또한 국토가 넓기 때문에 보존성과 운송이 편리하도록 말린 식자재가 발달하였다.

상어 지느러미

제비집 수프

(2) 기름을 많이 사용

중국은 거의 모든 요리에 기름을 사용하는데 이것이 중국 요리 특유의 맛을 내는 역할을 한다. 기름에서 거의 연기가 날 정도로 고온, 단시간에 조리하고 이러한 기름에 파, 마늘, 생강 등의 향신료를 넣어 독특한 맛을 가미한다.

(3) 숙식위주의 식습관

불이나 뜨거운 물을 사용하여 익혀먹는 조리법이 중국 요리의 기본이다. 이 전통은 오래전부터 이어져오고 있으며 현재에도 생식은 거의 하지 않고, 반드시 익혀서 먹는 식습관이 있다. 동물성 식품이든지 곡식 또는 채소든지 익히지 않은 것은 먹지 않으며 일상적으로 마시는 물도 반드시 찻잎을 넣고 끓여 먹는다.

(4) 다양한 조미료와 향신료 사용

중국 요리에 쓰이는 조미료와 향신료는 매우 다양하다. 또한 간장, 된장을 독특하게 사용하는데 예를 들면 가열한 냄비에 간장을 둘러 캐러멜화한 향미를 재료에 스며들게 하여 독특한 맛을 내게 한다. 튀김을 할 때도 재료에 간장을 넣고 조미하여 튀겨서 높은 기름 온도로 인해 간장 중의 당분이 변하게 하여 보기 좋은 색과 맛을 지니게 한다.

조미료

굴 농축액을 발효시킨 굴소스, 잠두콩을 발효시켜 만든 두반장, 간장, 매실소스, 콩을 발효시켜 만든 춘장과 첨면장, 고추를 절여 만든 포랄초, 생선액젓의 일종인 선장유, 호이신소스라 불리는 해선장, 꿀 등이 있다.

중국요리는 기름이 많이 사용되기 때문에 기름의 향이 중요한데 각 기름이 지니고 있는 특성을 살려 여러 기름을 혼합하여 합리적으로 사용한다. 대두유, 종유, 땅콩기름, 옥수수기름 등의 식물성 기름을 주로 사용하며, 채유, 고추기름, 돼지기름, 참기름, 닭기름, 새우기름, 파기름, 굴기름 등도 많이 사용된다.

굴소스

두반장

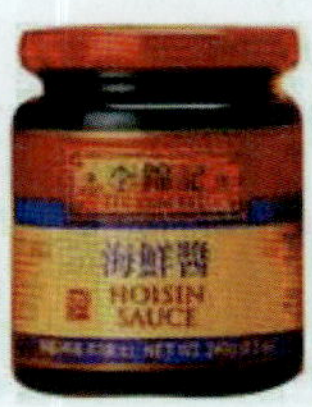

해선장

첨면장

향신료

조미료와 함께 매우 중요한 역할을 하며 흔히 사용하는 것으로는 파, 생강, 마늘, 술, 팔각, 계피, 후추, 참기름, 표고버섯, 고추 등이 있다. 중국 고유의 향신료는 다음과 같다.

① **화산조** : 재료의 냄새를 없애거나 요리의 맛을 더하기 위해 사용한다.

② **산조분** : 산초 열매의 검은 심을 떼어내고 냄비에 볶아서 가루로 만들어 사용한다.

③ **회향** : 회향풀의 일종으로 다갈색이며 육류, 내장류, 생선의 조림, 찜 등에 사용한다.

④ **오향분** : 팔각, 육계 , 정향, 산초, 진피를 가루로 만들어 섞은 것으로 향이 매우 뛰어나다.

⑤ **진피** : 잘 익은 귤껍질을 건조시킨 것으로 덜 익은 과피를 건조한 것은 청피라고 하며 진파와는 구별된다.

⑥ **참깨장** : 참깨를 볶아 참기름을 짜내고 남은 찌꺼기이며, 걸쭉하고 진한 갈색으로 향이 진하다.

회향

(5) 단순한 조리 기구

중국음식은 조리법이 복잡하고 다양하나 그에 비해 조리기구는 단순하고 종류도 많지 않다. 꾸워즈(중화팬)는 만능 조리도구로 볶음, 튀김, 찜, 삶는 요리 등에 두루 사용한다. 손잡이가 양쪽에 있는 양수팬이 일반적이고, 긴 자루가 달린 편수

팬은 주로 중국 북방지역에서 볶음요리에 사용된다. 신선로 모양의 중국냄비(火鍋, 훠궈)는 전골요리에 사용한다. 이 외에 볶음과 튀김용 냄비(사궈), 그물 조리(러우사오), 찜통(정룽) 외에 칼, 뒤집개, 국자 등이 조리기구의 전부이다.

(6) 풍성하고 화려한 외양

밥과 국 이외에 부식은 한 그릇에 한 가지 요리를 수북이 담아 개개인이 요리를 나눠 먹으면서 친숙한 분위기를 조성하고 풍성한 느낌을 갖게 하며 장식도 화려한 편이다.

(7) 음식과 보신

주례에 식의가 등장한 것으로도 알 수 있듯이 음식 각각에서 식재료 특유의 약효를 찾으며 식사를 통한 건강의 유지와 증진 사상이 강하다. 여기에 음양오행설 등이 결합되어 도교적 음식관이 형성되었다.

(8) 화력조절과 적절한 타이밍이 요구되는 감각 요리

중국 요리의 가장 큰 특징은 바로 불의 세기와 적절한 시간조절이다. 똑같은 요리라도 불의 세기 조절과 조리시간에 따라 맛에서 차이가 난다.

(9) 경제적인 조리과정

중국 요리의 특징은 조리과정이 의외로 간단해서 경제적이며, 식사를 준비하고 조리하는 시간이 짧다. 식재료를 다듬고 준비해 놓기만 하면 간단한 조리 도구를 이용하여 요리하기 때문에 다양한 메뉴에 비해서 조리는 비교적 손쉽게 할 수 있는 장점이 있다.

2. 지역별 특징

오늘날 중국 요리가 세계적인 요리로 인정을 받는 것은 중국의 오랜 음식문화사를 바탕으로 세계 면적의 1/4을 차지하는 광대한 대륙과 광동에서 만주를 거쳐 티베트에 이르는 상이한 기후 풍토, 지역마다 생산되는 다양한 식재료로 특징이 뚜렷하게 구분되어 독특한 요리가 발달되었기 때문이다. 예를 들어 최상의 쌀은 동북에서 생산된다고 하지만, 이 지역 사람들은 다른 북방지역 사람들과 마찬가지로 면요리를 좋아한다. 반면, 남쪽 지방의 주식은 쌀로 쌀을 이용한 요리 종류가 매우 다양하다. 또한 중국 음식을 말할 때 지방요리의 특색에 맞게 "남쪽은 달고, 북쪽은 짜며, 서강동쪽은 맵고, 서쪽은 시다"고 한다.

중국요리는 크게 분류하면 장강(長江) 이남의 남방요리와 장강 이북의 황화유역, 산동지역을 포함한 북방요리로 구분된다.

(1) 북경요리

북경지역은 지리적으로 한랭한 기후이므로 고칼로리 음식이 발달하여 재료는 생선보다 육류를 주로 사용한다. 조리법도 짧은 시간에 조리하는 튀김 요리와 볶음 요리가 발달하였으며 맛은 중후한 편이다. 또한 북경은 오랜 기간 동안 여러 왕조의 수도로 정치, 경제, 문화의 중심지였기 때문에 궁중 요리를 비롯하여 사치스러운 고급 요리가 발달하였다. 특히 중국 청나라의 궁중 요리가 기본이 되어 발달한 것을 '징차이' 또는 북경요리라고 한다.

대표적인 북경요리로는 베이징 카오야(오리구이)가 있는데 오랜 시간 화덕에서 기름기를 제거하며 통째로 구운 오리를 주로 껍질을 얇게 저며 밀전병에 파와 장을 곁들여 싸먹는 요리이다. 베이징의 다른 대표적인 요리로는 슈안양러우(양고기 샤브샤브)가 있다. 슈안양러우는 겨울철 별미 요리로 맛좋은 양고기와 소고기를 3~5가지 채소와 함께 신선로에 담가 살짝 익힌 후 건져 준비해둔 소스에 찍어 먹는다.

한편, 북경요리는 면류, 만두류 등 밀가루 음식이 발달하였고 기마민족인 몽고족과 변방의 여러 민족이 들여 온 산동요리와 양저우요리가 북경의 궁중 요리와 조화되면서 발달하였다.

(2) 다른 북방지역의 요리

① 천진요리

천진은 유명한 항구도시로 이곳의 음식에서는 만주족의 특색이 강하게 나타난다. 천진의 대표적인 요리는 진한 만두즙과 고른 만두피 주름으로 유명한 구불리포자(拘不理包子)가 있다. 모든 만두의 주름은 15개 이상이라고 한다.

② 산동요리

산동은 4대 문명의 발상지인 황하강을 중심으로 하는 지역 중 하나이며 해산물 요리가 유명하다. 센 불에서 빨리 조리하는 빠오(爆)란 조리법을 많이 사용하며, 조미료에 의해 맛을 내 기보다는 재료 본래의 맛을 중요시한다. 산동요리는 공자의 고향이 있는 곳과 관계 있어 중국에서 영향력이 크고 가장 널리 전해지는 요리 중 하나이다.

마늘과 파를 많이 사용하여 맛을 낸다. 깔끔하면서도 짠맛이 강하고, 신선하고 부드러우며 향긋하고 개운한 맛이 특징이다. 북방 지역에서 최고의 요리로 경사스러운 일이나 생일 축하와 같은 중요한 잔치뿐만 아니라 일반 가정에서 먹는 가정식 백반요리의 대부분은 모두 산동요리에서 발전된 것이다. 또한 산동요리는 북경 · 천진 · 동북지역 등의 요리 형성에도 중요한 영향을 미쳤다.

③ 산서요리

산서는 중국의 주요 요리에 포함되지는 않지만, 이곳 사람들은 나름대로 좋은 음식을 마음껏 먹는다. 밀가루 요리만 해도 헤아릴 수 없을 정도로 많아 밀가루 요리만으로도 잔치를 할 수 있을 정도라고 한다.

(3) 광둥요리

광둥 지역은 아열대에 위치하여 식재료가 풍부하며 해외 각국을 연결하는 주요 교통 요지로 외국의 문화를 가장 먼저 접하는 문화의 요충지였다. 광주를 중심으로 16세기 이후 외국 선교사와 상인들의 왕래가 빈번하였기 때문에 중국 어느 지역 보다 외국의 영향을 많이 받아 전통요리와 서양요리가 결합된 독특함을 지닌다. 특히 서양 요리의 영향을 받아 쇠고기, 서양채소, 토마토케첩, 우스터소스 등 서양 요리의 재료와 조미료를 받아들여서 서구풍의 중국 음식으로 발전시켰다.

광둥요리는 중국 남방계를 대표하는 음식으로 외국에서는 중국요리하면 광동요리라고 생각할 정도로 많이 알려져 있다.

광동요리는 풍부한 해산물과 아열대성 채소, 과일, 서양식 양념과 중국식 조리법이 함께 어우러져 맛이 담백하고 신선한 것이 특징이다. 또한 타 지역의 요리에 비해 간을 싱겁게 하고 기름기가 적다. 광둥 요리는 곤충, 뱀, 원숭이 등 희귀한 식재료를 많이 사용하며 기름에 튀기거나 지진 후 다시 기름에 볶으면서 녹말로 농도를 조절한다.

음식의 색채와 장식에 중점을 두고 음식 본래의 맛을 중시하여 향신료와 조미료를 지나치게 사용하지 않아 산뜻한 본연의 가까운 맛을 지닌다. 재료 그대로의 맛을 살리기 위해 간을 약하게 하며 국물을 많게 하는 것이 특징이다.

대표적인 요리로는 구운 돼지고기인 차샤오, 광동식 탕수육인 구라오러우, 어린 통돼지구이인 피연피루주, 상어지느러미찜인 샥스핀 등이 있다.

차샤오

구라오러우

샥스핀

(4) 상해요리

중국 동남쪽 지역으로 난징요리라고도 하며, 양쯔 강을 접하고 있어 해산물이 풍부하여 해산물 요리가 가장 큰 특징이다. 상해는 장강 입구에 위치해 있어서 바다와 내륙을 통하는 모든 문화의 중심으로 서양과의 무역이 활발하게 이루어져 음식이 다채롭다. 기후가 따뜻하고 다양한 농산물과 양쯔강에서 나는 풍부한 수산물(특히 생선 한 마리를 가지고 부위별로 조리법과 양념을 달리한 요리)로 다양한 요리가 발달했다. 특히 이 지방 특산물인 장유(간장)를 사용하여 만드는 요리가 많다. 화려한 장식은 거의 하지 않고 모양보다 맛에 중점을 두는 것이 특징이다.

상해요리는 장유나 설탕으로 달고 농후한 맛을 내는 찜이나 조림 요리가 발달하였으며, 기름기가 많아 맛이 진하며 양이 푸짐하다. 산동 이남의 강소, 상해, 절강, 복건, 광동 등 동남부 연해지역은 담백한 맛을 좋아하는 지역이다.

대표적인 음식은 쌀을 재료로 한 요리와 게, 새우, 물새 요리가 유명하다. 삶은 돼지고기인 둥포러우, 바닷게로 만든 푸룽칭셰, 두부로 만든 스진사궈더우푸, 꽃모양의 빠인 화쥐안, 만두의 일종인 탕바오 등이 있다.

푸룽칭셰

화쥐안

탕바오

(5) 사천요리

중국의 양쯔 강 상류 지역에서 발달한 요리를 총칭하여 사천요리라고 하였는데 '촨차이'라고도 한다. 중국의 서부인 윈난 · 사천 등 산지 방면의 요리로써 기름지지 않고 혀를 얼얼하게 마비시키는 매운맛이 특징이다.

이 지역은 바다가 먼 내륙지방으로 기온의 차이가 심하고 습한 기후의 영향으로 악천후를 이겨내기 위하여 마늘 · 파 · 고추 등의 매운 향신료와 양념을 많이 사용한 매운 요리가 발달하였다. 또한 내륙 깊은 곳에 위치하고 있으므로 해산물 요리가 적고 식품을 건조시켜 유통 · 저장 · 보관하는 기술이 발달하여 소금에 절인 음식이나 건조식품을 이용한 음식이 발달하였다. 반면 계절구분이 뚜렷한 곡창지대로 사계절 농산물이 풍부하여 소채류나 곡물, 육류를 이용한 요리가 많다.

사천요리는 맛 조절을 매우 중요시하며 맛의 종류도 다양하다. 특히 채소 요리가 유명하며 자차이(개채의 뿌리를 고춧가루로 버무려 담근 김치의 일종) 같은 특산물을 만들어냈고, 채소와 육류를 이용하여 볶음이나 찜을 한 음식이 많다. 마늘, 파, 매운 고추, 생강 등의 향신료를 사용하는 요리가 많아 맵고 짜지만 느끼하지 않아 한국인의 입맛에도 가장 잘 맞는다. 대표적인 음식은 두부와 다진고기를 이용한 마포더우푸(마파두부), 양러우궈쯔(양고기), 새우칠리소스볶음인 간샤오밍샤 등이 있다.

자차이

마포더우푸

간샤오밍샤

(6) 다른 남방지역의 요리

① 호남요리

호남요리는 줄여서 상채라고 부르며, 중국의 8대 요리 중 하나이다. 호남요리는 신맛, 매운맛, 얼큰한 맛, 향긋한 맛, 훈제 맛 등 여러 가지 맛을 낸다. 다습한 기후 때문에 음식이 쉽게 부패할 수 있어 소금에 절여서 말린 음식이 많다. 여름에는 덥기 때문에 싱겁고 연한 음식을 즐기나, 겨울에는 음식을 뜨겁고 맵고 진하게 먹는다.

② 절강요리

동파육

절강은 물고기와 쌀요리의 고향인 강소요리와 함께 신선함과 짠맛이 결합된 해물요리가 특징이다. 절강 요리는 항주, 영파, 소홍, 은주 네 곳의 맛으로 이루어 지는데, 재료 본연의 맛을 보존하는 것을 중요시하며, 양념을 적게 넣는 것이 특징이다. 또한 농도가 알맞으며, 단맛이 조금 있다. 소동파가 즐겨 먹었던 동파육은 절강성 항주지방의 요리이다.

③ 강소요리

강소는 동쪽으로 바다에 면해 있고, 내륙에도 호수가 많아 물고기와 쌀의 고향(魚米之鄕)으로 불린다. 수산물을 재료 본래의 맛과 향기를 잃지 않도록 느끼하지 않고, 담백하게 조리한다. 재료 선택에 신중을 기하며, 양념을 적게 사용하고 맛과 향은 물론, 재료의 원래 모습을 그대로 살릴 수 있도록 찌는 방법, 약한 불에서 오래 익히는 방법 , 모양 그대로 굽는 방법 등이 조리법으로 주로 사용된다.

4. 중국의 대표음식 및 음식이야기

1. 일상식

중국음식은 종류도 많고 화려하지만 중국의 일상식은 간단하다. 일반적으로 중국인들은 하루 세 끼 식사 중 저녁을 가장 중요시하고, 아침은 주로 사 먹는 경우가 많다. 주식으로는 곡류와 채소를 먹으며, 육류는 돼지고기 섭취가 주를 이루고 있다.

빈부와 지역에 따라 먹는 음식도 크게 다른데 서민들은 주로 부식으로 채소, 두부 등을 먹고 생선과 돼지고기 등은 매일 먹지는 못한다.

남쪽에서는 쌀을 주식으로 하는 밥과 죽을 먹는다. 밥은 끈기가 적고 딱딱한 것이 일반적이다. 북쪽에서는 밀가루로 만든 만두나 국수를 먹고, 보리, 옥수수, 조, 수수 등의 잡곡이 생산되므로 과자나 튀김단자를 즐겨 먹는다.

도시에서는 요리가 발달한 만큼 외식도 발달하여 아침 출근길에 노점이나 식당에서 주로 죽이나 콩국 등을 사서 먹는다. 아침식사도 지역에 따라 약간의 차이가 있는데 북방에서는 주로 채소나 고기로 속을 채운 찐만두인 바오쯔를 먹거나 밀가루를 발효시켜 길게 만들어 튀긴 유탸오를 더우장에 찍어 먹는다.

반면 남방에서는 찹쌀주먹밥인 유미단을 먹기도 한다. 점심은 간단한 국수, 빵, 만두, 죽, 덮밥류를 먹고, 저녁은 가족이나 친지와 어울려 제대로 된 한 끼 식사를 한다. 식사는 생활과 사교의 중심 역할을 하기 때문에 식사할 때 말을 많이 한다.

한편 중국의 일상식에서 빼놓을 수 없는 것이 있는데, 바로 차다. 돼지고기를 많이 먹는 음식문화에서는 매우 현명한 선택이라 볼 수 있다. 점심에 차를 마시면서 먹는 얌차는 간식의 일종이다. 점심과 저녁식사는 쌀, 밀가루 등 주식에 일반적으로 볶음 채소, 탕, 죽 등을 함께 먹는다.

중국의 가정에서 먹는 요리의 조리법은 찌고 삶고 볶고 끓이고 조리고 고는 등 다양하다. 일상생활에서 중국인들은 생선이나 고기를 매일 먹지 않고, 대부분 싸고 맛있는 제철 채소를 즐겨먹는다. 무, 청경채, 두부는 중국 가정에서 없어서는 안 될 식품이다.

2. 연회식

접대를 받는 경우에는 연석코스는 대개 정해져 있다. 일반적으로 큰 부담 없이 먹을 수 있는 식사의 경우에 보통 전채 2종류, 주 요리 4종류, 후식 2종류이다. 중국인들은 홀수를 싫어하기 때문에 습관에 따라 가짓수를 짝수로 맞춘다. 식단은 크게 전채, 두채, 점심으로 나뉘고, 식사 전후에는 항상 차가 나온다.

(1) 전채

맨 처음에 나오는 전채는 1접시에 1종류씩 담아 4접시, 8접시가 나오는 형식 외에 현재는 각종 냉채를 큰 접시에 어우러지게 모두 담는다. 큰 연회에서는 꽃, 새, 바람, 달 등을 본떠서 화려한 전채를 만든다.

(2) 두채

연석(제비집 요리)을 제1석, 어시석(상어지느러미 요리)을 제2석, 해삼석을 제3석이라 하고, 그 밖에 포어석(전복요리)이 있다. 두채의 대부분은 걸쭉하게 만들거나 푹 끓여 수프 상태로 만든다. 이후 뜨거운 요리로 튀김, 볶음, 찜이 나온다.

(3) 점심

간단한 식사 또는 디저트로 달콤한 것과 짠맛 나는 것이 있다. 찹쌀과자, 튀김과자, 찐만두, 국수 등이 있다.

3. 명절음식

(1) 춘절

음력 1월 1일로 만두, 빵, 생선찜을 명절음식으로 준비해서 먹는다. 중국의 북쪽에서는 교자라고 하는 만두를 자손의 번영과 행운을 기원하며 빚어 먹는다. 반면 남쪽의 광동지방에서는 무, 새우, 표고버섯 등을 찹쌀가루에 넣어서 찐 무떡을 만들어 손님을 대접하거나 친구와 나눠 먹는다.

(2) 원소절

정월 보름날로 원소절의 밤은 해가 바뀌고 처음으로 보름달이 뜬 밤으로, 거리에는 오색등과 장식으로 물결을 이룬다. 원소는 종류만큼이나 먹는 방법이 다

양한데, 북방 사람들은 준비해 둔 물푸레나무꽃, 장미, 팥소, 참깨 등 여러 종류의 소를 마른 찹쌀가루에 놓고 굴려 만든다. 남방 사람들은 원소를 탕원(湯圓)이라고 부르는데, 탕원은 찹쌀가루를 반죽한 후 소를 넣어 빚으며 단맛, 짠맛이 나는 고기 소 와 채소 소 등 매우 다양하다.

(3) 중추절

음력 8월 15일인 중추절에는 남쪽의 광동, 차오저우에서는 월병과 감자, 유자, 과일 등을 달을 향해 차리는 풍습이 있다. 보름달처럼 둥근 모양의 월병은 가족의 화합과 단합을 상징한다. 해마다 중추절에는 하늘에 흰 달이 떠 있고 온 가족이 한데 모여 함께 월병을 먹으면서 달맞이를 하고 정을 나눈다. 월병의 소로는 오인(五仁: 복숭아씨, 살구씨, 삼씨, 땅콩, 해바라기씨), 연밥, 달걀 노른자, 팥소, 참깨, 햄 등 10여 가지를 사용한다. 맛 또한 단맛, 짠맛, 매운맛 등 다양하며 만드는 방법도 지역에 따라 차이가 있다.

4. 디엔신

디엔신은 간식이란 뜻으로 주로 면류나 만두류 등을 의미한다. 종류도 많고 다양해서 취향에 따라 선택해서 먹을 수 있다. 한자로 点心 (점심)은 '마음에 점을 찍는다'라는 뜻이지만 간단한 음식이라는 의미로 이해하면 된다.

(1) 티엔디엔신

맛이 대체로 달며 속재료는 주로 단팥을 사용한다. 깨튀김단자, 호두단팥죽, 단팥소가 들어 있는 중화만두, 월병 등이 여기에 속한다.

(2) 시엔디엔신

맛이 대체로 짜며 고기나 채소 등을 다져 소를 만들어 만두피로 싸서 만든 것이 많다. 춘권, 교자 등이 여기에 속한다.

(3) 샤오츠

종류가 다양하다. 면, 밥, 떡볶이 등과 같은 음식들로 우리나라의 분식류라 생각하면 된다. 각종 메밀국수나 화쥐안, 볶음밥, 덮밥, 죽 등이 여기에 속한다.

Check point

중국음식 조리법

중국요리는 다양한 재료를 이용하여 맛의 다양성을 추구하며, 조리법이 손쉽고 다양하다. 반드시 불이나 뜨거운 물을 사용하여 익혀 먹는 숙식을 기본으로 한다. 중국음식은 조화와 균형을 매우 중요시해서 음양 관계를 서로 보충해주는 것으로 육류와 채소, 어류와 탕을 함께 식단에 올려 조화를 이루도록 한다.

중국요리의 메뉴판을 보면 보통 종류만도 160여 가지가 있어 어떤 것을 주문해야 할지 몰라 당황하게 되는데, 조리법을 알면 어느 정도 요리를 짐작할 수 있다.

예를 들어 차오로우피엔(炒肉片)이라는 것은 돼지고기(肉, 로우)를 얇게 썰어서(片, 피엔) 볶은 것(炒, 차오)이다. 원칙적으로 조리법, 주재료, 써는 방법의 순서로 조합한다.

5. 얌 차

얌차는 한자로 '차를 마신다'는 음차를 광둥 사투리로 읽은 말이지만, 워낙 널리 알려지다 보니 지금은 그대로 통용되고 있다.

광둥 지방에는 옛날부터 찻집이 발달하였다. 중국인들은 음식을 즐기는 것을 주 목적으로 더불어 대화도 나누기 위해 찻집을 이용한다. 이때 먹는 음식은 정식 요리라기보다는 간식 쪽에 가까워 딤섬이라 부른다.

얌차를 딤섬과 정확히 구분하자면 얌차는 행위이고 딤섬은 그 행위의 목적이므로 얌차를 하러 가서 딤섬을 먹는다고 생각하면 된다. 광둥지방에서 얌차는 일상생활 중의 일과나 마찬가지이다. 중국인들은 대개 아침을 집에서 먹지 않기 때문에 맞벌이 부부가 같이 앉아 먹는 모습도 흔히 볼 수 있다.

6. 중국의 식사형태와 예절

중국인은 식사와 식사예절을 매우 중시하여 예로부터 '예의지국'으로 불렸다. 고문헌의 기록을 통해서도 2,600년 전에 이미 상당한 수준의 식사예절 체계가 존재했음을 알 수 있다. 고대 중국인들은 연회에 손님을 초대할 때 앉을 거적자리를 준비하였고, 사람 수가 많으면 연장자와 존경받는 인물은 반드시 단독으로 앉을 수 있는 자리를 마련하였으며, 지위가 비슷한 사람들은 같이 앉을 수 있었으나 그렇지 않을 경우에는 실례라고 생각하였다. 그리고 반드시 앉아서 식사를 해야 하고, 자리에 앉은 후에는 상의를 벗어젖힐 수 없으며 다리를 함부로 움직이면 안 된다. 남녀노소가 동석할 때는 어른이 먼저 자리에 앉아야 한다.

초대받은 손님이 다 모일 때까지 차를 마시거나 담소한다. 전원이 모이면 주인이 식탁의 상좌부터 차례로 안내한다. 주객을 가장 안쪽인 상좌에 앉도록 배치하고, 주객의 좌우에는 주객 다음으로 중요한 손님을 앉게 하며, 주인의 좌우에는 가까운 친지나 친구들을 앉게 한다. 주인은 시중을 드는 사람이 드나드는 문 쪽의 하좌에 앉는다. 앉을 때도 주로 존경받는 인물, 연장자, 귀빈은 남쪽을 바라보고 북쪽에 앉거나 문을 정면으로 바라보는 자리에 앉는다.

식사 분위기는 비교적 자유분방하되 정성을 다해 손님을 접대한다. 음식은 한 식탁에 둘러앉아서 큰 접시에 나온 음식을 여러 사람이 나누어 먹는 방식인데, 회전식탁은 가운데 부분이 돌아가도록 되어 있어 큰 접시에 담긴 요리를 나누어 먹을 때 편리하다. 상차림은 큰 원형 식탁에 인원 수에 따라 그릇과 수저를 준비하며, 큰 접시의 음식을 덜어서 먹을 수 있도록 개인용 앞접시도 준비한다.

중국에서는 식사 주문 시 1인분 단위로 주문하지 않고 1인 당 요리 1개를 주문하는 것이 일반적이다. 따라서 음식은 큰 접시에 한꺼번에 서빙되며, 음식이 부족할 때에는 5명이 6개의 요리를 주문하는 것이 보통이다. 마실 술의 종류도 주객에게 물어서 정하고 주인이 따르는 술잔을 눈높이까지 올려 건배한다.

일반적으로 뼈가 있는 요리는 식탁의 왼쪽에 놓고, 고기만 들어가 있는 요리는 식탁의 오른쪽에 놓는다. 식사는 왼쪽에 놓고, 탕이나 술, 음료는 오른쪽에 놓는다. 고기 구이류는 멀리 놓고, 식초, 간장, 파, 마늘 등 양념은 가까운 곳에 둔다. 요리를 올릴 때는 찬 음식부터 올린 다음 뜨거운 음식을 올리고, 뜨거운 요리는 중요한 손님의 맞은편 자리의 좌측에 올린다.

숟가락은 탕을 먹을 때만 쓰고, 음식을 먹을 때는 젓가락을 쓰며, 밥이나 국수를 먹을 때도 젓가락을 이용한다. 밥이나 탕이 담긴 그릇은 손에 들고 입 가까이 대고 먹는다. 밥을 먹기 위해 고개를 숙여서는 안 되며, 필요할 때에는 밥공기를 손으로 받쳐 들고 젓가락으로 먹는 것이 예의이다. 사용하고 난 숟가락을 남에게 보이는 것은 실례이므로, 탕을 먹은 뒤 숟가락을 뒤집어 놓는다.

식사할 때는 젓가락을 그릇에 부딪쳐 소리를 내서는 안 된다. 음식물을 집을 때에는 한 번에 너무 많이 집지 않으며 너무 자주 젓가락질을 하거나 음식물을 뒤적거리지 않는다. 먹을 때는 소리를 내지 않고 게걸스럽게 먹지 않는다. 오른손으로 젓가락을 사용하며 밥을 다 먹은 후에는 젓가락을 빈 그릇 중간에 놓아둔다.

주객의 식사가 다 끝날 때까지 자리를 떠서는 안 되며 그날의 요리에 대해 칭찬하고 감사의 뜻을 표한다. 주인은 식사의 변변치 않음을 이야기하고 초대에 응해준 것에 감사의 표시를 한 후에 자리에서 일어나는 것이 예의이다. 밥을 다 먹은 후 '잘 먹었다' 혹은 '배부르다'라고 말한다. 예전에는 밥을 먹을 때 큰소리를 내서는 안 되었으나, 요즘에는 많은 중국인들이 식사할 때 입 안에 밥을 가득 넣고도 큰 소리로 웃고 이야기하기도 한다.

일본(Japan)

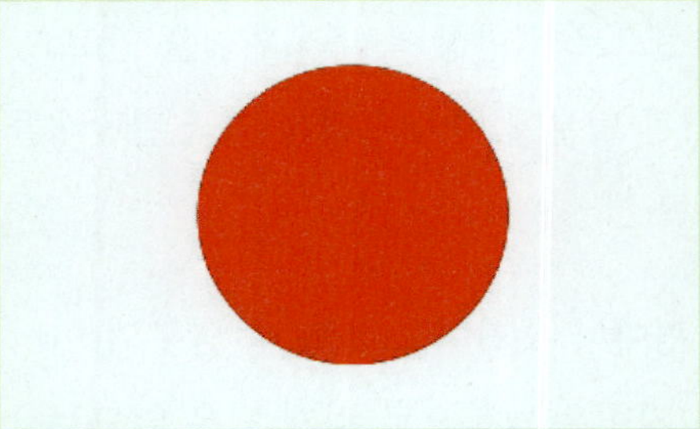

- 인구 : 12,691만 명
- 수도 : 도쿄
- 언어 : 일본어
- 종교 : 신도, 불교 등
- 위치 : 동북 아시아
- 기후 : 아한대다우, 온대다우 기후

일본 관광청 http://www.mlit.go.jp/kankocho

1. 일본의 자연환경

해양성의 온화한 기후를 지닌 일본은 국토의 약 70%가 산지로 이루어져 있으며 이에 따른3,000m 이상의 고산들이 많이 있다. 동, 서로 뻗어 있는 산맥은 환태평양조산대 일부에 속해 있어 지진이 잦으며 전국적으로 200여 개의 화산이 존재하는데 이중 절반이 넘는 108개 가량이 활화산으로서 항상 폭발의 위험을 안고 있다. 하지만 이로 인한 수많은 온천과 자연경관 덕분에 해마다 많은 외국 관광객들이 찾아오는 이유가 되기도 한다.

평야로는 혼슈(本州) 중부의 간토(關東) 평야나 홋카이도(北海道) 남부의 이시카리 평야 등을 대표로 들 수 있다. 일본의 지형은 남북으로 길게 뻗은 열도로서 위도의 차이가 22도까지 나타나며 남, 북의 온도차는 약 16℃까지 크게 나타난다. 연간 강수량은 약 1,700mm로서 비교적 많은 양의 비가 내리며 이중 여름철 장마와 태풍으로 인한 강수량이 연 강수량의 40% 가까이 차지하고 있다.

또한 후지산을 중심으로 많은 산맥을 사이에 두고 있어서 산맥 북쪽으로는 많은 눈이 내리는 것을 볼 수 있다. 동경(東京)을 수도로 하고 있는 일본은 아시아대륙 북동에서 남서방향으로 이어지는 일본열도를 차지하고 있는 섬나라이다.

일본은 홋카이도(北海島), 혼슈(本州), 시코쿠(四國), 규슈(九州)로 이루어진 네 개의 섬과 이즈제도(伊豆諸島), 오가사와라제도(小笠原諸島), 류큐(琉球)열도 등 약6,800여 개의 크고 작은 섬들로 구성되어 있다. 면적은 약 37만㎢로 한반도의 1.7배가 넘고 세계에서 60번째로 큰 영토를 가지고 있다.

1. 주요 관광지

(1) 도쿄

일본의 수도이자 최대의 도시인 도쿄는 여러 다양한 볼거리와 문화들로 일본내에서 가장 많은 관광객들이 모이는 곳이다. 도쿄에는 수많은 유명 관광 지역들이 있는데 대표적인 곳으로는 도쿄의 최대 중심가이며 명품 해외브랜드들과 고급 레스토랑 및 다양한 먹거리와 쇼핑시설이 밀집한 긴자(銀座)가 있으며 서울의 인사동과 명동을 합쳐놓은 것 같은 시부야(澁谷)는 도쿄를 대표하는 번화가 가운데에 하나로 시부야역을 중심으로 일본의 유명한 백화점과 레스토랑, 패션몰 등이 군집하여 젊은이들의 거리로도 알려져 있다.

메이지공원과 연결된 하라주쿠(原宿)역시 빼놓을 수 없는 관광지로서 다양한 스타일의 개성 넘치는 젊은이들이 모여드는 곳이다. 오모테산도(表参道)로 연결되는 거리에는 다양한 해외 명품 브랜드와 젊은이들을 겨냥한 고유 브랜드상점들이 자리하고 있으며 독특한 패션문화로 유명한 세계 패션의 중심지로 자리 잡았다.

이 밖에 도쿄 주요 관광지에는 동양 최대의 수산물 도매시장으로 참치를 경매하고 참치를 해체하는 장면을 볼 수 있고 유명한 초밥집들이 들어서 있는 츠키지어시장, 각종 조리기구 및 주방용품을 판매하는 갓파바시 도구거리, 도쿄에서 가장 큰 사찰인 센소지 등이 있는 아사쿠사, 애니메이션 건담의 실물크기 모형과 쇼핑센터, 온천 등 많은 유락시설이 있는 곳으로 도쿄의 주요 관광지역중 하나인 오다이바 등이 있다. 이 밖에도 도쿄의 대단위 상업중심지역으로서 우리나라의 용산 전자상가와 같은 이케부쿠로, 아키하바라 등이 있다.

(2) 오사카

관서지방의 대표적인 대도시로 천 년의 역사를 자랑하며 매년 여름 열리는 덴만구진사라는 일본 3대 축제 중 하나가 열리는 곳이다. 특산물로는 일본뿐 아니라 우리나라에서도 인기 있는 음식인 오코노미야키와 타코야키, 오사카식 스시인 하코스시 등이 있으며 하루 평균 10만개 이상 팔린다는 고기찐빵 또한 유명한 먹거리이다. 주요 관광지로는 도요토미 히데요시가 전국을 통일한 후 자신의 권력을 과시하기 위해 지었다는 오사카성과 헐리우드 영화를 테마로 한 아시아 최초의 유니버셜 스튜디오, 서민적인 분위기를 느낄 수 있는 극락상점가 등이 있는 도톰보리 및 남바까지 길게 연결되어 있는 오사카 최대의 쇼핑가 및 각종 백화점과 아케이드가 자리하고 있으며, 힙합 캐주얼 상점이나 클럽 등이 모여 있어서 젊은 이들이 많이 찾는 신사이바시가 있다.

(3) 후쿠오카

규슈북단에 자리한 후쿠오카는 일 년 내내 온화한 기후로 일본의 3대 지역 라면 중 하나인 하카타라멘이 유명하다. 2000년의 역사를 자랑하며 우리나라의 경주와 같이 시내 곳곳에 많은 사적과 문화재가 있는 하카타와 온천과 료칸으로 유명한 유후인 등이 가볼만 한 곳이다.

또한 호크스 타운 서쪽 해변지역에 위치한 후쿠오카 타워와 유명 대형 백화점, 다양한 개성이 넘치는 중저가 쇼핑몰 등도 유명하다. 후쿠오카 3대 축제로 손꼽히며 매년 5월 초 다양한 공연과 함께 여러 퍼레이드가 열리고 200만명이 넘는 관람객이 찾아오는 하카타 돈타쿠 미나토 마츠리가 유명하다.

(4) 요코하마

일본의 대표적 항구도시인 요코하마는 차이나타운과 일본 라멘의 역사를 한눈에 볼 수 있는 요코하마 라멘박물관, 야마시타 공원, 메이지시대에 지어진 아카렌카(붉은 벽돌로 지어진 창고) 등 다양한 볼거리가 있는 곳이다. 매년 4월이면 전 세계에서 모인 거리 예술가들이 만들어내는 거리축제, 매년 6월 1일부터 2일 사이에 열리는 요코하마 개항제 에서는 국제 불꽃대회를 볼 수 있으며 매년 10월 첫째 주 주말에 열리는 재즈 패스티벌 등 거의 일년 내내 다양한 볼거리를 제공한다. 또한 겨울에는 크리스마스 시즌을 기점으로 다양한 페스티벌과 일루미네이션 등 여러 가지 이벤트들이 열린다.

(5) 교토

오사카와 더불어 일본 관서요리의 큰 축을 이루고 있는 교토는 일본의 전통이 살아 숨 쉬는 도시로서 교토에서만 구할 수 있는 기요미즈야끼 스타일의 도자기와 전통 부채 등 다양한 특산품이 있다. 매년 4월경 만개하는 벚꽃과 가을 단풍이 매우 아름다운 도시로서 차와 함께 간단한 음식을 즐기는 차가이세키요리(茶懷石料理)가 발달하였다. 가을철 송이버섯과 풍부한 제철 채소로 만든 교토 전통식 밑반찬이 곁들여지는 오반자이도 유명하다.

(6) 홋카이도

일본 최북단에 위치한 홋카이도는 눈의 도시로 세계 각국에서 스키를 즐기기 위한 관광객들이 많이 몰려들며 매년 겨울이면 눈과 얼음을 즐기기 위한 다양한 행사가 열린다.

지역이름을 딴 삿포로 라멘과 삿포로 맥주는 일본뿐만 아니라 우리나라에서도 유명하며 특히 삿포로 맥주의 경우 베트남에서 자국 맥주를 따돌리고 소비량 1위를 기록했을 정도로 인기가 많다. 삿포로와 더불어 홋카이도의 대표지역으로 꼽히는 오타루는 지리적으로 눈이 많이 내리기 때문에 눈과 관련된 축제들이 많다.

(7) 오키나와

일본 열도 최남단에 위치하여 일 년 내내 온난한 기후를 자랑하는 오키나와는 아시아의 하와이라 불리며 많은 관광객들을 유치하고 있다.

2. 일본의 사회문화적 환경

인구는 약1억3000만 명이며 대부분이 아시아몽고인종에 속한다. 언어는 일본어가 통용되며 동경어를 기반으로 하는 언어가 표준어로 쓰이고 있다. 그러나 지역마다 독특한 방언이 있어 직업이나 지위, 성별에 따라 언어적 차이가 심하다.

역사적으로 보면 일본은 1868년 메이지유신(明治維新)에 의해 막부정치가 막을 내리고 천황(天皇)이 중심이 되는 중앙집권적 통치제도를 확립하여 근대자본주의를 본격적으로 도입하였다. 1889년 제국헌법을 공포하여 입헌군주제의 기틀을 마련하고 1890년 7월 제국의회가 성립되면서 아시아 최초로 의회제도를 확립하였다.

일본인은 두 가지 이상의 복수 종교를 가지는 사람이 많은데 전체인구의 약48%가 불교이며 자연 또는 조상숭배를 기본으로 하는 신도(神道)가 52% 정도를 차지하여 일본의 양대 종교가 되고 있고 그 밖에 기독교, 가톨릭교 등이 있다.

3. 일본 음식문화의 특징

1. 역사적 특징

일본은 북에서 남으로 길게 뻗어 있고 바다로 둘러싸여 있으며 지형 · 기후에 변화가 많아 4계절의 변화가 뚜렷하다. 그에 따라 각 계절마다 생산되는 재료의 종류가 많고 그 맛이 다양하며 섬나라 특성상 해산물이 풍부하다. 우리처럼 쌀을 주식으로 하고 농. 수산물을 부식으로 하여 식문화가 형성되었는데 이러한 일본 요리는 맛이 담백하고 색채와 모양이 아름다우며 풍미가 뛰어나다. 그러나 이러한 고유의 식문화로 인해 식품의 영양적 효과를 고려하지 못했던 경우도 있었는데, 이는 제2차 세계대전 이후로 서양 식생활의 영향을 받아 서양과 중국풍의 요리가 등장하게 되면서 영양적 측면도 고려하게 되었다.

따라서 일반적인 가정식 요리도 새로운 식품의 개발과 인스턴트식품의 보급으로 인하여 다양하게 변화하였다. 오랜 기간 육식을 금기시 하던 일본의 사회적 특성상 일반적인 식생활에서는 육식의 요소가 약하다고 볼 수 있으며 일본의 음식문화 형성은 여러 요리법에서 볼 수 있듯이 중국 대륙의 농경문화와 남방의 해양문화가 각기 중요한 역할을 하고 있음을 알 수 있다.

일본요리는 8세기경부터 9세기까지 걸쳐 중국에서 젓가락 문화와 간장이 들어오면서 자연스럽게 중국 식문화의 영향을 받게 되었다. 6세기경 한국에서 불교가 전해지며 육식을 자제하였고 13세기경 중국으로부터 다시 선종 불교가 들어오면서 보다 엄격하게 채식주의가 강요되었다. 16세기 무렵 나가사키항이 개항을 하면서 포르투갈 상인들에 의해 덴뿌라와 같은 요리법이 등장하고 감자, 토란, 고구마 같은 구근 채소 및 호박 등이 들어오며 식재료의 다양성을 띄게 되었다.

이후 1338년 교토에 무로마치 막부가 세워지면서 요리도 함께 발달하였는데 이 당시는 외국과의 교류무역이 활발했던 시기로 자연스레 서양의 요리기법들이 유입되기 시작하였다. 난반요리라고 불리는 이 요리들은 채식주의였던 일본의 식문화에 서서히 육식을 가미하기 시작했으며 이때의 영향으로 일본의 주방형태 또한 서양화 되었다.

이렇듯 일본의 식문화는 서양의 것들을 받아들이면서 다양한 변화를 맞이하게 되었지만 그들의 문화를 그대로 받아들이기 보다는 일본의 식문화와 결합시켜 새로운 형태의 양식요리들을 발전시키며 일본만의 독특한 식문화를 형성하였다. 이에 따라 지금도 일본의 풍토 속에서 독자적인 양념이나 조리법이 발달한 화식(와쇼쿠)과 서양요리를 일본인에게 맞게 개량한 것을 가리키는 양식이 공존하며 발달하였다.

19세기 초에 이르러서 본선요리(혼젠료우리), 정진요리(쇼진료우리), 회석요리(가이세키료우리), 중화요리(츄카료우리), 남방요리(난반료우리) 등이 어우러지며 일본 특유의 음식문화가 완성되었고 이후 메이지유신을 계기로 서양요리 기술이 급속히 들어오며 일본인들의 식생활에 큰 변화를 가져오게 되었다.

(1) 죠몬 시대(B.C 1만3000년~B.C 3세기)

신석기 시대를 말하며 공동생활과 자연 채집을 하던 시기이며 수렵과 어로, 식물의 채취 등을 하며 먹을 것을 찾아 여기저기 이동하며 생활을 하였다. 식물 채집이나 조리를 하기위해 석기가 사용되었으며 좁은 공간에 한 가족이 모여 살며 5~6가족이 집단을 이루어 생활하였다. 농업의 흔적은 보이지 않으며 불을 사용했던 흔적은 있지만 주로 곡물이나 어패류, 짐승이나 조류 등을 생식하는 방법이 많았다.

(2) 야요이 시대(B.C 3세기~A.D 3세기)

중국 등 대륙문화가 도입된 시기이며 청동과 철이 사용된 시기이다. 본격적인 쌀, 보리 등이 재배되기 시작했으며 재배된 곡물들은 주로 죽의 형태로 많이 먹었던 것으로 보인다. 농경이 발달되고 불의 사용으로 생식보다 익혀 먹는 음식들이 많아지고 동시에 주식과 부식의 구분이 생긴 때이기도 하다.

(3) 야마토 시대(3세기 말부터 7세기 중엽)

3세기 말부터 7세기 중엽까지 일본을 지배한 최초의 통일정권이다. 이 시기에 우리나라와 중국으로부터 많은 사람들이 일본으로 이주하여 살기 시작하였으며 이때 중국의 선진 문화가 일본의 식생활에 영향을 미쳤다. 또한 농업의 촉진과 보다 확실한 계급층이 형성되었으며 식물의 가공이 시작되고 간장의 전신인 히시오 등이 사용되었다.

(4) 나라 시대(710~794년)

천황중심의 전제국가로 중앙집권국가를 지향하던 시대이다. 나라시대에는 술이 발달하여 그 용도에 따라 제조방법이 달랐을 정도로 다양해졌다. 술과 함께 건조, 절임 등의 보존식이 발달했다. 신분계층에 격차가 크게 나타났으며 당나라에서 설탕 등이 유입되며 각종 조미료와 향신료 등이 사용되었다. 또한 불교의 영향으로 살생이 금지되어 육식을 금하였던 때이기도 하다. 생선을 생식하기 시작하며 오늘날의 초밥(壽司)과 같이 생선에 밥과 소금을 섞어 발효시킨 나레스시가 만들어졌다.

(5) 헤이안 시대(794~1185년)

8세기 후반부터 약 400여년에 걸쳐 일본 역사상 가장 호화로운 귀족 문화를 누리던 시대이다. 장기간 평화가 지속되어 귀족사회의 풍요로운 식문화가 성립 되었으며 더불어 연회식이 유행하기 시작했는데 맛이나 영양보다는 색깔이나 모양, 장식 등 보기에 아름다운 형식을 중시한 요리형태이다.

사회적 신분과 계층에 걸맞는 식사예법이 마련되어 오늘날 일본요리의 기본 틀이 형성되었으며 신라, 당나라 등과의 교류가 활발해지며 여러 가지 조리법이 발달한 일본 식생활의 형성기라고 볼 수 있다. 또한 일본의 요리규범인 양노율령에 의해 여러 가지 의식을 행하는 방법과 음식을 만드는 방법 등 세밀하게 연회식의 규정이 완성되었다.

(6) 가마쿠라 시대(1185~1333)

일본 역사상 최초의 무가정권(武家政權)이 탄생한 시대이다. 가마쿠라 막부 시대에는 중국으로부터 선종(禪宗)이 유입되어 널리 확산되며 사찰에서 수행기간 중에만 먹는 요리인 정진요리(精進料理)가 고안되어 정착하게 되었다. 또한 중국의 송(宋)나라에서 차(茶)를 들여와 재배하기 시작하였다. 더불어 사찰에서 낮에 차를 마시는 습관이 일반화되며 1일 2회의 식사 외에 점심을 포함하는 1일 3식의 식사관행이 정착하게 되었다.

(7) 무로마치 시대(1336~1573년)

오다 노부나가에 의해 무너지기 전까지 약 200여년 간 이어져온 무가(武家) 문화라 할 수 있다. 이 시대는 농업을 비롯하여 여러 산업이 크게 발달한 시기이기도 했는데, 사람과 짐승의 분뇨를 비료로 사용하는 등 농업 기술이 발달하였고 벼의 품종 개량이 이루어져 쌀과 보리의 이모작이 보급되었다.

또한 다양한 요리 계파들이 등장하여 각종 요리를 만드는 방법과 기술, 칼을 사용하는 방법 등 여러 가지 요리 기술을 개발하며 경쟁을 함으로써 일본요리의 기술과 조리법이 도약하는 요리계의 전국시대가 시작되었다.

(8) 아즈치 모모야마 시대(1573~1603)

신흥무가(武家)와 상인의 재력을 토대로 한 현실적고 인간적인 문화가 꽃피우게 된 시기이며 도요토미 히데요시에 의해 우리나라를 침략한 임진왜란이 일어난 시대이기도 하다.

이 시대에는 가마쿠라 시대에서 시작된 차 마시기 풍습이 다도(茶道)라는 일본 특유의 생활문화로 완성되었으며 차를 끓이기 전에 준비하는 차 회석요리(茶懷石料理)가 확립되었고 파를 쇠고기나 닭고기, 생선 등과 섞어서 조리하는 난반(南

蠻) 요리 등이 나타나게 된다. 또한 포르투갈, 스페인 등 서양과의 무역이 활발해지면서 오늘날 일본의 대표요리 중 하나인 덴뿌라(天婦羅)가 등장한 시기이기도 하다.

(9) 에도 시대(1603~1867년)

무사계급 중 최상위에 자리하고 있는 쇼군의 강력한 힘으로 정권을 장악하고 전국을 다스리는 중앙집권체제가 확립된 시기이다. 또한 도시상인의 기호와 생활양식을 기준으로 이전 시대의 조리법과 식사법을 집대성하는 일본식(和食)의 완성기를 맞게 된 시기이기도 하다.

에도(江戸)는 이전의 문화 중심지였던 교토(京都)와 달리 소박하고 검소한 식생활을 하였으며 무사, 상인, 일반 백성들의 식사가 분화되며 각종 요정이나 음식점 등이 생겨났고 이들의 경쟁과 요리의 발달로 오늘날의 연회용 요리인 회석요리(會席料理)의 기초가 정립되었다.

(10) 메이지 시대 이후(1868~현대)

메이지유신(明治維新)에 의해 일본 국민생활의 근대화가 추진된 시기이다. 식생활에서도 큰 변화가 나타나 식품의 금기가 사라지고, 영양적, 식품 위생적 지식 등이 보급됨으로써 서양풍의 식사예법이 일반화되는 계기를 맞게 되었다. 이와 함께 서양으로부터 다양한 식품과 식재료들이 들어오면서 양식 문화도 점차 확산되어 순수한 서양요리 외에 개량된 새로운 서양풍 요리가 등장하게 된다.

태평양 전쟁 이후에는 쌀 부족을 해결하기 위해 가정 내의 텃밭 활용이 장려 되며 미국의 밀가루 보급으로 인하여 빵이 대중화되었다. 최근에는 고도의 경제성장으로 인한 고칼로리 저단백질 섭취로 인한 성인병이 증가하고 있다.

2. 일반적 특징

일본요리는 흔히 눈으로 먹는다고 할 만큼 그 맛뿐만 아니라 다양한 의미와 아름다움으로도 먹는다. 따라서 일본 요리에는 일본인이 갖고 있는 정서와 삶, 그리고 그에 따른 역사가 그대로 한 그릇의 요리에 담겨 있다고 할 수 있다. 일본의 요리 형태는 일상적인 가정에서의 식사에서부터 전통 행사 식, 연회 식 등으로 나눌 수 있는데 전통방식과 현대방식이 공존하는 형태를 나타내고 있다.

외국에서는 생선회, 초밥, 튀김 등이 대표적인 일본 요리로 알려져 있지만 이는 시간의 흐름에 따라 다양한 형태로 변형되어 왔으며 오히려 일본적인 색채가 강하게 남아있는 전통 행사식이나 연회 요리가 일본 요리의 대표적인 특징이라고 볼 수 있다.

옛부터 일본 요리는 5법(五法)을 기본바탕으로 하여 만들어지고 이를 통해 그 요리의 특징이 다양하게 나타난다. 이러한 조리방법을 통하여 각각의 식재료가 가지고 있는 최고의 맛을 최대한 끌어낼 뿐만 아니라 각각이 가지고 있는 고유의 향과 색을 살려 봄, 여름, 가을, 겨울의 계절감을 그 요리에 담아낸다.

Check point

일본요리의 5법

오색(五色) : 검정색(黑色), 붉은색(赤色), 흰색(白色), 노란색(黃色), 파랑색(靑色)
오미(五味) : 단맛(甘味), 짠맛(塩味), 신맛(酸味), 쓴맛(苦味), 매운맛(辛味)
오법(五法) : 날것(生物), 구이(燒物), 조림(煮物), 찜(蒸物), 튀김(揚物)

이와 같이 일본요리는 만드는 방법뿐만 아니라 그 양념을 사용할 때도 기본 순서가 정해져 있는데 이는 입자가 큰 것에서 입자가 작은 순서로 넣어야 하는데 입자가 작은 것이 재료에 빨리 침투할 수 있기 때문이다.

만약 입자가 작은 소금을 먼저 투입할 경우 삼투압 현상에 의해 수분이 빠져 나오고 재료의 표면이 굳어져 나중에 넣는 설탕이 침투하기 어렵게 된다.

Check point

일본요리 조미 순서

- 사(砂糖, 설탕) – (塩, 소금) – 스(酢, 식초) – 세(醬油, 간장) – 소(味噌, 된장)

일본의 전통적인 식사 습관은 아침과 저녁으로 구성되어 1일 2식의 형태였으나 19세기 말에 이르러서야 점심이 포함된 1일 3식이 정착되었다. 당시의 식사 방식은 우리나라의 그것과 비슷하여 가족이 모두 모인 후 제일 연장자가 먼저 젓가락을 들면 '잘 먹겠습니다'라고 인사한 뒤에 먹는 식이었다. 이러한 식사 방식은 가족 공동체를 강하게 형성하기 위한 방법으로 2차 세계대전 이전까지 매우 엄격하게 지켜졌다.

또한 신분에 따라 식사 도구가 달라졌는데 상류계층 에서는 다리가 달린 밥상이 사용되었고, 일반 가정에서는 개개인이 따로 정해진 네모난 상을 사용했다. 이처럼 일본은 전형적인 가부장제 형태의 생활방식이 전해져왔는데 식사 시 그 집안의 가장(家長)이 상석에 앉고, 나머지 가족들도 각각의 집안 서열에 따라 자리가 정해져 있었다. 이러한 식사 습관은 근대화 이후 도시가 문화가 급격히 발달하고 핵가족 형태의 가정이 증가함에 따라 그 실질적인 의미를 잃게 되었다.

일본 음식은 현재 우리의 일상생활에도 깊게 들어와 있는데 조미료 사용을 적게 하여 담백하면서도 정갈함을 갖추고 있는 일본 음식은 깔끔하고 개운한 맛을 좋아하는 우리나라 사람들의 입맛과도 잘 어우러지며 특히, 돈가스, 스시, 사시미, 우동, 덴푸라 등과 같이 다양한 연령층의 외식문화에서도 큰 비중을 차지하고 있다. 일본은 우리나라와 비슷한 지리적 위치로 인해 사계절의 특성이 뚜렷하게 나타나며 식생활 또한 계절에 민감하고 섬나라의 특성과 정치적으로 오랜 기간 육식을 금기시 해온 역사로 인해 육류보다는 생선이나 어패류, 갖가지 채소를 이용한 요리가 발달하였다. 조리법 또한 앞서 얘기한 바와 같이 조미료의 사용을 최소화 하여 재료가 가지고 있는 그 고유의 맛을 최대한 살려냄과 동시에 담백하고 정갈함, 그리고 다양한 색채감으로 시각적인 아름다움까지도 표현한다.

이처럼 일본요리의 시각적인 특성은 다양한 식 재료와 계절 감각 및 색채감과 더불어 담아내는 기물의 다양함에 있다고 할 수 있다. 일본요리에 사용 되는 기물은 요리에 따라 그 재질과 형태가 다양하게 사용되는데 이는 완성된 요리를 연출할 때도 큰 장점이 되고 있다. 담아 낼 때도 공간의 미를 충분히 살려 내는 것이 특징인데 담아내고자 하는 요리의 형태, 색, 온도 그리고 그 계절에 따라 적절한 기물을 선택하여 요리의 특성을 잘 살려 보기에도 좋고 먹는 사람이 집어먹기 편하게 담아낸다. 전체적인 그릇의 크기에 비해 적은 양을 담는 것이 특징이다.

3. 지역별 특징

(1) 관동요리(關東料理)

현재의 도쿄인 에도를 중심으로 발달하였기에 에도요리라고도 하며 도쿄만의 옛 이름인 에도마에(江戸前)와 스미다가와(隅田川) 등에서 잡은 어패류를 주로 사용한 요리이다. 무가(武家) 및 사회적 지위가 높은 사람들에게 제공하기 위한 의례요리가 발달하였으며 요리의 맛이 달고 짜고 자극적이며 농후한 맛을 내는 것이 특징이다. 또한 진간장을 주로 사용하고 조미료 사용이 많아 색과 간을 강하게 하여 국물이 적은 요리가 주를 이루고 있다. 대표적인 요리로는 초밥, 튀김, 민물장어, 메밀국수 등이 있다.

(2) 관서요리(關西料理)

오사카와 교토를 중심으로 발달한 요리로 가미가다 요리(上方料理)라고도 하며 그 역사가 상당히 길다.

오사카요리는 바다가 가깝고 어패류를 많이 접할 수 있어서 생선요리가 발달되어 있으며 교토요리는 오사카와 달리 바다로부터 멀리 떨어져있고 수질이 좋아 야채와 건어물을 사용한 요리가 발달했다. 관동요리에서는 주로 진간장을 사용하지만, 관서요리에서는 색이 연한 연간장을 주로 사용하여 재료의 맛과 형태를 최대한 살리는 담백한 맛과 국물이 많은 것이 특징이다.

4. 일본요리의 형식적 분류

(1) 본선요리(本膳料理, 혼젠요리)

행사 및 의례용 요리로 정식으로 차리는 의식 요리를 말한다.

식단은 국과 요리의 수에 따라 구분하는데 보통은 1즙3채(一汁三菜)나 2즙5채(二汁五菜), 3즙7채(三汁七菜) 등을 기본으로 하며, 1즙5채(一汁五菜), 2즙7채(二汁七菜) 3즙9채(三汁九菜) 등으로 변형되기도 한다. 여기에서 즙(汁)은 국물을 뜻하며 채(菜)는 반찬을 뜻하는 말이다.

이와 같은 형식은 에도 시대부터 갖추어져 왔으며, 메이지시대에 와서 일반화되면서 민간에게까지 알려졌다. 본선요리는 손님마다 각각의 상(膳)을 차리는데 상이나 음식을 놓는 위치가 정해져있을 만큼 엄격한 예법을 따른다. 상차림과 먹는 방법이 복잡하여 요즈음에는 상당부분 간소화되었으며 지금의 회석요리(會席料理)의 기본이 되는 상차림이다.

Check point

3즙7채의 상차림

① **첫번째 상 – 혼젠(本膳)** : 크기가 가장 크고 중앙에 나오는 기본상으로 미소시루(味噌汁), 고항(御飯), 니모노(煮物), 고노모노(香の物), 사시미(刺身)로 구성된다.

② **두번째 상 – 니노젠(二の膳)** : 니노젠(二の膳) : 스마시지루(噌まし汁), 아에모노(和え物), 니모노(煮物), 스노모노(酢物) 등으로 구성된다.

③ **세번째 상 – 산노젠(三の膳)** : 혼젠과 니노젠에서 제공되지 않은 다른 종류의 국물요리와 아게모노(揚物), 니모노(煮物), 사시미(刺身)로 구성된다.

④ **네번째 상 – 요노젠(四の膳)** : 야키모노(燒物)를 올리는데 보통은 통으로 구운 생선인 스가타야끼(統燒)가 제공된다.

⑤ **다섯번째 상 – 고노젠(五の膳)** : 손님이 가지고 갈 수 있도록 다이히키[台引]라는 선물용 모둠요리를 낸다. 보통 술안주나 생과자와 같이 물기가 적은 것을 준비한다.

(2) 차 회석요리(茶懷石料理, 차가이세키요리)

차를 마시기 전에 공복을 달래기 위한 소량의 간단한 음식을 말한다.

회석(懷石)이라는 뜻은 선종의 승려들이 수업 중 추위와 배고픔을 견디어 내기 위하여 따뜻하게 한 돌을 품었다는 뜻으로 일즙일채(一汁一菜), 일즙삼채(一汁三菜) 등 배고픔을 견디는 정도의 가벼운 식사라는 의미로 차를 마실 때 행하는 식사를 말한다. 차를 대접하기 전에 가벼운 식사를 하는 것은 차를 맛이 있게 마시도록 하고 또 공복 시에 자극적인 것을 피하기 위한 것이다.

(3) 회석요리(會席料理, 가이세키요리)

에도 시대에 기초가 정립되어 내려온 연회용 정식요리이다. 일본의 정식요리인 본선요리(本膳料理)를 간단하게 변형한 것으로 결혼식이나 공식연회 또는 손님을 접대할 때 사용한다.

식단의 형태는 국과 생선회를 먼저 차리고 다음 요리를 차례로 내는데 보통 1즙3채(一汁三菜), 1즙5채(一汁五菜), 2즙5채(二汁五菜)로 구성한다. 요리는 손님의 취향에 맞추어 계절에 어울리는 것으로 준비하며, 각 음식마다 일본요리의 5법에 맞게 서로 같은 재료, 조리방법, 맛이 중복되지 않도록 구성하는 것이 중요하다. 또한 음식의 맛과 색, 모양을 감안하여 요리하고, 그릇에 담을 때도 그릇의 모양과 재질까지 고려하여야 한다.

Check point

회석요리(會席料理)의 구성

① 先附 (센스케) : 진미
② 前菜 (젠사이) : 전채요리
③ 吸物 (스이모노) : 맑은국
④ 刺身 (사시미) : 생선회(관서지방에서는 츠쿠리 라고 부름)
⑤ 煮物 (니모노) : 조림
⑥ 燒物 (야키모노) : 구이요리
⑦ 揚物 (아게모노) : 튀김요리
⑧ 强肴 (시이자카나) : 술을 권할 때 내는 요리
⑨ 酢物 (스노모노) : 초회
⑩ 止椀 (도메완) : 마지막 국물요리(보통은 일본식 된장국이 제공됨)
⑪ 食事 (쇼쿠지) : 식사 또는 면 요리
⑫ 甘味 (아마미) : 후식

(4) 정진요리(精進料理, 쇼진요리)

일본의 사찰 요리로 불교에서 금기시하는 육류나 어패류 등 동물성 재료와 향이 강한 오신채를 사용하지 않고 곡물이나 채소 등의 식물성 재료와 해조류를 사용한 요리이다.

불교에서 수행 중 잡념을 버리고 정신을 수양 한다는 뜻으로 음식도 하나의 수행이라는 선의 정신을 근거로 한 식사법이다.

4. 일본의 대표음식 및 음식이야기

1. 대표음식

(1) 생선회(刺身, 사시미)

어패류를 주로 하여 날것으로 먹는 대표적인 일본요리이다.

사시미의 어원을 살펴보면 '찌르다', '꽂다'라는 글자와 '몸통'이라는 글자가 합쳐진 것으로, 조리한 생선에 그 지느러미를 꽂아서 담았다고 해서 붙게 되었다는 설과, 먹는 이들이 쉽게 알아볼 수 있도록 생선에 각각의 이름을 적어 깃발처럼 꽂았다고 하여 붙여졌다는 설이 있다.

생선회는 '자르다' 라는 표현보다 '켜다' 라는 표현을 많이 쓰는데 이는 생선회를 뜰 때 칼을 한 번에 잡아당겨 포를 뜨듯이 떠내기 때문이다. 생선회는 생선의 종류에 따라 써는 방법을 달리 해야 하는데 이는 각 생선이 가지고 있는 고유의 식감을 잘 살려 내기 위함과 다양한 형태의 맛과 모양을 내기 위해서이다.

생선회를 먹을 때는 다양한 식재료를 곁들여 먹는데 기본적으로 무와 간장, 고추냉이가 있으며 때에 따라 겨자, 마늘, 초간장, 일본식 된장인 미소 등을 곁들여 먹기도 한다. 사시미는 생선뿐만 아니라 닭고기나 소고기, 말고기, 곤약 등으로도 사용하고 있다.

(2) 초밥(壽司, 스시)

일본인들이 세계에서 으뜸가는 장수민족의 하나이며, 이들의 장수비결 가운데 첫 번째로 꼽을 수 있는 것이 바로 생선을 많이 먹는다는 것은 이미 잘 알려진 사실이다. 특히 스시(壽司)는 육류를 주식으로 하는 서양인들도 즐겨먹을 만큼 세계적인 음식으로 각광 받고 있다. 초창기의 스시는 발효를 통한 보존식의 성향이 컸다. 처음 스시가 만들어진 초기의 형태를 보면 생선의 내장을 제거하고 소금에 재워 항아리에 무거운 돌로 눌러 두었다가 2년여의 긴 시간 동안 발효과정을 거쳐 그 생선을 섭취했는데 이를 나레스시라 한다.

그 후 시간을 단축시키기 위한 방법으로 밥을 섞어 발효시켜 역시 생선만을 섭취 해오다 식량난에 봉착하게 되자 그 밥을 낭비하지 않기 위해 밥에 식초를 섞어 발효시간을 더욱 단축시켜 생선과 함께 먹기 시작한 것이 지금의 스시이다. 스시의 모습은 여러 아시아 국가에서도 볼 수 있는데 대표적으로는 우리나라의 가자미식해와 썩은 생선이라는 뜻을 가진 태국의 쁘라하, 대만의 도스도, 인도네시아의 쟈구루 등을 예로 들 수 있다. 이러한 발효 음식은 육류가 귀하던 옛날 안정된 단백질 공급의 수단으로 사용되었다.

현재는 다양한 형태의 스시들이 널리 알려져 있는데 우리가 가장 흔히 접하는 것은 손으로 쥔 니기리스시와 오사카의 대표적인 스시로 나무상자 안에 생선을 깔고 밥을 올려 누른 후 칼로 잘라먹는 하코스시, 일본식 회덮밥인 지라시스시, 우리나라 김밥과 같은 마키스시가 있으며 이 밖에도 유부초밥을 뜻하는 이나리스시, 공처럼 둥글게 말아놓은 데마리스시 등이 있다.

(3) 우동(溫飩)

우동은 밀가루 반죽을 치대고 숙성시켜 잘라 만든 면을 삶고 다시마와 가다랑어포 등을 우려낸 육수를 부어 다양한 고명을 올려 먹는 일본의 대표적인 면요리이다. 지역별로 다양한 종류의 우동이 있는데 이는 먹는 방법이나 유부, 튀김, 미역 등 곁들이는 재료에 따라 나뉜다.

일본의 우동은 나라 시대(奈良時代, 710~794)에 중국 당나라의 면 요리가 널리 알려지면서 시작되었으며 이후 무로마치 시대(室町時代, 1336~1573)에 밀가루 제분법과 반죽을 자르는 기술이 보급되면서 급속히 발달했다. 요즘은 우동 전문점에서 다양한 종류의 우동을 접할 수 있으며 편의점 등에서는 각종 인스턴트 우동도 쉽게 찾아 볼 수 있다.

(4) 튀김(天婦羅, 덴뿌라)

덴뿌라의 어원은 포르투갈어의 템페로, 스페인어의 템프로에서 파생된 말로 나가사키항이 개항을 하고 포르투갈 상인들이 자신들의 음식인 기름에 튀긴 요리를 먹는 것을 보고 일본인들이 고안해 낸 요리이다. 초장기의 덴뿌라는 시장에서 팔다 남은 생선이나 채소 등에 밀가루 옷을 입혀 감추고 기름에 튀겨 낸 것으로 외국의 요리방법을 일본만의 독특한 요리법으로 재창조해낸 것이다.

Check point

일본의 5대 우동

① 가가와 현의 사누키우동
② 군마현의 미즈사와우동
③ 아키타 현의 이나니와 우동
④ 나가사키의 고토우동
⑤ 아이치현의 키시멘

튀김요리는 고온에서 비교적 단시간에 가열하는 방식으로 식재료의 조직을 파괴하지 않고 또한 쉽게 연화되지 않아 타 요리 방법에 비해 비타민 등 각종 영양소의 손실이 적다는 특징을 가지고 있다. 튀김요리는 바삭한 식감을 최대한 살려 내는 것이 관건인데 그렇기 위해서는 재료의 양에 따른 기름의 양과 온도조절이 무엇보다 중요하다. 밀가루의 글루텐 형성을 최대한 억제시켜 바삭한 식감을 만들어 내기 위해 반죽은 최대한 차갑게 하며 자주 젓지 말고 가능한 한 튀기기 직전에 반죽을 만들어 주는 것이 좋다. 튀김요리를 하기 위해서는 다양한 도구가 필요한데 열 손실을 최소화할 수 있는 두껍고 밑이 넓은 튀김 냄비와 반죽용 볼, 밀가루를 거르기 위한 체, 튀김그물, 튀김종이 및 긴 나무젓가락 등이 필요하다.

(5) 오코노미야키

오코노미야키(お好み焼き)는 좋아하는 것, 기호라는 뜻을 가진 오코노미(お好み)와 굽다라는 뜻을 가진 야키(焼き)의 합성어로 각각의 기호에 맞게 원하는 재료로 구워 만든 것이라는 뜻으로 우리나라의 빈대떡과 비슷하다고 볼 수 있다. 오코노미야키는 기본적으로 밀가루 반죽에 양배추, 달걀, 오징어 등을 넣고 철판에서 구운 후 오코노미야키소스와 마요네즈, 파래가루 등을 뿌리고 가츠오부시를 위에 올려 먹는다.

현재는 오사카의 대표음식으로 알려져 있지만 오코노미야키가 처음 만들어진 시기와 장소는 1920년대 도쿄였다고 한다. 지역에 따라 크게 오사카(大阪)식과 히로시마(広島)식이 있는데 오사카식은 밀가루 반죽에 재료를 섞어 굽는 방식이고 히로시마식은 철판에 밀가루 반죽을 먼저 펴고 그 위에 재료를 올려 굽는 방식이다. 이외에도 재료와 만드는 방법에 따라 종류가 달라지는데 오사카식의 오코노미야키에 중국식 면을 넣고 굽는 모단야키(モダン焼き)와 재료를 철판에서 먼저 굽다가 밀가루 반죽을 섞어 만드는 몬자야키(文字焼き)가 있다.

(6) 메밀국수(橋麥, 소바)

우동, 라멘과 함께 일본의 대표적인 3대 면 요리로 손꼽히는 소바는 관동지방의 대표음식으로서 메밀가루로 만든 국수를 다시마, 멸치, 가다랑어포 등으로 우려고 간장으로 간을 맞춘 쯔유에 무즙, 실파, 고추냉이를 풀어 면을 찍어 먹는 것이다. '소바(蕎麥)'란 메밀을 말하며 우리가 흔히 얘기하는 메밀국수는 '소바기리(蕎麥切り)'라 한다.

메밀면을 만들기 시작한 것은 17세기 무렵 나가노현에서 시작되었다고도 하며 정진요리가 일반가정으로 전파되었다는 설도 있다. 소바의 종류는 삶은 면을 채반에 받쳐 쯔유에 찍어 먹는 모리소바와 그 위에 김을 채 썰어 올린 면을 쯔유에 찍어 먹는 자루소바가 대표적이다.

그 밖에 곁들여 먹는 음식에 따라 유부소바, 튀김소바, 뜨거운 국물을 부어 먹는 가케소바 등으로 나누기도 한다. 또한 일본에서는 매년 12월 31일에 도시코시소바를 먹는 풍습이 있는데 소바와 같이 긴 면은 장수를 상징하기도 하며 우동이나 기타 다른 면에 비해 잘 끊어지는 특성을 가지고 있어 일 년 동안 좋지 않았던 일들을 끊어버린다는 의미도 가지고 있다.

(7) 연어냄비(石狩鍋, 이시카리 나베)

냄비요리는 겨울철 대표적인 별미로서 이시카리 나베는 일본 최북단에 위치한 청정지역 홋카이도의 이시카리강에서 잡은 연어를 사용한 홋카이도의 대표적인 향토음식이다. 이시카리강은 연어들이 산란을 위해 떼를 지어 올라오는 곳으로 이 지역 어부들이 잡은 연어를 통으로 잘라 끓여먹기 시작한 것에서부터 발전되어 왔다. 다시마나 가다랑어포로 맛을 낸 육수에 된장과 각종 채소 그리고 연어를 넣고 끓여먹는다.

(8) 낫토(納豆)

우리나라의 청국장과 같은 발효식품이다. 젓가락으로 들었을 때 실처럼 가늘고 길게 늘어지는 것이 좋다.

낫토의 대표적인 종류에는 아마낫토, 이토비키낫토 등이 있는데 아마낫토는 콩을 단맛이 강하게 나도록 설탕과 함께 졸여낸 것이고, 이토비키낫토는 발효균의 작용으로 인하여 끈적거리며 길게 늘어나는 실이 많이 생긴다. 일반적으로 우리가 낫토라고 하는 것은 이토비키낫토이다.

(9) 라멘(ラーメン)

일본의 대표적인 3대 면요리 중 하나인 라멘은 중국의 라미엔에서 유래가 되었다고 한다. 초기의 라멘은 주카소바(中華そば)나 지나소바(支那そば) 등 중국식 면 요리를 뜻하는 이름으로 불려 졌으나 1950년대 말 개발된 인스턴트 라면이 대중들에게 선풍적인 인기를 끌면서 지금의 라멘이라는 이름이 붙여졌다.

라멘의 종류에는 돼지뼈를 우려낸 국물을 사용한 돈코츠 라멘, 일본식 된장으로 맛을 낸 미소라멘, 소금으로 간을 맞춘 시오라멘, 간장으로 간을 맞춘 쇼유라멘 등이 있다. 보통 라멘은 생면을 삶아 국물을 붓고 그 위에 돼지고기를 구운 후 간장에 졸여 맛을 들인 챠슈와 죽순을 발효시켜 만든 멘마 그리고 반숙 달걀 등을 고명으로 올려 먹는다. 앞서 얘기한 라면의 종류에서 돈코츠 라멘은 돼지 뼈를 우려내어 육수를 만들지만 나머지는 닭고기나 해산물 등을 주로 하여 육수를 만든다.

(10) 돈카츠(豚かつ)

돈카츠는 메이지 시대에 일본에 들어온 서양의 커틀릿을 일본의 식문화에 맞게 변형하여 만든 대표음식 중 하나이다. 본래 커틀릿은 돼지고기를 얇게 펴고 프라이팬에 적당한 기름을 둘러 부치는 형태였지만 이를 변형하여 두툼한 고기에 입자가 굵은 습식 빵가루를 입히고 기름에 튀겨낸 것이 일본식 돈카츠이다.

(11) 전골냄비(鋤焼, 스키야키)

스키야키는 농기구의 일종인 가래를 뜻하는 말인데 농부들이 들판에서 잡은 야생동물의 고기를 구워 먹었던 데서 유래가 되었다. 육식을 오랜 기간 금기 시 해오던 일본은 19세기 중반부터 요코하마 항을 개항하게 되고 외국인들의 활동이 많아지면서 소 도축장이 생기고 그에 따라 스키야키가 성행하게 되었다.

스키야키는 크게 관동식과 관서식으로 나뉘는데 관동식은 철판에 각종 채소와 고기를 익히다 간장과 설탕으로 맛을 낸 스키야키 다레를 부어 익히는 방식이며 관서식은 재료 위에 직접 간장과 설탕을 뿌려 간을 들여 먹는 방식이다.

인도(India)

- 인구 : 12억 3천만 명
- 수도 : 뉴델리
- 언어 : 힌두어, 영어
- 종교 : 힌두교, 이슬람교, 불교 등
- 위치 : 남부 아시아
- 기후 : 중남부는 열대 몬순 기후, 북부 산악지대는 온대지방이지만 하루 중 온도차가 심함

인도 관광청 http://www.incredibleindia.co.kr

1. 인도의 자연환경

인도는 중동아시아와 동남아시아의 중간지점에 위치해 있고 동서로는 인더스강 유역~갠지스강 유역, 남북으로는 히말라야~케이프 코모린까지의 광대한 영토를 지녔다. 넓은 영토로 인해 기후나 기형 조건이 지역에 따라 천차만별이다. 북쪽의 한대기후, 남쪽의 열대기후, 갠지스강 중상류의 온대기후, 서부 파키스탄 국경지역의 사막기후, 해안부의 열대기후 등 기후의 차가 크며 전반적으로는 몬순기후를 보인다. 6월~월에는 우기가 있다.

주요 관광지

타지마할 묘

갠지스강

자이푸르

2. 인도의 사회문화적 환경

수많은 인종과 언어, 종교가 공존하는 나라인 인도는 인구가 약 12억 3천만명으로 중국 다음으로 세계 2위의 인구 보유 국가이다. 전체 인구의 70%는 아리아족, 25%의 인도 원주민인 드라비다족, 기타 여러 인종으로 이루어진 국가이다.

유목민족이었던 아리아족이 침입하여 인도의 지배계층을 이루면서 음식문화에도 큰 영향을 미쳤으며 카스트라는 신분제도가 존재한다.

힌두교, 이슬람교, 불교, 시크교, 자이나교, 기독교 등 다양한 종교가 존재하고 이중 인도인구의 82%는 힌두교, 11%는 이슬람교도이다. 종교의 영향으로 금기식품들이 존재한다. 인더스강 문명의 발상지로 화려한 번성을 누렸으나 17세기부터 시작된 서방 국가들의 잦은 침입으로 쇠퇴하기 시작했고 18세기 후반에는 영국의 식민지 하에 놓였다가 1947년 독립을 하였다. 수많은 인종, 종교, 언어와 세습적인 계급제도인 카스트제도 등이 인도의 발전을 저해하는 요인이 되고 있다.

(1) 카스트와 식생활

① 인도의 카스트제도

인도의 세습적 계급제도로 대체로 4개의 계급으로 나눈다.

- **브라만** : 사제 · 제사를 담당
- **크샤트리아** : 귀족 · 무사 · 정치를 담당
- **바이사** : 평민 · 농사와 목축 · 상업에 종사
- **수드라** : 노예 · 천업으로 위의 세 계급에 봉사해야 하는 계급

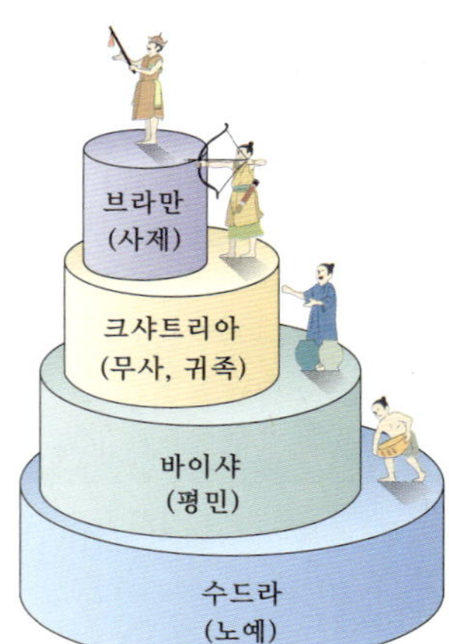

부정한 음식을 먹으면 후생에 하위의 카스트로 다시 태어난다는 믿음 때문에 부정한 식품인 육식 동물의 고기, 쥐나 벌레가 먹은 음식, 미리 조리되어 파는 음식, 부정한 사람의 손에 조리된 음식을 먹지 않았다. 헌법상 카스트 제도는 폐지되었으나 여전히 인도 사회에 깊은 영향을 미치고 있다.

(2) 종교와 식생활

- 힌두교 : 소를 신성시 하여 쇠고기를 먹지 않음
- 이슬람교 : 돼지고기를 금기시 함
- 불교 : 채식주의
- 자이나교 : 채식주의

3. 인도 음식문화의 특징

1. 역사적 특징

① 인도 문명의 발상지는 인더스강 유역이다. 그 원주민이었던 드라비다족들은 밀과 보리, 쌀, 등의 곡식과 다양한 채소와 콩을 재배하고 염소, 물소, 코끼리 등의 동물을 사육하여 식생활에 이용하였다.

② 기원전 1500~1300년경 중앙아시아의 아리아인들이 펀자브지역을 정복한 뒤 남하하면서 갠지스강 유역으로 퍼져 인도의 주요 민족이 된다. 아리아인들은 소와 양을 몰고 다니는 유목민으로 주식은 양고기와 소, 유제품이었으나 익숙지 않은 기후 조건에 토착민들이 이들의 식생활을 수용하여 소의 부족현상이 나타났다. 이에 따라 초기에는 유제품을 생산할 수 있는 소의 도축을 금지하였다가 종교적인 금제를 걸었고 불교가 퍼지면서 인도의 식생활은

소뿐 아니라 모든 육식이 터부시되어 자연스럽게 인도 전역에 채식위주의 식생활로 발달하였다.

③ 4세기경 힌두교가 굽타왕조의 국교가 되면서 정갈한 식품과 부정한 식품이 엄격하게 구분되고 불교가 식생활에 미치는 영향이 강하여 신분이 높은 계층은 채식을 선호하게 되었다.

④ 14세기 후반 이슬람교를 믿는 티무르의 인도 침략을 계기로 그의 후손에 의해 이슬람계 왕국인 무굴제국(1526~1858)이 건국되어 현재까지 무굴식으로 알려진 새로운 음식문화가 탄생하였다. 무굴식은 이슬람과 힌두교의 음식문화가 혼합된 형태이다. 이슬람 경전에 명시된 부정한 식품인 돼지고기는 섭식이 금지되었다. 무슬림의 영향으로 건포도, 견과류, 향신료 등이 추가 되어 인도음식은 풍미와 영양이 더 풍부해졌다.

⑤ 17세기 유럽인들이 향신료를 찾아 인도로 들어오면서 이스트가 들어간 빵, 고추, 토마토, 감자, 옥수수, 커피를 가져와 인도의 식생활 문화에 영향을 주었다.

2. 일반적 특징

인도는 다인종 국가이며 중동이나 서양문화의 영향으로 음식도 지역과 종교에 따라 매우 다양하고 음식은 맛과 색, 질감이 서로 조화를 이룬다. 힌두교도는 대부분 채식주의자이고 기독교도, 시크교도, 이슬람교도 등은 비채식주의자이지만 힌두교도는 쇠고기를, 이슬람교도는 돼지고기를 기피한다.

종교적 또는 경제적 이유로 육류의 섭취를 제한하는 경우가 많으나 곡물, 콩, 유제품으로 단백질을 섭취하며 우유로 만든 다히(Dahi)와 버터를 많이 이용하는 관계로 영양적 균형에는 큰 문제가 없다. 주식에서 간식에 이르기까지 대부분의 음식에는 향신료가 많이 사용된다.

① **대부분의 음식에 향신료를 많이 이용** : 인도의 가정에서는 '마살라'라는 복합 향신료를 넣어 맛과 향을 낸다.

② 음식은 한 상 차림으로 개인별로 제공한다.

③ **채식주의자가 많음** : 국민의 약 30%가 채식주의자이다.

④ **닭고기와 양고기를 이용한 음식의 발달** : 종교적 이유로 쇠고기와 돼지고기를 기피하여 상대적으로 닭고기와 양고기를 이용한 음식이 발달했다.

⑤ **유제품을 다양하게 이용하고 즐겨 먹음** : 소를 신성시하여 쇠고기를 기피하는 대신 우유를 순결하고 신성한 음식으로 간주하여 다히, 버터, 기이(ghee) 등 유제품의 이용이 많다.

⑥ 가열해서 만든 음식이 많고 장시간 은근하게 끓여 향신료가 잘 스며들어 깊은 맛이 있다.

Check point

마살라(Masala) : 복합 향신료

- 후추, 계피, 정향, 캐러웨이, 넛멕
- 큐민, 타라곤, 아니스 등의 향신료들의 조합
- 수백 가지의 종류가 있을 수 있고, 한 가지 음식에 보통 15~16종류의 향신료를 쓰는 것이 특징

일반 가정에서 쓰는 향신료도 10~15종류로 음식을 만들 때 마다 향신료를 섞은 마살라를 만들어 요리에 두루 사용한다. 시장에서 필요한 향신료를 필요한 만큼씩 혼합해 절구에 갈아서 사용한다. 요리를 하는 사람은 음식의 종류, 기후, 먹는 사람의 건강 상태에 따라 각 향신료의 혼합 비율을 결정한다. 인도에서는 각 가정마다 독자적인 맛의 가람 마살라를 만들어 쓴다.

3. 지역별 특징

인도는 위도상으로 북쪽 냉대기후의 히말라야 산맥 아래 아름다운 카시미르 계곡에서부터 남방의 열대까지 이르는 다양한 토질과 기후조건을 가지고 있다. 북서부의 라자스탄 사막지대와 인더스 곡창지대, 갠지스강 하류의 습지대와 동부의 아셈과 같은 열대 우림 지대가 공존한다. 이런 지리적 환경의 차이에 더해 종족 간, 종교 간 식문화 차이에 의해 독특한 지방색이 나타나게 된다.

(1) 북부 인도

인도 북부지역의 음식은 16세기에 번창한 이슬람교를 가진 무굴왕국의 영향이 매우 크다. 그래서 무굴식 요리라고도 한다. 인도 북서부 지역은 주요 농작물이 밀이기도 하고 중동이나 유럽의 영향을 많이 받아 빵을 주식으로 한다.

① 무굴식 요리이다.

② 빵이 주식이다.

③ **오랜 기간 이슬람의 지배하에 있어서 이슬람 음식의 영향을 강하게 받음** : 타 지역에 비해 식사 내용 중 고기의 비율이 높고 우유 기름인 기이(ghee), 요구르트, 크림과 견과류를 많이 사용 한다.

④ 이슬람의 영향으로 돼지고기를 사용하지 않는다.

⑤ 맛이 비교적 농후하고 부드러워 세계적으로 널리 퍼져 있다

⑥ **대표음식** : 탄두리(Tandoori) 치킨 ,로티(Roti), 난(Naan), 탈리(Thali)

(2) 남부 인도

남부 인도지역은 쌀의 생산량이 많아 쌀이 주식이고 전통적인 인도음식 문화가 많이 남아 있는 지역이다. 인도 전역에서 가장 매운 커리를 만드는 지역이다.

① 타밀식 요리

② 음식문화는 힌두교, 불교, 채식주의자들의 영향을 많이 받았다.

③ 전통적으로 힌두교가 많은 남부지역은 쇠고기를 먹지 않으며 불교의 영향으로 육류의 섭취가 적다.

④ 맵고 짜며 강한 향신료와 코코넛 밀크를 많이 사용한다.

⑤ 다양한 채소 요리가 발달하였다.

⑥ 주식은 쌀이다.

⑦ 코코넛 기름을 많이 사용하고 튀긴 음식을 많이 먹는다.

Check point

베지테리언의 분류

Semi-vegetarian	유제품, 달걀, 닭, 생선
Pesco-vegetarian	유제품, 달걀, 생선
Lacto-Ovo-vegetarian	유제품, 달걀
Lacto-vegetarian	유제품
Ovo-vegetarian	달걀
Vegan	동물성 식품 및 제품 전혀 먹지 않음

4. 인도의 대표음식 및 음식이야기

1. 일상식

인도의 일상 상차림은 모든 음식을 한 번에 차리는 공간전개형 상차림으로 주로 '탈리'라고 하는 식기에 1인분씩 제공한다. 북인도의 아침식사는 음료와 차파티, 푸리 등의 빵 및 오믈렛, 과일 등이고 남인도는 도사(쌀과 콩으로 만든 케익)나 이들리(쌀과 콩으로 만든 찜과자)를 주로 먹는다. 점심식사는 밥 또는 차파티, 달, 채소찜, 요구르트 및 단맛음료를 먹는다. 저녁식사는 가볍게 하는 편인데 점심에 먹던 음식들에 고기요리와 채소요리를 곁들여 먹는다. 후식으로는 과일보다 우유, 콩류, 밀가루 등으로 만든 단 과자류를 먹는다.

(1) 탈리(Thali)

큰 접시, 금속으로 만들어진 쟁반같이 납작한 접시로 음식을 탈리의 가장자리에 둘러 담아 접시 위에 음식을 배열한다. 국물이 있는 음식은 작은 그릇에 담고 탈리의 가운데 부분은 밥이나 난과 같은 빵을 담는다.

2. 대표음식

(1) 쌀요리

① 플라우(Pulao)

향신료를 알맞게 섞어서 지은 밥으로 볶음밥과 비슷하다.

② 비리야니(Biriyani)

향신료나 견과류를 사용한 고급음식으로, 채소만으로 만든 것도 있지만 양고기 비리야니나 닭고기 비리야니가 일반적이다.

③ 차왈(Chwall)

백미로 지은 밥으로 우리나라 흰쌀밥과 비슷하지만 쌀의 품종이 달라 찰기가 없다.

Check point

결혼식과 비리야니

쌀은 인도인에게 있어 풍요의 상징이다. 결혼식에서 새 신부는 살 집의 문턱을 넘으면서 문지방에 놓은 쌀을 힘차게 발로 차서 사방에 뿌려지게 하는 풍습이 있다. 쌀이 멀리 뿌려지는 것처럼 새 신부가 가져온 복이 가정에 퍼져 나가라는 기원에서 하는 의식이다. 그래서인지 결혼식과 같은 성대한 축연에서 빠지지 않고 꼭 등장하는 음식이 비리야니이다.

(2) 빵

북부 인도에서는 빵이 주식이고 인도의 빵은 여러 종류로 총칭하여 로티(roti)라고 한다.

① 난(Naan)

정제한 하얀 밀가루를 발효 시켜 만든 것으로 탄두리(진흙 화덕)안 쪽 벽면에 넓은 잎사귀모양으로 늘여 붙여서 구운 것이다.

② 차파티(Chapati)

밀기울이 든 밀가루를 물에 개어 얇게 만들어 구운 빵으로 얇게 밀어 달군 돌판이나 철판 위에서 굽는다.

③ 푸리(Puri)

인도식 스낵으로 반죽을 기름에 튀겨서 부풀린 것이다. 남부지역에 많이 먹는다.

④ 파라타(Paratha)

양념을 가미해 반죽을 토막 내어 기이(ghee)를 발라 구운 빵이다.

(3) 커리(Curry)

인도 음식의 특징 중 하나는 식재료를 약한 불에서 은근하게 오래 가열하여 향신료가 잘 스며들어 깊은 맛이 나도록 하는 것인데 Curry가 대표적인 음식이다. 인도에서는 채소, 치즈, 고기 등의 재료에 향신료를 넣고 걸쭉하게 끓인 음식을 모두 커리라 하는데 인도 전역 어디서나 맛 볼 수 있는 음식이다. 커리를 먹는 방법으로는 밥에 얹어 먹거나 난이나 차파티와 함께 먹는 방법이 있다.

종교적 영향으로 인도 커리에 사용하는 육류는 주로 양고기, 닭고기, 생선 등이다. 커리에 많이 사용되는 향신료는 대표적으로 커민, 터메릭, 마늘, 생강, 고춧가루, 고수씨, 겨자씨, 카다몬 등이다. 보통 각 가정마다 독특한 비율로 섞어 놓고 쓸 때마다 덜어 쓰는 경우가 많다. 이렇게 배합된 향신료를 마살라(masala)라고 한다. 커리요리의 독특한 노랑색과 냄새는 터메릭에서 나오고 매운맛은 고추와 겨자 및 마늘에서 나온다.

(4) 달(Dhal)

Dhal은 힌두어로 콩을 통칭하는 말인데 부드럽게 삶은 콩에 마살라(혼합향신료)를 가미한 스프를 뜻하기도 한다. 콩의 종류에 따라 맛과 모양이 다른데 밥이나 차파티에 달을 같이 먹는 것이 식사의 기본이다. 인도에서 가장 대중적인 음식의 하나이고 채식주의자가 많은 인도에서 단백질 급원 음식이다.

(5) 탄두리 치킨

탄두리 치킨은 북부 인도 음식의 대표음식으로 큰 항아리처럼 생긴 Tandoor라는 진흙화덕을 이용하여 요리를 한다. 탄두르의 바닥에 장작불을 피워 달군 다음 그 안에 식품을 넣어 굽는다. 닭을 요구르트와 여러 가지 향신료에 재워 두었다가 쇠꼬챙이에 꿰어서 탄두르에 넣어 구운 요리로 향신료가 속까지 배어서 맛이 향기롭다.

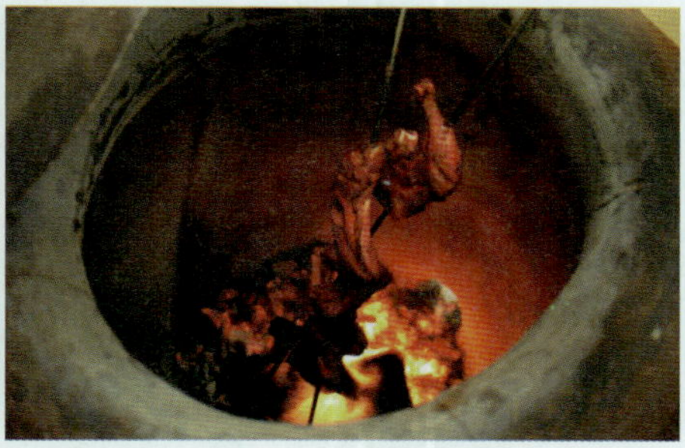

(6) 스낵

① 사모사(Samosa)

얇은 반원형의 페이스트리 반죽에 다진 고기나 마살라로 맛을 낸 감자 등의 야채로 속을 채운 뒤 삼각형으로 접어 튀긴 요리이다.

② 파파덤(Papadum)

콩가루를 넣어 반죽하여 만든 얇은 밀전병을 튀겨낸 것이다.

(7) 유제품

유제품으로는 다히(dahi), 액체 버터 기이(ghee), 농후 우유 코아(khoa)등이 있다.

(8) 음료

① 차이(Chai)

인도 어디를 가나 사람들이 모이는 곳이면 반드시 차이 가게가 있다. 사람들의 통행이 많은 시내에서도 쉽게 볼 수 있는 것이 차이를 파는 행상일 정도로 차이는 인도 사람들이 가장 즐겨 마시는 차이다. 인도 홍차 잎이나 즙에 우유, 설탕 등을 넣은 후 푹 끓인 차이다.

인도 북부지역에서는 차이를, 인도 남부지역에서는 커피를 즐긴다. 차이를 파는 노점상을 '차이 왈라'라 한다.

② 남인도 커피

커피를 생산하는 남부인도에서는 차이와 함께 커피가 대중적인 음료이다.

③ 라시(Lassi)

요거트에 설탕과 물을 넣어서 섞은 청량 음료이다. 단맛과 신맛이 어우러져 있고 갈증해소에도 좋다. 라시의 종류는 다양하여 과일을 넣은 라시, 마살라를 넣은 라시, 달콤한 라시, 짠맛의 라시 등이 있다.

④ 코코넛 주스

코코넛 열매 속에 과즙으로 코코넛 껍질의 위를 잘라 빨대를 꽂아 즙을 마신다.

3. 식사 예절

인도의 식사 예절은 대부분 힌두교의 영향이 크다.

① 식사 때는 낮은 걸상을 사용하거나 바닥에 앉는다.

② 좌석 배치에 규칙이 있으며 오른쪽이 주인, 왼쪽으로 가면서 연령순으로 앉고 노인과 소년. 소녀는 떨어져 앉는다.

③ 성인이 되면 여자는 남자와 함께 식사를 할 수 없고 남자의 식사 시중을 든다.

④ 식사 전에 반드시 물로 양손을 씻는다

⑤ 보통은 손으로 식사, 뜨거운 음식은 나무 숟가락을 사용한다.

⑥ 반드시 오른손으로 식사한다.

⑦ 식사 후 물로 양치한 다음 물을 뱉어 버린다.

⑧ 식사 중에 이야기하는 것을 무례하게 여기므로 식사가 끝나면 손을 씻고 양치한 후에 이야기를 시작한다.

태국(Thailand)

- 인구 : 약 6천 7백만 명
- 수도 : 방콕
- 언어 : 태국어
- 종교 : 불교
- 위치 : 동남 아시아, 인도차이나반도 중앙
- 기후 : 열대 몬순 기후

태국 관광청 http://www.visitthailand.or.kr

1. 태국의 자연환경

인도차이나반도의 중앙부에 위치해 있는 태국은 북부, 북동부, 중부, 남부의 네 지역으로 나눌 수 있고 지리적으로 아열대에 속하며 비옥한 토지와 풍부한 물과, 태양열을 가진 나라로 세계적인 곡창지에 속한다. 열대과일과 향신료가 풍부하고 내륙의 강과 운하의 다양한 민물고기를 비롯하여 삼면이 바다와 접해있어 풍부한 해산물을 보유하고 있다. 북부는 산악지대, 북동부는 고원지대, 중부는 메남강 유역의 곡창지대로 태국의 정치 · 경제 · 교통 · 문화의 중심지이다. 남부는 삼면이 바다로 해산물이 풍부하여 해산물을 이용한 요리가 발달했다. 연중 평균 기온이 28℃로 덥고 비가 많은 열대성 기후로 쌀의 생산량이 많아 쌀을 이용한 요리가 많다.

주요 관광지

푸켓

파타야

카오산로드

방콕, 에메랄드 사원

2. 태국의 사회문화적 환경

태국은 인구가 약 6천 7백 7십만 명이며 전체 인구의 75%가 타이어족, 14%가 중국계, 11%가 말레이시아계인 국가이다. 불교가 국교이며 전체 인구의 90% 이상인 불교 국가로 불교국의 문화유산을 바탕으로 일찍부터 관광 산업국으로 발전하였다.

음식도 관광자원의 일부로 인식하여 관광객들에 대한 배려와 서비스 차원에서 태국의 전통음식 외에 다양한 종류의 음식 개발이 활발히 이루어져 왔고 현재는 세계적으로 각광 받는 요리로 떠오른 태국 음식이 세계적으로 명성을 가지게 된 주요 원인 중 하나라 할 수 있다.

국민 구성은 타이족이 대다수를 차지하고 있지만 역사적으로 타이족의 이동과정에서 이민족의 동화와 통합 과정을 거쳐 이질적 문화요소들이 융합된 복합 국가의 형태를 가지고 있어 전통적인 태국음식에 몬, 크메르, 인도, 포르투갈, 중국의 영향을 받은 복합적인 성질의 음식문화를 가지고 있다.

① 현재 태국의 화교들은 19세기말에 중국 남부인 광동성이나 복건성 주변에서 이민을 왔으며 이주 중국인들의 영향으로 중국음식과도 밀접한 관련이 있다. 예를 들면 중국식 냄비, 면류, 장류, 젓가락의 사용 등이다.

② 포르투갈에서 유입된 칠리가 주재료로 정착하였다.

③ 불교를 국교로 하고 있지만 현재는 신의 이름으로 살생된 고기는 식용을 허용한다.

태국의 식문화 역사를 간략히 살펴보면 아래와 같다.

① 7세기경 중국 운남성 지방에 '난짠오'라는 나라를 세웠다.

② 13세기경 세력을 팽창하는 중국의 한민족에 밀려 남하하여 지금의 인도차이나 반도로 이동을 했다. 이동과정에서 몬족, 크메르족들의 문화를 흡수했으며 오늘날 짜오프라야강과 메콩강 유역에 거주하는 라오스족과 타이족의 직접적인 조상이 되었다.

③ 이어 수코타이 왕국을 세우고 인도 및 중국과 문화교류를 전개해 두 나라의 음식문화의 영향을 받는다.

④ 19세기말 중국으로 부터 'coolie'들의 이민을 받아들임으로써 중국 내 화교수가 급격히 증가하고 중국 서민 음식문화가 유입되었다. 이후 포르투갈을 선두로 서양문화가 유입되어 태국 음식문화는 태국 전통음식에 몬, 크메르족의 음식문화, 인도, 중국, 서양의 음식문화 요소가 융합되어 이루어졌다.

Check point

송크란 축제

매년 4월 태국의 치앙마이에서 열리는 물 축제로 동남아시아의 설날이다.

다른 사람에게 물세례를 하면서 다른 사람의 행운과 건강을 기원하는 축제로 일 년 중 가장 무더운 절기이며 모든 추수를 끝내고 다시 한해 농사를 시작하는 시기이다. 송크란은 건기 끝에 내리기 시작한 비에 감사하고 비가 오길 기원하는 풍습에서 기원한 축제이다.

3. 태국 음식문화의 특징

태국 음식의 특징은 다양한 식재료와 향료, 중국 · 인도 · 포르투갈 등 외국의 조리법을 전통과 조화롭게 융화시켜 하나의 요리로 선보이는 다양성의 조화라 할 수 있다. 짠맛, 신맛, 단맛, 매운맛이 다양하게 조화된 것도 태국 음식의 특징이다. 또한 각종 해산물과 채소, 향료가 들어있는 식재료를 자유롭게 사용해 독특한 맛과 향에 있어서 세계적으로 정평이 나있다.

태국은 역사적으로 이민족의 동화와 통합을 거듭한 복합 국가의 성격에 맞게 태국 고유의 음식문화의 전통을 살리면서 중국, 포르투갈, 인도 등의 이질적인 문화요소들을 조화롭게 융화시켜 하나의 전통문화를 형성하고 있다.

1. 일반적 특징

① 식사는 주식과 부식인 반찬으로 구성된다.

② 다양한 재료나 향료, 여러 나라의 요리 등을 활용해 하나의 요리로 선보이는 다양성의 조화가 특징이다.

③ 향신료가 들어있는 식재료를 자유롭게 사용하여 독특한 맛을 형성했다.

④ 중국, 이탈리아, 인도 등 외국 주요 국가의 식문화를 수입해 전통에 접목시켰다.

⑤ 향신료가 많이 들어간 매운맛의 독특한 요리로 발전했다.

⑥ 포르투갈에서 들어온 칠리(chili)가 태국 음식의 주재료로 정착했다.

⑦ 해산물과 채소를 넉넉하게 쓰고 기름을 적게 사용하는 조리법은 건강식으로도 큰 인기이다.

⑧ 쌀을 주식으로 하며 한상에 차려 먹는다.

⑨ 코코넛 밀크와 남플라 같은 조미료의 사용이 많다.

⑩ 해산물, 고기, 채소를 주재료로 한 볶음요리가 많은데 기름을 적게 사용한다.

⑪ 음식에 향이 있으며 단맛과 신맛, 톡 쏘는 매운맛의 복합적인 맛이 특징이다.

2. 지역별 특징

태국의 음식은 기본적인 맛은 비슷하지만 지역에 따라 기후와 지형이 다를 뿐만 아니라 식품 재료도 다르기 때문에 음식의 특징도 다르다.

(1) 북부지역

치앙마이가 중심이며 미얀마, 라오스와 국경을 접해 있어 두 나라 음식문화의 영향을 많이 받았고 협곡이 많은 산악지대로 토양이 척박하고 대표 산물은 찹쌀이다.

① 치앙마이가 중심 도시이다.

② 라오스나 미얀마 음식문화의 영향을 받았다.

③ 찹쌀이 주식이며 대나무 시루에 찐 점성이 강하고 꼬들꼬들한 밥을 좋아한다.

④ 신맛 나는 음식을 즐기지 않는다.

⑤ 전통적으로 잔치나 연회 시 '칸토크'라고 부르는 소반에 음식을 담아 손님들에게 대접하는 풍습이 있다.

⑥ **대표음식** : 칸토크(Kantoke, 칸: 그릇/밥, 카레, 칠리로 간을 낸 고기, 샐러드, 튀긴 돼지고기 껍질 등을 작은 그릇에 내는 요리)

Check point

칸토크 Kantoke

① 칸은 그릇이란 뜻
② 밥, 카레, 칠리로 간을 낸 고기, 샐러드, 튀긴 돼지고기 껍질 등을 작은 그릇에 담아내는 요리이다. 손님들은 낮고 둥근 테이블에 둘러 앉아 각자의 그릇에 음식을 덜어 먹는다.

Check point

태국 음식의 독특한 향과 맛을 결정하는 재료들

- 단맛 : 코코넛 밀크와 샬롯
- 짠맛 : 남플라(생선 간장)
- 신맛 : 라임과 레몬그라스
- 매운맛 : 프릭(태국 고추로 매우 작고 톡 쏘는 매운맛)
- 향 : 마늘, 생강, 갈랑가, 박하, 고수

(2) 북동부지역

매콩강을 향해 완만하게 경사진 평탄한 토지가 거의 대부분을 차지하는 코라트 고원지대로 특이하고 맛있는 음식이 많은 지역이다.

① 찹쌀이 주식이고 음식에 칠리를 많이 사용하여 매우 맵고 자극적이다.
② 개미알, 굼벵이, 메뚜기, 달팽이 등을 넣어서 만든 커리, 맵게 발효시킨 생선이 유명하다.
③ 민물고기로 담근 젓갈을 많이 사용한다.
④ **대표음식** : 솜탐(Som Tam, 그린파파야 샐러드), 하우 목 플라(Haw Mok Pla, 바나나 잎에 싸서 찐 생선묵), 랩(Laab, 잘게 썬 날고기)

랩

하우 목 플라

(3) 중부지역

방콕이 중심이며 차오프라야 강을 따라 형성된, 세계적인 규모를 가진 곡창지대이다.

① 방콕을 중심으로 한 중앙부는 멥쌀이 주식이다.

② 코코넛밀크, 고추, 허브 등을 많이 사용한 걸쭉한 요리가 많다.

③ 중국식 요리가 많다.

④ 생선을 발효시켜 만든 '남플라'를 많이 사용하는 지역이다.

⑤ 채소, 칠리고추, 고수, 터메릭, 새우 페이스트, 라임 등의 신맛이 강한 과일을 이용하여 음식을 만든다. 강렬한 향을 가진 태국 음식의 특징을 가진 지역이다.

⑥ **대표음식 및 식재료** : 톰얌(스프), 남플라, 코코넛 밀크

(4) 남부지역

하천의 침식으로 만들어진 평야지대로 말레이 반도에 위치해 있으며 좁은 반도의 좌우로 인도양과 남중국해를 끼고 있으며 강우량이 많고 울창한 밀림이 발달한 지역이다. 회교도가 많은 것이 특징이다.

① 코코넛이 많은 음식에서 다양하게 사용된다.

② 매운맛, 짠맛, 신맛이 두드러진다.

③ 해수어, 참새우, 바닷가재, 게, 오징어, 대합 등의 해산물이 풍부하여 해산물 요리가 발달했다.

④ 향신료를 많이 사용하여 인도음식의 영향을 많이 받았다.

4 태국의 대표음식 및 음식이야기

1. 일상식

태국 가정에서 일상적인 식사는 밥과 반찬으로 구성된다. 전통적인 태국식사는 밥에 국, 찐 음식, 튀긴 음식, 샐러드, 남플라와 남플릭 같은 자극적인 소스를 기본으로 한다.

반찬은 주로 생선이나 조개, 새우 등을 삶은 요리 또는 찐 요리, 구운 요리에 양념장을 찍어 먹는 소박한 식사이다. 밥을 큰 그릇에 담아 식탁 가운데 두고 밥 주위로 반찬을 두고 개인 접시에 덜어 먹는다.

식사는 주로 스푼과 포크를 사용하는데 포크의 용도는 음식을 스푼에 미는 것으로 포크를 입에 대는 것은 예의에 어긋난다. 아침 식사는 카오톰이라는 쌀죽에 닭고기나 돼지고기 또는 계란, 절인 생선이나 피클을 곁들인다. 점심으로는 간단한 국수나 볶음밥을 먹는다.

Check point

태국 음식을 쉽게 구분하는 방법

카오(khao) - 쌀
팟(phad) - 볶음
얌(yam) - 고추, 남플라, 라임을 섞은 맵고 신 소스, 혹은 샐러드
캥(kaeng) - 커리
톰(tom) - 수프

2. 대표음식

(1) 쌀요리

① 카오팟

'카오'는 '쌀'을 뜻하며, '팟'은 '볶다'라는 뜻으로 카오팟은 볶음밥을 의미(Khao Phad)한다. 게, 새우, 오징어, 닭고기, 돼지고기, 달걀 등의 부재료를 밥과 함께 볶은 요리로 남플라로 간을 한다. 그릇에 담을 때 오이나 양파, 실파 등을 곁들이고 밥 위에는 고추, 소스, 달걀지단, 다진 땅콩 등을 뿌려 먹는다.

② 카오팟 사파로드(Khao phad saparod)

파인애플 과육을 잘게 썰어서 밥, 새우, 오징어 등과 함께 볶은 볶음밥으로 새콤달콤한 맛이 특징이다. 신선한 파인애플을 반으로 잘라 과육은 요리에 쓰고, 껍질은 볶음밥을 담아내는 용도로 쓴다.

(2) 팟타이(Phat thai)

태국식 볶음 쌀국수 요리로 쌀국수에 닭고기, 새우, 숙주, 땅콩, 생선소스, 칠리고추를 넣고 볶는다.

(3) 수프요리 – 톰(Tom)

① 톰얌

맵고 신맛이 있는 태국 수프요리

- 톰얌카(tom yam ka) : 닭고기가 주재료
- 톰얌푸라(tom yam pla) : 흰살 생선이 주재료
- 톰얌쿵(tom yam kung) : 새우가 주재료

② 톰얌쿵

태국에서 가장 인기 있는 수프로 프랑스의 부이야베스, 중국의 상어지느러미 수프와 함께 세계 3대 수프로 손꼽힌다.

얌(yam)을 넣어서 끓인 맵고 신 수프로 닭고기 육수를 낸 다음 레몬그라스, 라임잎, 라임즙, 고수, 고추, 갈랑가 등의 향신채소를 넣고 끓인 후 새우를 넣고 끓인 수프로 독특한 향과 신맛이 나면서 자극적인 매운맛이 어우러진 태국의 대표적 음식이다.

(4) 샐러드

① 솜탐(Som tam)

북동부 지방의 대표음식으로 설익은 파파야를 채 썬 것과 마른 새우 및 고추, 라임, 남빠, 땅콩가루 등을 같이 넣고 빻아 만든 샐러드이다. 한국의 겉절이와 비슷한 형태이지만 태국 특유의 양념과 향신료가 섞여있다.

② 얌탈라이

남부지역의 매운 해물 샐러드 음식이다. 익힌 해물을 상추 위에 얹어서 내놓는다.

③ 얌운센(Yam wun sen)

가늘고 투명한 녹두전분 국수로 해물, 채소와 함께 얌으로 무친 것이다.

(5) 캥(Kaeng) – 커리

태국의 캥은 인도커리보다 국물이 조금 더 있는 형태로 볶음처럼 만드는데 몇 가지 향신료를 사용한다. 태국의 아주 보편적인 음식인데 미리 만들어 놓은 카레 페이스트를 사용하여 먹기 직전에 간편하게 조리가 가능하다. 밥이나 국수에 얹어 먹거나 손으로 조그마하게 뭉친 밥에 조금씩 싸서 먹는다.

① **캥펫** : 붉은 고추를 사용해 만든 레드커리페이스트이다.

② **캥쿄완** : 매운 청고추를 사용해 만든 그린커리페이스트이다.

③ **파냉** : 땅콩을 사용해 만든 커리페이스트로 맛이 기름지고 진하다.

④ **마싸만** : 샬롯과 향신료를 더 많이 사용한 마싸만페이스트로 남부 태국에서 많이 먹으며 인도커리와 가장 비슷하다. 밀기울이 든 밀가루를 물에 개어 얇게 만들어 구운 빵으로 얇게 밀어 달군 돌판이나 철판 위에서 굽는다.

(6) 수끼(Suki)

1950년대 중반 태국내 중국인들 사이에서 유행한 요리로 전골 냄비에 맑은 닭 육수를 끓인 후 채소, 어묵, 버섯, 고기, 해산물, 국수 등을 익혀서 매콤한 소스에 찍어 먹는 우리나라 전골요리와 비슷한 음식이다. 남은 국물에 밥과 달걀, 참기름을 넣어 볶아 걸죽한 죽의 형태로 먹는다.

3. 태국 요리에 많이 쓰이는 식재료

(1) 고수(Coriander)

태국에서는 팍치라고 하며 거의 모든 아시아 요리에 사용되는 향초로 독특한 향미가 있다. 줄기와 뿌리는 커리나 소스, 육수의 향을 돋우고 잎은 샐러드나 장식용으로 사용한다.

(2) 코코넛밀크

코코넛의 과육을 기계로 갈아서 물로 치대어 우려낸 것으로 부드럽고 고소한 맛이 있다. 강한 향신료의 향을 중화시키거나 후식류, 음료 등 다양하게 사용된다.

(3) 남플라(Nam pla)

수프와 커리, 국수요리의 짠맛을 내고 다른 향신료의 향을 조화시켜 주는 역할을 한다. 생선에 소금을 넣어 발효시킨 우리나라 액젓과 비슷한 재료이다.

(4) 말린 새우

작은 새우의 껍질을 까서 생선 소스와 소금, 약간의 설탕에 하루 정도 절인 후 햇볕에 말린 것으로 갈아서 음식 위에 뿌리거나 통째로 튀겨서 국수나 샐러드에 뿌려먹는다.

(5) 라임

신맛을 주기 위해 식초보다 더 많이 사용한다. 신선한 향이 있고 부드러운 신맛이 있어 레몬보다 더 많이 사용한다.

(6) 타마린느 주스

타마린느의 줄기와 잎을 동량의 물과 갈아 치대어 섬유질과 씨를 제거한 것으로 태국음식에 자주 사용하는 향신료이다. 갈색 시럽처럼 끈끈하고 짭짤하면서 새콤한 맛을 준다.

그 밖에도 태국고추, 칠리파우더, 칠리소스 등이 있다.

4. 태국의 다양한 과일

(1) 롱간

'용의 눈'이란 뜻을 가진 과일로 과육 안에 검정색의 동그란 씨가 있어 붙여진 이름으로 껍질은 옅은 갈색이고 과육은 반투명하다.

(2) 망고스틴

'열대과일의 여왕'으로 불린다. 우아한 향과 달콤하고 은은한 신맛을 가진 과일로 자주색의 단단한 껍질 속에 마늘쪽처럼 생긴 부드러운 과육이 붙어 있다.

(3) 파파야

태국, 필리핀에서는 과일보다는 야채로 취급한다. 태국에서는 풋과일인 과일의 껍질을 벗긴 후 채를 썰어 각종 양념, 조미료와 무쳐 '솜탐'이라는 샐러드를 만든다. 설익은 과일에는 단백질 분해효소가 많이 함유되어 있다.

5. 식사 예절

전통적으로 음식을 모두 한상에 차린 후 개인 접시에 덜어 먹는 형식이다. 예전에는 손으로 음식을 먹었으나 현재는 음식에 따라서 도구를 사용하기도 한다. 스푼과 포크를 많이 사용하고 태국음식은 식재료를 잘게 썰어서 주로 요리를 하기 때문에 나이프는 사용하지 않는다.

① 음식을 급하게 먹지 않는다.
② 음식이 입 안에 있을 때는 말을 하지 않는다.
③ 음식을 먹을 때 소리를 내지 않는다.
④ 국물이 있는 음식은 마시지 말고 숟가락을 이용해서 먹는다.

베트남(Vietnam)

- 인구 : 9천 4백만 명
- 수도 : 하노이
- 언어 : 베트남어
- 종교 : 불교 70%, 가톨릭 10%
- 위치 : 인도차이나반도 동부
- 기후 : 열대몬순기후

베트남 관광청 http://www.vietnamtourism.com

1. 베트남의 자연환경

동쪽과 남쪽은 남중국해에 면해 있고 서쪽은 라오스, 캄보디아, 타이와 면해 있고 북쪽은 중국과 접하고 있다.

비옥한 레드강 유역과 메콩강 삼각지를 소유하고 있으며 북쪽은 하노이, 남쪽은 호치민이 주요 도시이다. 남북으로는 길고 동서로는 매우 좁은 지형을 가지고 있으며 북부는 온대성 기후, 남부는 열대성 기후이다. 매콩강을 중심으로 삼각주가 발달하여 넓은 평야지대가 펼쳐져 있다. 남쪽지방은 벼농사가 발달하여 연중 3모작 가능하다. 인구의 80%가 불교도이며 풍부한 열대 과일 등 풍족한 자연환경을 가진 나라이다.

주요 관광지

닌빈

하롱베이

씨클로 투어

바딘광장

2. 베트남의 사회문화적 환경

지리적 위치로 인해 여러 인종이 이동하고 다양한 문화가 교류한 통로의 역할을 해왔다. 다민족 국가로 90%의 베트남인과 10%인 55개의 소수민족으로 구성된 나라이다. 공용어는 베트남어이고 이외에 4종의 소수민족 언어를 법률상으로 인정하고 있다. 여자들은 아오자이라는 민속의상을 입는다. 국민의 70%가 불교도, 12%는 로마가톨릭교이다.

1000년 동안 중국의 지배하에 있어서 중국문화의 영향을 받은 북부와 말레이계에 속하는 참파인의 국가였던 중부문화권, 크메르제국의 영역에 속했던 남부로 나누어 지면서 언어. 풍속. 문화 등 모든 영역에서 차이를 보인다. 19세기 말에 프랑스의 식민지하에 들어가 베트남의 식문화는 중국, 인도, 프랑스 등의 영향을 받아 아시아, 유럽 음식이 조화롭게 발달했다.

3. 베트남 음식문화의 특징

1. 역사적 특징

지리적 위치로 인해 여러 인종이 이동하고 여러 문화가 교류한 통로역할을 해왔다. 역사적으로 잦은 침입과 전쟁이 끊이지 않아 전쟁을 통해 다른 나라의 음식문화를 접하고 베트남 원래의 식생활과 더해져 독특한 식문화를 형성했다.

① 기원전 100년부터 1000년 동안 중국의 지배하에 있어서 중국문화의 영향을 많이 받았다. 음식문화에서도 중국의 영향을 받아 식품의 가치체계는 음과 양의 조화를 많이 고려하고 있으며 젓가락을 사용하거나 기름으로 볶는 조리법, 면류의 이용, 된장과 같은 장류, 두부, 쌀을 주식으로 하는 음식문화를 형성하였다.

② 10세기경에는 몽고 민족이 베트남을 점령하여 쇠고기를 먹기 시작하여 쇠고기로 국물을 낸 쌀국수 Pho를 만들기 시작하였다.

③ 16세기경에는 포르투갈과 스페인의 탐험가들에 의해 토마토, 땅콩, 옥수수, 칠리 등이 도입되어 식생활에 변화를 가져온다.

④ 1860년경 프랑스에 의해 식민지화 되어 프랑스의 영향을 받아 음식문화와 언어에서 프랑스풍이 성행했다. 프랑스의 조리법이 요리에 적용되었고 아스파라거스, 아보카도, 안티쵸크, 개구리 다리, 요구르트, 와인, 맥주, 아이스크림, 커피, 바게트 등이 전해졌다.

2. 일반적 특징

베트남 음식은 이국적인 맛과 단순한 조리방법이 특징이다. 중국의 영향으로 중국의 요리법과 동남아시아의 향신료가 잘 어우러져 있고 프랑스의 영향으로 서구적인 스타일의 음식이 복합적인 양상을 보이며 발달했다. 쌀이 주식이며 여러 종류의 밥뿐만 아니라 간편하게 먹을 수 있는 쌀국수가 대표적인 요리이다.

음식의 맛은 기름지지 않고 담백하며 덜 자극적인 베트남 음식은 신선한 채소와 과일을 많이 사용하는 것이 특징이다. 베트남 사람들은 채소를 많이 먹는다. 베트남 전통 향미 채소인 물시금치, 바질, 고수, 박하 등을 즐겨 먹고 칠레고추, 마늘, 파, 생강, 레몬그라스 등의 향신료를 적절히 사용하여 베트남 음식의 특이한 맛을 내고 음식 색의 조화도 이루고 있다. 열대성 과일을 많이 섭취하고 바나나잎으로 음식을 싸서 조리하는 것도 특징이다.

태국 음식과 비슷하지만 태국 음식보다는 신맛, 단맛, 매운맛을 내는 조미료를 적게 쓰고 자극적인 향신료도 적게 쓴다. 생강, 고수, 레몬그라스 등과 라임즙, 생선간장을 많이 쓰는 것은 태국요리와 비슷하다

① 주식과 부식의 구별이 뚜렷하다.
② 고유한 베트남 문화 + 중국 + 인도 문화 + 프랑스의 영향으로 다양한 음식 문화를 형성하였다.
③ 일반적인 특징은 쌀과 면의 문화이다.
④ 쌀이 주식으로 쌀국수나 쌀종이(rice paper)를 이용한 음식이 많다.
⑤ 멥쌀과 찹쌀 등을 다양한 요리에 응용한다.
⑥ 채소나 어패류를 요리에 많이 이용한다.
⑦ 중국 음식의 영향으로 볶거나 튀기는 요리가 많지만 기름을 적게 써서 맛이 담백하고 산뜻하다.
⑧ 태국 음식보다는 단만, 신맛, 매운맛을 내는 조미료를 적게 쓰고 커리 요리가 거의 없다.
⑨ 특유의 향을 지닌 향신채를 여러 음식과 함께 생으로 먹는다.

3. 지역별 특징

지리적으로 가늘고 긴 모양의 국토를 보유한 베트남은 요리의 지역적 차이가 크다. 동쪽 해안선의 길이가 2400km로 해산물이 흔하고 메콩강 유역의 평야지역은 세계적인 쌀 생산지역이다.

(1) 북부지역

산악지대인 북부의 가장 큰 도시는 하노이이다. 하노이 지역의 음식은 중국의 영향을 가장 많이 받았다.

밥 요리가 많고 다른 지역보다 덜 자극적이며 간이 담백하다. 잦은 전쟁의 영향으로 조리법은 단순하고 직선적이다. 흑후추, 바질, 민트, 코리엔더 등 향신채소를 많이 쓴다.

대표음식 : 고이꾸온, 번옥(달팽이, 국수, 느억맘), 담백한 육수의 Pho

(2) 중부지역

날씨가 시원한 중부의 중심도시는 후에(Hue)로 19세기까지 베트남의 수도이자 왕이 살았던 곳이다. 때문에 당시의 격식을 갖춘 궁중 요리가 전해 온다. 날씨가 시원한 중부 지역은 칠리를 많이 사용하는 반면 후추의 사용은 적다. 멜론, 호박, 망고, 아스파라거스, 파인애플 등의 작물과 야생조류, 민물고기, 조개류가 풍부하게 생산된다.

① 칠리를 많이 사용해서 음식이 자극적이고 무겁다.

② 다양한 농산물과 야생조류, 민물고기, 조개종류가 풍부하다.

③ 다양한 재료로 간단한 음식에서부터 정교한 궁중음식까지 음식 종류가 다양하다.

④ 중부지역의 Pho는 육수가 진하고 붉은 칠리고추로 연하게 색을 낸 것이 특징이다.

⑤ 이곳의 궁중요리는 정교하고 종류가 다양하며 고급 상류 사회 음식으로 유명하다.

대표음식 : 차오톰(chao tom), 본보 후에

Check point

본보 후에

중부지역의 대표적인 쌀국수로 우동처럼 두꺼운 쌀국수에 쇠고기, 돼지족발, 어묵 등의 고명을 얹고 쇠고기 국물을 넣어 육수의 맛은 진하고, 칠리 고추로 연하게 색을 낸 것이다.

(3) 남부지역

베트남 제일의 곡창지대이며 호치민이 중심도시이다. 메콩강 하류의 평야에서 생산되는 질 좋은 쌀과 메콩강에서 잡은 민물고기, 풍부한 해산물, 다양한 농산물 등 식자재가 풍부하다.

① 남부의 음식은 프랑스, 미국, 태국의 영향을 많이 받았다.

② 프랑스의 영향으로 아스파라거스, 딸기를 많이 사용한다.

③ 인도의 영향으로 시나몬, 테메릭, 펜널씨와 같은 커리 향신료와 감자를 이용한 요리가 많다.

④ 팜슈가(Palm sugar)를 많이 사용하여 음식의 맛은 대체로 달다.

4. 베트남의 대표음식 및 음식이야기

1. 일상식

가족의 일상식은 3~4가지의 음식과 밥, 디핑 소스를 테이블 위에 차려 놓고 가족이 함께 식사를 한다.

아침식사로는 이른 시간에 따뜻한 일품요리를 먹는데 쇠고기나 해산물을 넣어 끓인 죽(chao,차오)이 전형적인 식사이다. 쌀국수(닭고기로 육수를 낸 포가, 쇠고기로 육수를 낸 포보), 고이꾸온도 아침으로 먹는다. 점심은 길거리에서 간단하게 쌀국수, 차가운 국수 샐러드, 고기덮밥 등을 먹거나 밀가루나 쌀가루로 만든 프랑스 스타일의 바게트에 샐러드나 야채를 채워 간단한 점심으로 많이 먹는다. 저녁식사는 밥과 함께 고기요리, 야채요리 등 다양한 음식을 키가 낮은 식탁에 차려 놓고 개인 접시에 덜어 먹는 것이 일반적이다.

자주 쓰이는 식재료는 쇠고기, 돼지고기, 닭고기, 새우, 생선, 오징어 등이고 조리법으로는 중국냄비와 유사한 웍으로 간단하게 볶아내는 조리법이 많다. 일상적인 찬으로는 죽순, 숙주, 부추, 가지 등을 볶거나 튀긴 음식이 있고, 두부와 유부도 많이 먹는 음식이다.

2. 대표음식

(1) 껌(Com)

베트남의 주식은 껌이고 포는 가끔 즐긴다. 껌은 '밥'을 의미하고 반찬으로는 주로 고기나 생선, 국, 생채를 곁들인다. 베트남에서는 긴 젓가락을 이용하여 밥을 먹는데 Chen이라는 작은 종지 같은 밥그릇을 들고 먹는다. 껌빈전(Com Binh dan)이라 불리는 밥집에서는 주로 접시에 밥과 고기, 야채를 얹어서 준다. 이를 껌디아(ComDia, 접시밥)라고 한다.

(2) 포(Pho: 쌀국수)

베트남 전역 어느 곳에서나 쉽게 먹을 수 있고 특히 아침에 많이 먹는다. 고기를 우려낸 육수에 쌀국수를 말아 먹는 음식이다.

쇠고기를 넣으면 Pho bo, 돼지고기를 넣으면 포헤오, 고기를 넣으면 Pho ga이다. 고명으로는 숙주, 고수, 민트 등을 쓰는데 지역에 따라 차이가 있어 북부의 포는 생야채를 많이 사용하지 않는다.

하노이 지방에서는 국수 위에 날 쇠고기를 얹기도 한다. 남부 지방에서는 국수 위에 쪽파 파슬리, 날숙주 등을 얹은 다음 위에 얇게 썬 쇠고기나 닭고기를 얹고 고기 뼈를 우려 만든 육수를 부어 먹는다.

(3) 짜조(Cha gio)

베트남식 스프링롤로 새우살, 다진 고기, 버섯, 당면 등을 라이스페이퍼에 싸서 바삭하게 튀겨낸 것이다. 생선소스 느억참에 찍어 먹거나 채소를 곁들여 먹는다. 손님을 대접하거나 명절에 준비한다.

(4) 고이꾸온(Goi cuon)

숙주, 상추, 피망 등의 생야채, 데친 새우, 고기 등을 반짱이라는 라이스페이퍼로 싸서 먹는 음식이다. 베트남에서는 아침 식사로 주로 이용하고 땅콩을 넣은 호이신 소스나 느억맘에 찍어 먹어도 좋다.

(5) 반짱(Banh tang)

쌀가루에 소금, 물을 넣고 엷게 반죽하여 끓인 쌀죽을 솥뚜껑에 적당량을 붓고 구워낸 후 대나무체에 얇게 펴 말린 것이다. 이렇게 만든 반짱은 휴대가 간편하고 오래 보관할 수 있다. 고이꾸온, 짜조 등에 다양하게 이용한다.

(6) 반 꾸온(Banh Cuon)

Rice Paper에 재료를 넣어 말은 후 물에 찐 것이다. 고이꾸온과 음식 재료는 동일하나 반 꾸온이 찐 요리라서 좀 더 부드럽다.

(7) 카인(Canh: 국)

고기, 생선, 채소, 두부 등을 재료로 끓인 맑은 국이다. 카인추어는 새콤달콤한 매콩강 남부 지방의 수프이다. 메기, 도미, 새우 등을 사용하며 토마토, 숙주, 샬롯, 버섯을 넣고 향신료로 바질, 라임, 레몬그라스, 마늘, 건고추 그리고 조미료로 느억맘, 설탕을 추가한 것이다.

(8) 짜요(Xao)

볶음요리로 일반적으로 채소를 웍에 볶아서 반찬으로 먹는다. 여러 가지 재료를 섞어 요리하기보다는 한 가지 재료를 선택하는데, 시금치, 아스파라거스, 껍질콩, 숙주나물 등이 주재료이다.

(9) 반미(Banh mi)

반미는 베트남어로 '빵'을 의미하고 반미 샌드위치는 베트남인들이 일상적으로 먹는 음식의 하나이다. 쌀을 주재료로 해서 밀가루를 섞어서 만들었고 바게트와 비슷하지만 크기는 훨씬 작다.

반미는 그냥 먹기도 하고 샌드위치를 만들어 먹기도 하는데 프랑스 식민지 역사에서 유래해서 오늘날은 베트남의 식생활에 뿌리 깊게 자리 잡은 음식이다. 베트남에서는 빵, 떡, 쌀피, 만두 등을 모두 '반'이라 표현한다.

(10) 쩨(Che)

후식의 일종이며 우리나라 팥빙수와 비슷하다. 가장 일반적인 종류는 쩨더우(che dau)로 삶은 콩과 코코넛밀크를 섞어서 만든다. 유리컵에 쩨와 잘게 부순 얼음을 섞어 만든다.

(11) 커피

아시아의 주요 커피 생산국이 바로 베트남이다. 그래서 베트남 사람들은 커피를 매우 즐기는 편이다.

1인용 커피 필터인 '핀'에 원두커피 가루를 넣고 커피잔 위에 얹은 후 뜨거운 물을 부어 진한 커피를 우려내서 먹는다. 그대로 마시거나 연유를 넣어 달게 마시기도 한다.

3. 베트남 요리에 많이 쓰이는 식재료

(1) 느억맘(Nuoc mam)

생선소스로 모든 베트남 요리에 들어간다. 생선에 소금을 넣고 발효시킨 것으로 우리나라의 액젓과 비슷하다. 음식에 짠맛과 함께 깊은 맛을 더해준다. 조미료로 쓰이기도 하고 디핑소스를 만드는 데도 사용된다.

터키 (Turkey)

- 인구 : 약 7천 1백만 명
- 수도 : 앙카라
- 언어 : 터키어
- 종교 : 이슬람교
- 위치 : 유럽대륙과 아시아대륙 사이
- 기후 : 지중해성 기후

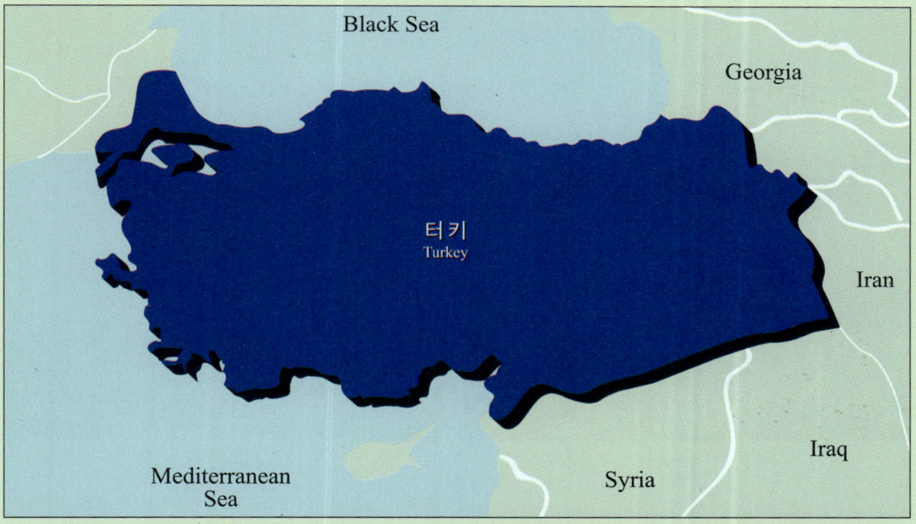

터키 관광청 http://www.kultur.gov.tr

1. 터키의 자연환경

총면적(780㎢)은 한반도의 3.5배로 유럽대륙과 아시아 대륙 사이에 위치(에게해, 지중해, 마르마라해, 흑해 인접)해 유럽과 아시아 간 동서 문화의 십자로에 위치해 있다. 위치상으로 에게해, 지중해, 마르마라해, 흑해와 접해 있다. 터키의 독특한 지형으로 인해 변화무쌍한 기후대가 형성된다. 흑해 연안은 온난한 기후, 내륙은 대륙성 기후, 그리고 지중해 연안 지방은 지중해성 기후가 나타난다.

유라시아 대륙을 동서남북으로 연계하는 교통과 문화의 중심지로 국토의 97%는 아시아에, 3%는 유럽에 속해 있다. 전통적인 동양문화에 서구적인 분위기가 혼합된 독특한 문화를 형성하고 중앙아시아 유목민, 이슬람, 비잔틴 제국의 음식문화를 융합하여 독특한 음식문화로 발전하였다.

주요 관광지

카파도키아

파묵칼레

이스탄불 보스포러스

성소피아 성당

2. 터키의 사회문화적 환경

유럽, 아시아, 아프리카를 연결하는 교차로로 보스포러스 해협을 기준으로 동서양의 문화가 공존하는 곳이 바로 터키다. 이슬람 문화와 기독교 문화가 만나 두 문화의 혼합이 잘 드러난 국가로, 중앙아시아의 민족이 아랍, 유럽 민족과의 접촉으로 생겨난 나라라고 할 수 있다. 과거 히타이트, 로마, 비잔틴, 오스만제국이 번성했던 곳인 동시에 이들 문명으로부터 파생된 엄청난 문화유산이 존재하는 나라이자 풍부한 자연환경을 가진 나라이다.

인구는 약 7천 1백만 명 정도이며 국민의 약 98%가 이슬람교도이다. 전 국민의 80%는 터키인이며 나머지는 쿠르드인, 그리스인, 아랍인들이다. 터키인들은 조상으로부터 물려받은 자연숭배 사상과 풍습을 오늘날까지도 유지하고 있으며 우리나라의 풍습과 비슷한 점을 많이 발견할 수 있다. 종교와 정치가 분리되어 다른 이슬람 국가에 비해 종교적 규율이 엄격하지 않다. 가장의 권위를 굉장히 존중하며 친족과 가족의 유대관계를 매우 중시한다.

터키인들의 식생활 양식은 자신들이 처한 자연환경과 사회환경에 대응하여 발전해 왔다. 중앙아시아 지역에 거주했던 기간 그들은 유목민으로서 이동하기에 편리하거나 적합한 형태로 음식을 만들었고 장기간 보관할 수 있는 동시에 영양가도 높은 식품을 개발했다.

이슬람교를 받아들인 후에는 유목민의 전통적 식관습에 이슬람 규율이 요구하는 식관습이 그 영향력을 행사했다. 또 오스만 제국의 영토 확장, 근대화와 함께 서양과의 관계가 증대되자 서양의 식관습도 받아들여 기존의 식관습에 융합하여 현재는 유목민적, 이슬람적, 서구적 요소가 혼재되어 있다.

3. 터키 음식문화의 특징

1. 역사적 특징

터키 민족은 알타이 산맥 서쪽과 우랄 산맥 남동쪽에서 시작된 민족이며 내륙 아시아에서 주로 유목 생활을 하였다. 중앙아시아의 건조한 풍토에서는 식품을 말려 장기 보존하는데 다량의 암염을 넣어 햇빛에 말린 치즈가 많고 소금과 향신료로 고기를 싸서 건조시킨 파스트르마도 있다.

터키는 15세기에서 20세기 초까지 오스만 제국이 지배하는 영토 확장 기간 동안 세계 여러 나라의 음식문화를 적극적으로 흡수하여 화려한 음식문화를 꽃피웠다.

① 8세기 중엽 : 당나라에 밀려 서쪽으로 이동과정 중 아랍문자를 도입하고 이슬람 교도가 되었다.

② 10~11세기 : 10세기 무렵 시르다리야, 현재의 아나톨리아 유역으로 옮아간 터키인들은 인접한 이란계 농경민과 접촉하면서 농경적 성향이 더해졌다. 예를 들어 초르바(수프), 필라프(버터밥), 보렉(파이), 퀘프테(다진 고기경단) 등을 뜻하는 터키어는 모두 페르시아에서 유래했다. 아나톨리아 반도에 셀주크 제국을 건설하였다.

③ 15세기 : 오스만터키제국이 콘스탄티노플(이스탄불)을 점령하여 대제국을 건설하였고, 1453년 콘스탄티노플 정복 이후 비잔틴제국에서 활발하였던 포도, 올리브 재배와 양봉업을 이어받았으며 그들의 식품도 받아들였다.

④ 16세기 중반 : 유럽 동쪽을 정복하여 서유럽을 위협할 정도의 대제국을 건설하였다.

⑤ 18세기 초 : 서유럽국가와 러시아의 군사대응과 서구과학의 위력에 밀려 쇠퇴의 길을 걷게 되고 현재의 영토를 유지하게 되었다.

2. 일반적 특징

터키민족은 내륙 아시아에서 주로 유목생활을 하였다. 서쪽내륙의 고원지대는 겨울에 영하 15도 정도까지 내려가는 추운날씨이고 여름에는 37도를 넘는 고온의 날씨로 기온 차가 매우 큰 곳이다. 그래서 여름과 겨울을 나기 위한 저장 음식이 발달했다.

또한 당나라의 패권에 밀려 새로운 목초지를 찾아 서쪽으로 이동하면서 이슬람 문화를 받아들이게 되었고 오스만투르크 제국 600여년 영토 확장 과정에서 유럽, 페르시아, 발칸 등의 문화 융합을 통하여 독특하며 세계적인 음식문화를 발전시켰다.

중앙아시아 유목민들의 소박한 요리에서 시작하여 중동 지방의 섬세하고 풍요로운 요리로 발전하면서 세계적인 요리로 자리 잡게 되었다. 양을 중심으로 한 목축업이 발달하여 양고기와 양젖을 이용한 다양한 요리들이 발달했다.

국토의 많은 부분이 바다에 접해 있어 생선요리가 발달하였고 터키는 각 가정마다 고유의 요리 방법이 전해져오고 지방마다 독특한 향토음식들이 발전했다. 최상급의 궁중 요리들이 터키 음식의 품격 상승에 기여했다고 할 수 있다. 특별한 날에 만드는 명절 음식, 축제 음식 등도 음식문화 발전의 촉매제 역할을 했다.

(1) 유목문화와 농경문화의 영향

유목 민족이었던 터키인들은 이동시에 간편함과 보관이 용이한 식품저장 기술이 일찍부터 발달했고 겨울이 6개월 이상 되는 중앙아시아 기후의 영향으로 가축으로부터 얻는 고기와 유제품이 주식이었다. 유목민들은 하루 먹을 만큼의 고기를 사용하고 나머지는 건조하거나 얼려서 저장하였는데 대표적인 음식들이 파스트르마, 수죽 , 마유주 같은 것이다.

또한 터키인들은 빵을 많이 먹기로 유명하다. 곡물과 채소가 주가 되는 다양한 터키 음식들의 발달은 농경문화의 영향이다.

Check point

마유주

유목민의 주요 음료는 말의 젖으로 만든 마유주이다. 마유주는 아침식사 때 전날 남긴 고기조각이나 빵조각을 마유주에 넣어 간단히 먹기도 하고 병의 예방과 치료약으로도 쓰인다.

(2) 타 문화의 영향

유목 생활을 하던 투르크족은 목초지를 찾아 서쪽으로 이동하는 과정에서 그 지역의 거주민과 융화하여 그들의 문화를 공유하게 되는데 이는 터키음식이 이란을 포함한 아랍음식과 유사한 점에서도 알 수 있다.

또한 500여년의 오스만투르크 제국 영토 확장 기간 동안에는 동유럽, 북아프리카, 중동을 지배하면서 다양한 문화와 접촉하여 아시아, 아랍, 유럽 문화를 아우르는 음식문화로 발달시켰다.

(3) 종교의 영향

원래 유목민이었던 투르크족은 오랜 음주문화를 가지고 있었으나 이슬람교 수용 후 술은 악의 근원으로 간주하여 음주가 죄악시된다. 말고기를 즐겨먹던 유목민의 풍습은 이슬람교를 받아들인 이후 사라지고 돼지고기 또한 금기 식품으로 규정되었다. 정치와 종교가 독립되어 있는 터키는 다른 이슬람 국가처럼 술을 판매하거나 마시는 것 자체가 금지되지는 않았지만 술을 금기시 하는 이슬람의 영향으로 차와 커피문화가 발달했다.

① 올리브오일을 많이 사용한다.
② 스파이스와 허브를 많이 사용하여 맵고 자극적이다.
③ 이슬람의 영향으로 돼지고기를 먹지 않고 양고기를 이용한 음식이 많다.
④ 주식은 빵이다.
⑤ 수프와 필라프를 즐겨 먹는다.
⑥ 유제품을 여러 음식에 다양하게 이용한다.
⑦ 생선, 채소, 과일을 이용한 음식이 발달하였다.
⑧ 단 음식을 즐긴다.

Check point

혼례와 관련된 음식문화

터키에서는 결혼식이 끝나면 신랑, 신부의 친척과 친지들이 모여 음식을 나누는 관습이 있다. 결혼축하연에는 음식을 나누고 춤을 추며 즐긴다. 이때 먹는 음식은 쌀밥과 고기를 함께 볶은 일종의 볶음밥과 수프, 단과자나 케이크 등이 기본이다. 축하연에 참석하는 하객들은 축하 선물이나 축의금을 마련해야 한다.

3. 지역별 특징

터키는 각 지역마다 독특한 고유 음식 성향을 보인다.

① **터키 서부의 에게해 지역** : 생선과 야채 및 올리브 오일을 많이 사용하는 지중해풍 건강식을 즐긴다.

② **중부지방** : 콩으로 만든 음식을 선호한다.

③ **동부지방** : 육류를 즐겨 고기요리가 발달하였다.

④ **남부지방** : 다양한 종류의 케밥으로 유명하다.

⑤ **흑해지역** : 앤초비(지중해산 멸치류의 작은 물고기) 같은 해산물과 캐비지 요리로 유명하다.

4. 터키의 대표음식 및 음식이야기

1. 일상식

터키인들은 하루 세끼 중 아침과 점심은 간단하게 먹고 저녁은 가족들이 모두 모여 성찬을 즐기는 전통을 이어오고 있다.

① 아침식사

터키인들의 아침식사는 빵과 토마토, 올리브, 치즈 그리고 수프 또는 따끈한 차이를 마시는 정도로 한다.

② 점심식사

간단하게 먹는 점심식사는 대체로 일찍 먹으며 보통 한 가지 육류와 빵, 샐러드 등으로 구성된다. 터키는 빵을 만들 수 있는 밀이 풍부하여 빵은 충분히 먹을 수 있다.

③ 저녁식사

저녁식사는 다양한 음식을 준비하여 성찬을 먹는다. 가족이 모두 모여 저녁 식사를 하게 되는데 음식도 절차에 따라 수프－육류－밥－에크멕－마카로니 또는 만두의 일종인 뵈렉 등이 나온다. 또한 공동으로 먹을 수 있는 채소 샐러드 투루슈(터키식 짠지), 요구르트 등이 함께 식탁에 놓인다. 식사 후에는 후식으로 단과자나 빵 등이 나오고 과일을 먹고 나면 모든 식사가 끝나게 된다.

2. 대표음식

터키인들은 불에 구운 음식을 좋아한다. 구워서 만든 대표적인 빵인 '피데'를 누구나 즐겨 먹는다. 심지어 고추나 토마토 등의 채소를 구워 반찬으로 먹을 정도로 구워 먹는 음식문화가 발달해 있다. 물이 풍족하지 않았기 때문에 구워 먹기를 좋아했던 것으로 생각되며 후식으로 과일이나 단과자, 케이크를 즐긴다.

(1) 밀가루를 이용한 음식

터키인들은 빵을 주식으로 한다. 터키의 빵은 그 맛과 질감이 뛰어나며 종류 또한 다양하다. 빵은 터키인들에게 빼놓을 수 없는 주식이다. 빵은 이동하면서 어렵지 않게 먹을 수 있고 보관도 용이하므로 이동을 주로 하는 유목민들에게는 편리한 음식이었다. 빵 종류로는 에크멕, 피데, 시미트, 포아차, 보렉 등이 있다.

① 에크멕(Ekmek)

주식 빵. 프랑스의 바게트와 비슷한 형태로 식당에서 흔히 제공되는 빵이다. 겉은 약간 딱딱하고 속은 부드럽다.

② 피데(Pide)

단순히 밀가루만을 구운 얇고 둥글 넙적한 빵. 피데의 종류는 다양하여 그냥 구운 것은 식사 때 함께 먹고 반죽 위에 양념한 다진 고기 등을 올려 구운 것은 간식으로 먹는다. 터키인들은 라마단 기간에 해가 지고 나면 주로 이 빵을 먹는다.

③ 시미트(Simit)

도너츠 같은 고리 모양의 빵과자로 맛이 약간 짭짤하며 깨가 붙어 있어 맛이 고소하다. 선착장이나 기차역 앞에서 팔고 길을 걸어가며 먹을 수 있다. 터키인들이 간식으로 즐겨 먹는 빵이다.

④ 만트(Manti)

한국식 만두와 비슷하다. 작은 만트를 쪄서 건진 후 그 위에 마늘을 갈아 넣은 요구르트와 기름을 넣은 토마토 소스를 얹은 후 고춧가루를 뿌리면 터키식 만트가 된다.

⑤ 초르바스(Corbasi)

시금치, 호박, 무, 당근, 양파, 마늘, 가지 등의 채소와 밀가루를 재료로 하여 만든 수프이다.

⑥ 교즐레메

넓고 얇은 빵에 야채와 다진 고기 등을 넣고 꿀을 발라 먹는다.

(2) 쌀을 이용한 음식

한국과 일본과는 달리 인디카 타입의 끈기 없는 쌀로 밥을 하며 처음부터 기름을 넣어 익힌다.

① 돌마

속을 채운 음식을 모두 '돌마'라고 부른다. 포도나무잎, 양배추잎, 피망, 가지, 호박 등의 채소 안에 각종 양념을 한 쌀이나 고기, 채소, 견과류, 파스타를 넣어 쪄서 만든 음식으로 그 종류가 수십 가지에 이른다.

② 필라프(Pilav)

한국의 볶음밥과 비슷한 필라프는 밥을 할 때 처음부터 버터나 마가린 등을 넣기 때문에 기름으로 볶은 것 같다. 쌀을 이용한 음식으로 특히 기름을 섞은 흰밥인 베야즈 필라프를 즐겨 먹는다.

(3) 육류를 이용한 음식

터키인들은 쇠고기보다 양고기를 더 즐겨 찾는다. 터키인들은 유목 생활로 형성된식 습관으로 음식을 불에 구워 먹는 식습관을 가지고 있다. 대표적 구이 요리인 케밥은 고기산적의 일종이며 양념은 주로 소금과 후춧가루이다. 종류로는 쉬시 케밥, 도네르 케밥, 이쉬켄데르 케밥, 촘렉 케밥, 아다나 케밥 등이 있다.

① 쉬시 케밥(Shishi kebap)

터키어로 쉬시는 꼬챙이를 의미하며 양고기 또는 쇠고기, 닭고기, 채소 등을 작게 토막내어 잘라 꼬챙이에 끼워 숯불에 구워내는 음식이다.

② 도네르 케밥(Doner kebap)

얇게 썬 고기를 몇 겹으로 금봉에 감아 세로로 세워진 화덕 옆에 회전시켜가며 구워 먹는 대표 케밥이다. 서민들이 편안하고 저렴하게 먹을 수 있는 가장 대중적인 음식이다. 겉이 익을 때마다 가늘고 긴 칼로 위에서 아래로 얇게 베어 내어 토마토, 고추 등의 채소와 함께 얇게 반죽해서 구운 빵에 싸서 먹는다.

③ 항아리 케밥(촘렉 케밥)

고기를 잘라 채소와 함께 항아리에 담은 후 항아리 째로 오븐 안에서 익혀내는 케밥 종류이다. 촉촉한 질감이 먹기에 좋다.

④ 아다나 케밥

잘게 자른 육류를 여러 가지 매운 양념과 함께 버무려 모양을 잡아 꼬치에 끼운 후 구워내는 케밥이다. 매운 양념이 특징이며 아다나 지방의 유명한 케밥이다.

⑤ 고등어 케밥(발륵 케밥)

이스탄불의 보스포러스 해협 근처에서 판매한다. 에크멕 사이에 구운 고등어, 채소 등을 넣어서 먹는 케밥으로 소금, 레몬즙을 뿌려먹는다.

⑥ 파스트르마(Pastirma)

쇠고기나 양고기에 후춧가루와 향료를 뿌려 소금에 절인 다음 햇볕에 말린 식품이다. 한국음식 가운데 육포와 유사한 파스트르마는 맛이 있을 뿐만 아니라 장기간 보관하기 쉽고 운반하기에도 편리하여 군대의 이동이나 적을 공격할 때 편리하게 이용되는 군용 식품이었다.

 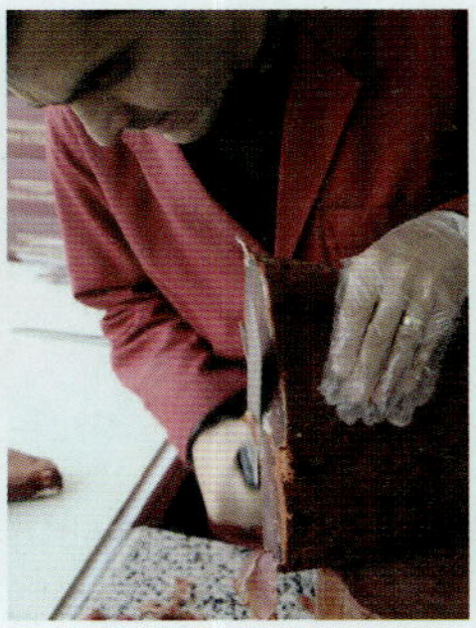 

(4) 유제품을 이용한 음식

터키인들은 시큼한 요구르트나 식초를 음식에 뿌려 먹었고 대체로 시큼한 음식 맛을 즐겼다.

① 요구르트(Yogurt)

양이나 소젖을 발효시켜 만든 것으로 장기간 보관이 가능한 유목민의 음식 유산 가운데 하나이다. 손님이 방문했을 때 아무리 극진한 대접을 하여도 요구르트가 빠지면 대접을 못한 것으로 간주할 정도로 터키인의 식탁에서 중요하다. 음식과 함께 먹기도 하고 수프를 비롯한 여러 음식을 만들 때에도 사용한다.

② 아이란(Ayran)

요구르트, 물, 소금을 같이 넣어서 희석시켜 만든 음료, 물과 요구르트의 비율이 맛을 결정한다.

(5) 후식

터키인들은 디저트를 매우 중요시한다. 수프, 샐러드, 메인 디쉬를 먹은 다음 차와 함께 디저트를 먹기 때문에 디저트 문화가 매우 발달되어있다. 이러한 터키의 디저트 문화는 예전 오스만투르크 시절부터 이어져 온 것으로 터키인들은 아기가 태어난 집을 방문할 때, 먼 곳을 찾아 갈 때, 아이가 할례를 받을 때 등 특별한 날에 특별한 디저트를 만들어서 선물하고 대접하며 나눠 먹었다.

① 타를르(Tatli)

설탕을 많이 넣어 만든 음식으로 보통 후식으로 이용된다. 종류는 여러 종류가 있는데 공통된 특징은 설탕 시럽을 충분히 부어 단맛을 낸다는 것이다. 터키어로 타틀르란 '달다, 맛있다.'란 뜻이다. 종류로는 Hamur tatli, Helva tatli 등이 있다. 로쿰은 우리나라 떡과 같은 젤리이고 꿀과 피스타치오를 넣은 아클라바, 우유와 쌀가루로 만든 터키식 푸딩인 술트락 등이 있다.

② 호사프(Hosaf)

말린 과일을 설탕물에 끓여 만든 것으로 한 계절에만 나는 과일을 장기간 보관하기 위해 먹기 좋게 썰어 말린 후 설탕물을 넣고 끓인 것이다.

③ 돈두르마(Dondurma)

염소의 젖을 이용해서 만드는 아이스크림으로 죽죽 늘어나는 성질을 가지고 있고 맛이 부드럽고 산뜻하다.

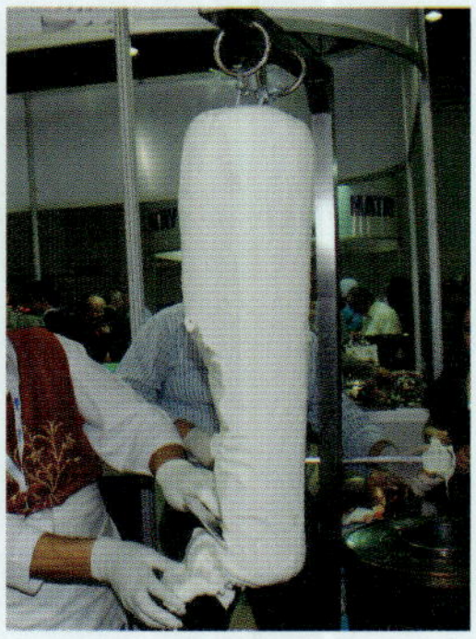

(6) 음료

터키인들이 즐겨마시는 차는 홍차와 비슷한 '차이'와 '카흐베'이며 여름 음료로는 '아이란'이 있다.

① 차이(Cay)

터키인들이 커피보다 널리 대중적으로 애용 하는 음료이다. 육류 위주의 식사를 하는 유목민에게 차는 중요한 비타민 공급원이었다. 홍차와 비슷하나 끓일 때 넣는 향료에 따라 다양한 맛이 난다. 터키의 흑해 연안에서 자체 생산되며 한번에 2~3번 마시는 것이 보통이다. 터키인들이 만나는 곳에는 언제나 차이가 있다.

② 카흐베(Kahve)

터키인들의 생활과 아주 밀접하게 연관되어 차이 다음으로 즐겨 마시는 것으로 터키식 커피이다.

오스만 제국 당시 시리아 상인들에 의해 전해져서 술탄들도 카흐베를 즐겨 마셨다고 한다. 알커피를 미세한 분말로 갈아 설탕과 함께 끓이는데 카다몬이라는 향신료를 커피를 갈 때 첨가하기도 한다. 카흐베를 끓이는 주전자를 '제스베'라고 한다.

Check point

터키식 커피

1555년 시리아 대상을 통해 이스탄불에 커피가 들어왔다. 17세기 중엽까지 터키식 커피는 정교한 예식의 한 부분이었으며 40명이 넘는 조력자의 도움으로 커피를 의식에 따라 준비한 후 술탄에게 바쳤고 당시에는 여인들이 터키식 커피를 준비하는 방법에 대해 하렘에서 집중적인 훈련을 받기도 했다. 오스만 시대 남자들은 커피하우스에서 정치를 논하는 등 커피하우스는 중요한 사회적 장소가 되기도 했다. 이러한 관습은 오늘날에도 계속되고 있고 손님이 커피를 마시고 커피잔을 받침위에 엎어두면 주인은 남은 것이 흘러서 생긴 흔적을 가지고 손님의 운수를 봐주는 관습이 있다.

3. 식사 예절

대접받는 음식은 맛있고 즐겁게 먹어야 하고 상대방의 기분을 상하게 만들지 말라는 정신 하에 터키에서는 음식을 가려먹거나 음식에 대해 불평하는 행동을 좋지 않게 여긴다. 유목민의 전통적인 가부장적 가족체계를 반영하여 온 가족이 집에 돌아 온 후 하게 되는 저녁식사는 최 연장자가 Afiyet olsun(맛있게 드세요)라고 말하고 식사를 시작하거나 식사 후에 '아피옛 올순'이라는 말을 하기도 한다.

터키인들과 식사를 할 때는 다음 사항을 주의한다.

① 코를 대고 냄새를 맡지 말고 음식이 뜨거워도 입으로 불어 식히지 않는다.

② 스푼이나 포크를 빵 위에 놓지 않고 다른 사람 앞에 있는 빵을 먹지 않는다.

③ 식사 중에 사망자나 환자에 대해서 언급하지 않는다.

④ 음식을 건넬 때나 받을 때에 왼손을 사용하지 않는다.

⑤ 음식을 그릇에 남기지 말고 깨끗하게 먹는다.

그 외에 음식을 마련한 사람에게 식사 전이나 후에 Elinize Saglik(엘리니제 사을륵) '당신의 손에 축복이 있기를' 이라고 인사를 한다.

이란(Iran)

• 인구 : 약 8,084만 명
• 수도 : 테헤란
• 언어 : 페르시아어
• 종교 : 이슬람교(시아파 94%, 수니파 4%)
• 위치 : 아시아 대륙 서남쪽
• 기후 : 건조한 내륙성 기후

이란 관광청 www.itto.org

"동쪽의 가운데에 있다"는 의미인 중동은 서아시아와 북아프리카 지역에 위치하고 있다. 좁은 의미로는 고대의 메소포타미아 지역과 아라비아 반도로 오늘날의 이라크, 이란, 사우디아라비아, 쿠웨이트, 이스라엘, 리비아, 시리아이고 넓은 의미로는 유럽과 접경지대를 이루는 터키부터 지중해 남쪽의 모로코와 알제리, 튀니지, 이집트와 리비아 등 북아프리카지역과 파키스탄, 투르크스탄, 아프카니스탄까지 포함한다.

중동의 자연환경은 지질학적으로 고생대와 신생대에 이르는 사막지대와 약간의 습곡지대로 이루어져 있다. 고온 건조한 지역이 대부분으로 짧고 온난한 우기의 겨울과 뜨겁고 긴 여름이 교차되며 일부 강물이나 오아시스 등 수자원이 공급되는 평야지대를 제외하면 곡류를 생산해낼 수 없는 환경이다. 그 결과 이 지역에서는 교역과 목축이 전통적인 생활방식으로 자리잡았다. 자연스럽게 이들의 식문화도 이동에 편리한 건조식품과 이동용 조리기구 위주로 발달했다. 현대에도 이 지역은 식료품의 대부분을 수입에 의존하고 있다.

1. 이란의 자연환경

아시아 대륙 서남쪽에 위치한 이란은 동쪽으로 아프가니스탄, 남동쪽으로 파키스탄, 북동쪽으로 투르크메니스탄, 북쪽으로 아제르바이잔과 아르메니아, 북서쪽으로 터키, 서쪽으로 이라크와 쿠웨이트 그리고 남서해안을 따라 오만 해와 카스피 해를 접하고 있다.

이란은 한반도의 약 7.5배로 국토의 절반이 산이고, 1/4 정도가 사막과 황야이며, 그 나머지가 평야이다. 기후는 지역에 따라 많은 차이가 있는데, 엘부르즈 · 자그로스 두 산맥으로 인해 해역에서 멀리 떨어진 이란고원 일대는 강수량이 극히 적어 겨울에만 비가 내리며, 건조한 내륙성 기후로 인해 연교차가 심하다. 반면 카스피해 연안은 연간 1,000㎜ 이상의 강수량을 보이며, 동부는 겨울에 비가 많은 지중해성 기후, 서부는 연중 비가 오는 온대습윤 기후이다.

이란의 종교는 약 95%가 이슬람교로 시아파가 주류인 유일한 이슬람 국가이다.

이란은 중동 국가 중 거의 유일한 농산물 수출국이며, 과일은 고산기후와 열대기후 등 다양한 기후 때문에 대추야자를 비롯한 열대과일부터 몬순 지역에서만 자라는 사과에까지 여러 종류가 있다.

이란은 유럽, 아프리카, 아시아 대륙의 중간지역으로 동서 문명의 가교 역할을 했으며, 북방 유목민족 문화와 인더스 · 메소포타미아 문명을 흡수하여 복합문화를 형성하였다.

2. 이란의 사회문화적 환경

중동의 대부분 지역은 이슬람문화권이다. 이슬람이란 의미는 “유일신에게 복종”이란 뜻이다. 이슬람의 창시자인 모하메드는 아라비라의 메카에서 태어나 실크로드 교역에 종사하다가 천사 가브리엘의 계시를 받아 코란을 쓰고 유일신 알라를 전파하기 시작하였다. 당시 다신교 사회의 핍박을 받아 메디나로 피신하였으나 AD 630년 메카를 회복하였다.

이슬람은 로마제국 멸망 이후 로마영토를 그대로 접수하여 유럽에서는 사하라사막을 포함하여 북아프리카와 스페인까지, 동쪽으로는 인도에 이르는 대제국을 건설하였다. 중동의 상인들은 지중해와 아라비아 해를 통해 인도와 동양을 연결하는 해상길을 장악하였고 낙타를 몬 카라반들은 육로로 교역하여 실크로드를 따라 중국부터 아프리카 사막까지 향신료와 비단을 교환하는 동서 간의 문화와 경제 교류에 핵심 역할을 하였다.

중동지역에서 이슬람은 단순한 신앙이 아니라 정경 일체의 사회에서 기본 생활규범이 되어 식생활의 전 영역에 큰 영향을 미쳤다.

할랄과 하람

다양한 할랄 인증표지

이슬람의 경전인 코란에는 이슬람인들이 먹어도 되는 허용된 음식(halal, 할랄)과 금지된 음식(haram, 하람)이 규정되어 있다. 할랄은 성스러운 음식이라는 뜻으로 크게 이슬람의 도살의식을 거쳐 도살한 초식 동물의 고기를 의미한다.

하람은 이슬람인으로서 손대면 안 되는 부정한 음식으로는 이슬람식 도살의식을 거치지 않고 잡은 모든 고기와, 돼지고기, 피, 육식동물의 고기, 양서류나 파충류, 메뚜기를 제외한 벌레, 사람을 취하게 만드는 술과 마약, 담배 등도 하람에 포함된다. 하람 식품은 먹는 것뿐 아니라 매매하는 것이나, 비이슬람인들을 위해 조리하는 것도 금지되어 있다.

라마단

라마단(아랍어: رمضان)은 이슬람력으로 아홉 번째 달로 라마단 기간에는 금식이 행해진다. 이슬람에서는 가브리엘이 무하마드에게 코란을 40일간 가르친 것을 기념하는 의미로 1년 중 한 달을 라마단 기간으로 정해 해가 떠 있는 시간 동안 금식한다. 이슬람인들은 라마단 기간 금식하는 것을 인내와 희생, 그리고 겸손을 실행하는 방법이라고 믿는다.

이 기간은 이슬람의 율법에 의해 낮 동안은 물을 포함하여 아무것도 먹을 수 없으며 사치품을 누리는 것이나 담배나 도박, 성관계까지 금지되어 있다. 해가 진 이후부터 다음날 해뜨기 전까지는 음식을 먹을 수 있는데, 보통 일출 한 시간 전에 렌틸 수프로 아침식사를 먹는다. 일몰 후에는 금식을 멈추고 식사로 맨 먼저 대추야자를 입에서 녹여가면서 먹는데 이는 마호메트가 지혜를 깨친 밤에 대추야자를 먹었다는 전설이 전해지기 때문이다. 대추야자는 씹어먹지 않고 입에서 녹여 먹는다. 이후 요구르트와 우유로 식사를 한다.

이 때의 식사는 대체로 공공장소에 모여 진행되는 경우가 많다. 이슬람의 각 도시에서 시청 앞이나 광장, 회당 앞에 큰 천막을 치고 누구나 저녁을 먹을 수 있도록 무료급식을 시행한다. 주로 대추야자와 렌틸수프로 구성된 간단한 식사이기는 하지만 라마단 기간 내내 제공되며 부유한 사람들이 기부한 음식이다.

렌틸수프

이드 알 피트르 축제

라마단의 마지막 날은 이드 알 피트르(Eid al Fitr) 축제로 장식된다. 지역마다 다르지만 중앙광장에 누구나 먹을 수 있게 넉넉한 고기스튜와 견과류, 설탕을 듬뿍 넣은 바클라바나 할바와 같은 달콤한 디저트가 많이 만들어져 설탕축제라는 별명이 있다. 이드 알 피트르 축제는 새 옷을 입고 가족과 친지들과 방문하는 제1일을 시작으로 음식과 노래, 춤과 공연이 이어지는 3일까지 사회적인 단합을 상징한다. 이슬람의 자선과 구제의식을 보여 주는 대표적인 축제로 사회적인 약자들에 대한 존중심을 상기하고 음식과 선물도 나눔으로써 이슬람 신자들의 의무를 다하도록 장려하는 의미가 있다.

이드 알 피트르 축제의 디저트

3. 중동 음식문화의 특징

1. 오아시스 농업과 식재료

중동은 건조한 기후로 인해서 강이 있는 곳 이외에서의 농경은 오아시스에서만 가능하다. 오아시스란 사막의 지하 수층이 땅 위로 올라온 것으로, 오아시스가 크면 주변 넓은 곳까지 관개시설로 작물이 자랄 수 있다. 오아시스에서 가장 중요한 작물인 대추야자는 열매를 제공할 뿐 아니라 키가 크고 넓은 잎이 그늘막으로 작용하여 땅의 습기를 보존하고 강한 햇빛이 직접 작물에 내리쬐는 것을 막아준다.

오아시스의 농업은 대추야자 그늘 아래 밀, 보리, 올리브, 석류, 가지, 무화과, 살구, 피스타치오, 참깨 등을 경작한다. 이들 오아시스에서 재배하는 식품의 공통점은 장기 저장이 쉽고 이동이 용이한 식품이라는 점이다. 단위부피당 칼로리가 높아 열량 보급에 도움이 되는 주곡이나 과일, 견과류가 중심이 된다.

2. 경질밀

경질밀

중동에서도 강우량이 많거나 오아시스 지역, 레바논의 평야지대, 물이 모이는 분지지대에서는 밀농사를 할 수 있는 평야가 있다. 이 지역의 밀은 대개 전통적인 경질밀(durum wheat)로 납작한 빵을 만들거나 가루로 만들어 알갱이 상태로 쪄서 먹는 쿠스쿠스(couscus), 불굴(burghul) 등으로 이용된다.

수프나 죽, 속을 채우는 재료나 샐러드, 고기요리의 곁들임용, 푸딩, 패스트리에 밀가루 대신에 사용된다. 시칠리아를 정복한 아랍인들에 의해 이 경질밀이 이탈리아로 전해졌다. 파스타는 아라비아 상인들이 경질밀을 반죽하여 상하지 않게 긴 줄에 감아 말아서 말려 놓은 마카로니가 원조라는 설도 있다.

3. 대추야자와 무화과

오아시스 농업을 가능하게 만드는 대추야자는 수천 년간 사막 유목인들의 주식 중의 하나였다. 강한 햇볕 아래 오아시스의 물을 이용하여 자라는 대추야자는 단맛이 아주 강하고 풍성하게 열리는 열매로 에너지를 제공하는 식품이다. 씨를 빼고 그 자리에 다진 견과류나 단맛이 강한 건살구, 건자두, 오렌지 말린 것 등을 채워 후식으로 즐겨 먹는다.

단맛이 강한 무화과도 지중해 지역에서 잘 자라는 식품으로 우리나라 무화과보다 단단하고 달다. 생식으로 후식에 사용되기도 하지만 주로 말려서 다양한 요리재료로 사용한다.

4. 아몬드

청동기시대부터 재배된 아몬드는 본래 쓴맛이 강한 야생종이었다. 원산지인 레바논지역에서는 아몬드를 갈거나 으깨 구워 독성과 쓴맛을 우려내고 식용으로 사용하였다. 독성과 쓴맛이 없는 아몬드로 유전자가 변이되자 널리 중동지역으로 퍼졌고 단맛과 고소한 맛으로 인해 귀한 식품으로 사용되었다.

5. 올리브와 올리브유

올리브는 기원전 5,000년대부터 지중해 동부 레바논지역에서 재배되었다. 오늘날의 팔레스타인과 시리아가 원산지로 알려져 있는데, 회청색의 올리브나무는 천천히 자라지만 수천 년 이상을 살 수 있는 생명력을 가진 나무이다. 다 자란 올리브나무는 약 3년 동안 비가 오지 않아도 살아남을 정도로 건조한 중동지역의 기후에 적합한 작물이다. 올리브는 기름을 짜거나 쓴맛을 제거하기 위해 소금물에 절여 보존하였다.

올리브유는 조리용이나 약용, 향수, 심지어 연료로도 사용된 고대 중동지역의 중요한 교역상품 중의 하나로 지중해의 금이라고 불렸다. 중동지역에서 올리브유는 단순한 식품이라기보다는 정결함, 권위의 표시, 기름부음 등 특별한 문화적 의미를 가진다.

6. 양과 낙타

양은 약 1만 1,000년 전부터 중동에서 처음으로 가축으로 길러졌다. 중동에서 특히 양을 선호하는 이유는 체구가 적당하여 다루기가 쉽고, 성질이 온순하며, 고기와 우유, 털과 가죽을 주는 등 이용성이 높을 뿐 아니라 빨리 번식하기 때문이다. 이처럼 양은 이용 가치가 높을 뿐만 아니라 식문화적으로도 유태인이나 아랍인들에게나 중요한 식자재이다. 이슬람에서는 라마단 축제 마지막 날에 이삭을 대신하여 희생된 양을 기념하는 의례로 양을 잡아 그 고기를 나누어 먹는 등 양고기는 이 지역의 축제와 전통의식에 반드시 사용되는 특별한 의미를 가지고 있다.

낙타는 사막을 오가는 이들에게 중요한 이동원이다. 낙타고기는 과거 사막을 횡단하는 이슬람인들에게는 중요한 육류 급원이었고 이동 수단이 발달한 오늘날에도 식용으로 사육되고 있다. 마리당 약 300~600kg의 고기가 나오는데, 특히 혹이나 낙타의 발과 같이 독특한 부위는 미식가들이 좋아하는 부위로 맛은 결이 거친 소고기와 유사하다. 낙타를 먹는 기록은 고대 페르시아의 연회에서 낙타를 통으로 구웠다는 기록이 있는데, 사우디아라비라, 이집트, 리비아, 수단이나 카자흐스탄 등 단백질 급원이 부족한 나라에서 전통적으로 식용되었다. 터키에서는 낙타고기로 만든 육포를 최상급으로 여긴다.

7. 돼지고기 섭취 금지

양과 낙타 외에 소, 닭 등이 주요 육류로 사용된다. 돼지고기는 일부 유태인들을 제외하고 나머지 지역에서는 기원전 1세기경만 하더라도 먹는 것이 허용되었다. 그러나 7세기경 이슬람교가 퍼져나가면서 일부 유태인의 식습관이었던 돼지고기에 대한 혐오가 중동의 전 지역으로 확산되어 돼지고기뿐 아니라 돼지고기의 가죽이나 부산물 등 모든 것이 금지식품이 되었다.

8. 사막의 요리법

타진 요리

중동지역은 물이 귀하기 때문에 육류를 주로 직화에 굽거나, 조리 시 수증기가 증발되지 않도록 독특한 고깔모양의 구조를 가진 타진슬라우이라는 용기를 이용하여 조리한다. 이 조리법은 타진슬라우이 내에서 수증기가 고깔 상부로 올라가다 온도가 낮아지면 수분이 다시 음식으로 돌아오게 되어 수분이 그릇 내에서 순환하게 만드는 원리이다. 여기에서 조리된 음식을 타진이라고 부르는데, 주로 동물의 질긴 부위를 토막 내어 양념하여 오랜 시간 약불로 끓여낸 일종의 찜 요리이다. 타진 외에도 항아리에 고기를 넣고 완전히 밀봉한 뒤 뜨거운 재 속에 묻어 오랫동안 조리하는 항아리 케밥도 수분의 증발을 최대한 억제한 요리이다.

4. 이란 음식문화의 특징

1. 일반적 특징

이란은 이슬람국가로 종교에 의한 규제에 의해 음식과 구체적인 식사규범이 정해져 있다. 이란의 주식은 밥과 빵이며, 육류는 양고기를 주로 먹는다. 양고기와 빵, 가지, 요구르트를 주로 먹는 중동의 다른 국가들과 유사한 음식문화를 가졌지만 이란은 다른 나라에 비해 쌀을 이용한 요리를 많이 먹는다.

넓은 영토와 다양한 인종과 문화로 인하여 지역별로 독특한 음식이 많다. 북부 카리브 해의 캐비아, 페르시아 만과 오만 해의 풍부한 해산물, 북부 산간 지방의 특산물과 다양한 과일로 풍요로운 식생활을 영위할 수 있었다. 이란에는 소프레(sofreh)라는 문화가 있는데 보자기와 비슷한 천을 바닥에 깔고 음식을 올려놓고 앉아서 먹는 것이다.

이란은 나누어 먹는 음식문화가 발달하였다. 이란인들은 음식을 곧 신이 내린 축복이며 관대와 자선을 베풀 수 있는 매개체로 여겨 손님을 극진히 대접한다. 이란인들은 밥을 조리할 때 바닥에 쌀을 누렇게 눌러 누룽지를 만들어 귀한 손님에게 대접한다. 맛있는 음식과 최고의 안락하고 편안한 의자를 제공하는 것이 가장 극진한 대접이라고 생각한다.

전통적 소프레 문화

결혼식 소프레

2. 음식문화의 특징

(1) 다양하게 이용되는 쌀

이란은 중동 지역의 다른 나라에 비해 쌀을 많이 먹는다. 쌀은 주식일 뿐만 아니라 거의 모든 음식의 재료로 사용한다. 쌀을 기본으로 하여 각종 향신료와 허브, 채소, 과일, 고기, 그리고 요구르트 등을 넣고 조리하는 것이 특징이다.

(2) 양고기 다량 섭취

이란에서 가장 많이 먹는 육류는 양고기로 특히 어린 양고기를 선호하고 어린 염소고기나 닭고기도 즐겨 먹는다. 하지만 소고기나 해산물은 많이 이용하지 않는다. 육류를 주재료로 하는 대표적인 요리에는 케밥이 있다. 다양한 케밥을 먹지만 가장 좋아하는 것은 첼로 케밥(chelo kebab)이다.

(3) 다양한 과일과 채소

이란은 넓은 국토와 다양한 기후로 인해 열대과일부터 냉대과일까지 다양한 과일과 채소 재배에 적합하여 맛있고 다양한 과일과 채소가 생산, 소비되는데 신선한 과일을 후식으로 이용하는 것은 물론 육류 요리 시에도 이용된다. 강수량이 적은 이란의 지리적 특성 때문에 과일의 당도가 설탕처럼 달고 종류도 다양하다.

카스피 해안에서 나는 오렌지는 속이 붉은 것이 특징인데, 빨간색을 띤 오렌지는 귀해서 값이 비싸지만 그만큼 맛이 좋다.

이란을 대표하는 과일은 석류로 한 해 100만 톤이 생산되는데 이는 이란의 기후와 토양이 최상급 석류를 생산하기에 적합하기 때문이다. 우리나라에서 판매되는 석류의 90% 이상이 이란산이다.

계절별로 과일을 살펴보면 봄에는 체리와 딸기가, 여름에는 포도, 자두, 복숭아가 많이 생산되며, 가을에는 석류, 오렌지, 아몬드, 피스타치오가 많이 수확된다.

(4) 다양한 향신료의 사용

이란 전통음식의 대부분은 사프란, 터메릭, 육계, 정향, 딜, 파프리카, 넛맥, 커더멈, 박하, 마조람, 마늘 등의 다양한 향신료를 많이 사용하여 주재료의 맛을 향상시킨다. 레몬즙을 비롯한 여러 가지 과일의 즙이 신맛을 내는 조미료로 사용되고 머스트 역시 맛을 내기 위해 조미료로 많이 사용된다.

(5) 단 음료와 후식류를 선호

이란인들은 간식으로 신선한 과일이나 설탕에 절여서 말린 과일, 과일 코레쉬(khoresh)와 폴로를 먹기도 한다. 특히 단맛을 좋아하여 과자나 푸딩 등 단맛의 후식류가 발달했다. 지방마다 맛과 색깔이 다르며, 쉬리니, 코탑, 코르체 등의 단과류가 있다. 또한 특별한 행사에 먹는 후식이 있는데 바클라바와 달콤한 페이스트리는 결혼식과 새해에 빠지지 않고 할바(halva)는 장례식 때 준비하는 후식이다.

5. 이란의 대표음식 및 음식이야기

1. 대표음식

(1) 첼로(Celo)와 폴로(Polo)

첼로는 쌀만으로 만든 밥이다. 녹인 버터와 난황을 넣고 조리하며 사프란으로 색을 내기도 한다. 코레쉬나 고기 요리를 곁들여 먹기도 한다.

폴로는 쌀을 다른 재료와 섞어서 조리한 것으로 필라프와 유사하며 들어가는 재료에 따라 아주 다양하다. 예를 들면 게이씨 폴로(살구밥), 하비즈 폴로(당근밥), 모르그 폴로(닭고기밥), 쉬린 폴로(단밥) 등이 있다.

(2) 케밥(Kebab)

케밥은 중동의 대표적인 음식으로 꼬치에 끼워 구운 고기를 말하며, 이란에서는 주로 첼로 케밥(chelo kebob), 주제 케밥, 머히 케밥을 즐겨 먹는다. 첼로(chelo)는 이란어로 쌀을 의미하며 첼로 케밥은 양고기를 다져서 요리한 쿠비데와 양고기를 얇게 베어 구운 바르그가 있다. 양고기에 다진 양파와 소금, 후추로 간을 해 구운 쿠비데는 양고기 냄새가 덜 나기 때문에 외국인들에게도 인기가 있는 대표적인 이란 음식이다. 첼로 케밥은 뜨거운 첼로 안에 버터와 날달걀을 넣어 잘 혼합한 후 토마토와 함께 먹으며 주제 케밥은 닭고기를 꼬치에 끼워 굽는 요리로 첼로 케밥만큼 이란인들이 즐겨 먹는 대중적인 음식이다.

머히 케밥(머히=생선)은 생선을 통째로 굽거나 토막을 내서 꼬치에 끼워 구운 음식이다. 대개 해안 지방에서 발달된 케밥으로 테헤란보다는 바다나 강에 가까운 지역에서 보편화되었다.

첼로 케밥

주제 케밥

머히 케밥

(3) 코레쉬(Khoresh)

코레쉬는 약간의 고기와 여러 종류의 콩과 곡물을 끓인 후 첼로에 얹어먹는 음식으로 커리와 비슷하다. 계절에 따라 생산되는 재료를 넣어 만들면 30여 종에 이를 정도로 다양하며 계절색이 강한 음식이다. 봄에는 가지, 리버스, 시금치, 버섯과 고기(양고기, 닭고기)를 넣어 요리하고, 여름에는 복숭아, 신 체리, 콩과 고기를 주재료로 한다. 가을에는 모과, 호박, 풋사과와 고기를 넣으며 겨울에는 마른 콩과 고기를 넣어 요리한다.

또한 가정마다 조리법이 다르기 때문에 대대로 집안의 독창적인 맛을 전수한다. 코레쉬 중 가정에서 주로 먹는 것은 훼센준(fesenjan)과 게이머(gheymeh)이다. 훼센준은 닭고기, 호두, 양파, 석류즙, 설탕, 소금, 기름을 넣고 약한 불로 끓여 걸쭉한 스튜 상태로 요리하는 것인데 단맛이 난다. 게이머는 다진 쇠고기나 양고기에 기름, 레몬즙, 소금, 후추, 토마토소스, 볶은 양파, 감자 등을 넣고 요리하며 폴로나 첼로와 함께 먹는다.

훼센준

게이머

(4) 업구쉬트(Abgusht)

이란어로(물과 고기)의 합성어인 업구쉬트는 이란의 전통음식 중 하나로 특히 손님맞이를 좋아하고 극진히 대접하는 이란인이 손님에게 대접하는 대표적인 음식이다. 업구쉬트는 양고기 덩어리와 감자, 당근 등의 채소를 넣고 끓이는데 약한불에 얼마나 오래 끓였는지에 따라 맛이 달라진다. 말린 레몬 가루를 향신료로 넣기 때문에 약간 신맛이 나는 것이 특징이다. 업구쉬트는 신선한 채소와 빵, 그리고 토루쉬와 같이 먹는데, 토루쉬는 반찬으로 우리나라의 김치에 해당한다. 업구쉬트는 재료의 종류에 따라 달라지는데 버뎀준(가지) 업구쉬트, 베흐(모과) 업구쉬트, 간돔(밀) 업구쉬트, 나아니에 자아화리(박하향 채쇠) 업구쉬트 등이 있다.

(5) 머스트

머스트는 요구르트와 같은 발효 유제품으로 이란인들은 거의 매일 먹는 것 중 하나이다. 머스트는 후식으로도 먹고, 머스트에 향신료, 소금, 후추 등을 넣어 샐러드드레싱으로 사용하기도 한다. 특히 머스트에 물, 소금, 박하 향신료를 넣어 희석시켜 두그라는 음료수를 만들어 마시기도 하는데 두그는 고대에 쉽게 음료수를 구할 수 없었던 베두인에게 소금과 같은 역할을 했다고 한다.

(6) 숄레 자르드(Shole zard)

이란인들은 단맛을 가장 좋아하는 민족으로 이러한 식습관으로 단 과자나 사탕, 케이크가 많이 발달하였다. 숄레 자르드는 남녀노소를 불문하고 즐겨 먹는 후식으로 쌀, 설탕, 기름, 향신료, 장미수를 사용하여 만든 노란빛을 띤 이란식 푸딩이다. 쌀의 1/3에 해당하는 설탕과 장미수로 단맛을 내기 때문에 매우 달며 일반 가정에서도 쉽게 조리하여 먹는다.

(7) 돌메(Dolmeh)

각종 고기와 채소들을 포도 잎에 싸서 먹는 음식으로, 포도 잎은 음식을 싸는 재료로만 사용되고 먹지는 않는다.

(8) 토루쉬(Torshi)

우리나라 김치에 해당하는 반찬의 일종이다. 식초물에 여러 종류의 채소 혹은 과일을 담가 만든 저장식품으로 새콤하면서 짠맛이 난다.

(9) 쿠쿠(Kuku)

우리나라의 빈대떡과 비슷한 음식으로, 주요리가 나오기 전에 먹는다. 주재료를 으깨어 양념(소금과 후추)을 넣고 기름에 튀겨내는 것이 기본적이다.

(10) 할버예 쇠캬르(Halvaye shekar)

밀가루 또는 쌀가루를 약한 불에 볶아 노란빛을 내는 향신료로 색을 내고 기름과 섞은 후 용해한 설탕물과 장미수를 넣어 다시 약한 불로 볶은 음식이다. 신생아의 건강을 위해서나 추도식 날 주로 먹는다.

(11) 할버예 호르머(Halvaye khorma)

전통적으로 장례식과 라마단의 종교적 기념일에 가난한 사람들에게 대접했던 음식이다. 요즘도 즐거운 날보다는 슬픔을 달래야 하는 행사 때 주로 먹는다.

COIFFEUR-PARFUMERIE

PART 3
유럽의 음식문화

1. 프랑스
2. 이탈리아
3. 영국
4. 독일
5. 스페인
6. 러시아
7. 헝가리

프랑스(France)

- 인구 : 6,655만 명
- 수도 : 파리
- 언어 : 프랑스어
- 종교 : 가톨릭
- 위치 : 서부 유럽, 지중해와 대서양 사이
- 기후 : 해양성, 대륙성, 지중해성 기후

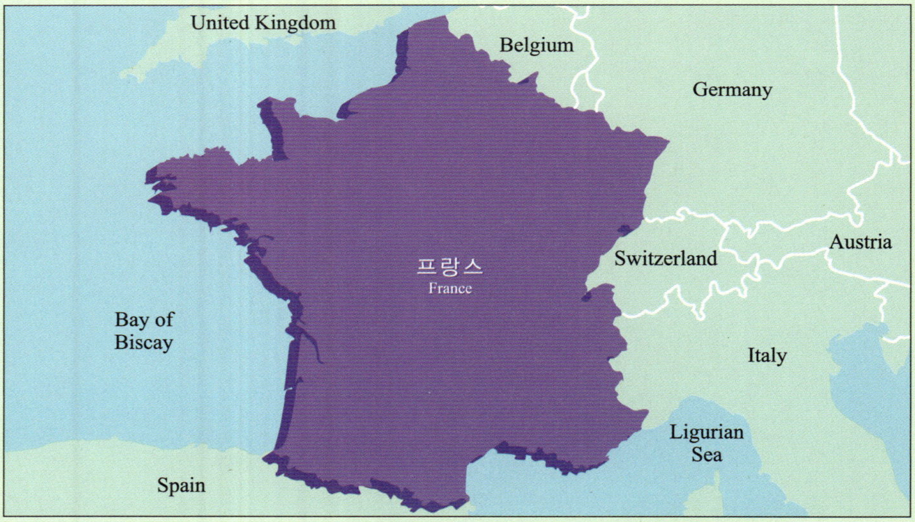

프랑스 정부 관광청 http://kr.france.fr

1. 프랑스의 자연환경

지리적으로 유럽의 노른자위에 해당하는 중심부에 위치하고 있는 프랑스는 오래 전부터 문명의 교차로 역할을 하고 있다. 서유럽에서 국토 면적이 가장 넓고 국토의 모양이 육각형이다. 바다와 접해 있는 삼면은 영불해협, 대서양, 지중해에 둘러싸여 있어 수산업의 발달로 해산물의 수급이 원활한 한편, 육지와 접해 있는 삼면은 독일, 스위스, 이탈리아, 스페인, 벨기에, 룩셈부르크 등의 나라와 국경을 접하고 있다.

프랑스는 국토가 넓어 기후도 다양하게 나타나는데 서쪽 지역인 대서양 연안은 해양성 기후, 알프스 지방은 대륙성 기후, 남쪽 지역인 마르세이유 등은 지중해성 기후를 나타낸다. 국토의 2/3가 낮은 구릉지대와 완만한 평야이고비교적 기후가 온화하고 강수량이 많아 농업이 발달함으로써 농산물은 자급자족이 가능하다. 국토의 25%가 목초지로 목축업 또한 발달하였다.

최고급의 포도, 풍부한 채소와 과일, 다품종의 치즈 생산, 풍부한 수자원 다양한 식재료들을 풍부하게 공급받을 수 있는 자연환경을 갖추고 있어서 프랑스는 요리가 발전할 수 있었다.

주요 관광지

노트르담 성당

루브르 박물관

베르사이유 궁정

에펠탑

2. 프랑스의 사회문화적 환경

프랑스 문화는 켈트, 게르만, 그리스-로마의 요소들이 복합된 고대 문명에서 유래했다. 그래서 현재 프랑스는 프랑스인을 비롯하여 에스파냐인, 켈트족, 게르만인 등의 다양한 인종과 혼혈족이 모여살고 있다. 언어는 프랑스어를 쓰며 종교로는 로마가톨릭교가 우세하다. 고대로부터 중세까지 단순하고 별다른 특징이 없었던 프랑스의 요리는 이탈리아의 왕녀인 카트린 드 메디치가 프랑스로 출가하면서 세련되고 발달된 이탈리아의 요리법을 전수하여 발달하기 시작하였다. 이른바 이 시기부터 프랑스 식탁의 르네상스가 시작되었다.

프랑스에서 이탈리아를 모방하는 것은 앙리 3세에 절정에 달해 상류 계급은 물론이고 중류층에서도 이탈리아 요리와 풍습이 유행했다. 이 때부터 사치스럽기까지 했던 귀족문화가 의식주 모든 분야에 전파되면서 프랑스의 문화는 눈부시게 발전하게되었다. 이러한 배경으로 서유럽의 음식문화는 중세를 거쳐 르네상스 시기까지 주도권을 잡아왔던 이탈리아와 이후 발전을 거듭해 주도권을 잡은 프랑스를 중심으로 이루어졌다고 할 수 있다.

3. 프랑스 음식문화의 특징

1. 역사적 특징

(1) 고대~중세 이전

기원전 프랑스는 골(Gaul)인이 살던 영토였고 골인의 음식 맛은 볼품없고 거칠었다. 이후 프랑크족이 이동해 오고 프랑크인들은 골의 음식법을 이어받았다. 로마 정복 후 로마 지배 하에서 로마요리의 영향을 받아 프랑스요리의 출발점이 되었다. 골족의 실컷 마시고 즐기는 습관은 세기를 거쳐 축제 분위기의 전통이 프랑스인에게 전래되었고 로마의 식문화와 섞여 섬세하게 발전했다. 이러한 골인의 정치적 · 사회적 생활은 프랑스의 미식적 전통의 기반이 되었다. 이 시기에 골은 치즈 수출국이었을 만큼 치즈 만드는 기술이 발달되어 있었다.

(2) 중세

중세는 한마디로 영구적 지방 결핍의 사회였다. 중세 초기의 침략기간은 전쟁과 기아가 끊이지 않던 시대로 교회나 수도원을 중심으로 수도사들에 의해 포도 재배가 지속적으로 이루어지고 수도사들의 힘으로 지속적인 기술혁신과 함께 와인의 품질 면에서 최고 생산국들 중 하나로 올라섰다. 요리 또한 수도원이나 교회에서 근근이 명맥을 유지해오게 되는데 암흑기 이후 수도사들로부터 평민들에게 전수되어 그 지방 특유의 요리로 발전하게 된다. 이 시대 프랑스 요리의 수준은 여전히 평범했고 치즈가 일반화되었다는 점이 특징이다.

(3) 16세기

1533년 앙리 2세와 이탈리아 메디치가의 캐서린 공주의 결혼을 계기로 프랑스 요리는 근대적으로 발달하기 시작했다. 캐서린 공주가 결혼하여 피렌체 출신의 수석 조리사를 프랑스로 데리고 왔는데, 이를 계기로 프랑스에는 이탈리아의 화려하고 다양한 조리법이 전해졌고 포크와 나이프 등의 식사도구도 전해져 프랑스의 화려한 식탁문화가 시작되는 계기가 되었다. 엉겅퀴의 심, 파마산치즈, 송아지요리, 멜론, 셔벗 등의 신기한 재료들이 프랑스로 유입되었고, 식탁에는 유리잔과 금속식기 대신 우르비노의 도기, 자수를 한 식탁보, 은제 식기, 세련된 포크가 유행하기 시작했다.

카트린 드 메디치

미식가에다 대식가였던 카트린 드 메디치는 프랑스로 시집 온 뒤에 프랑스의 식사 예법을 완전히 뜯어 고쳤다. 15세기 말경 궁정의 귀부인들은 음식 씹는 모양이 흉하다고 하여 연회 도중 독방에서 홀로 식사를 했는데 카트린은 귀부인들을 연회석상으로 나오게끔 하는 등 이전의 식탁예법을 바꿨다.

(4) 17세기

고전주의시대인 17세기 루이 14세 시대에 프랑스 요리의 발전은 절정을 맞게 된다. 절대군주제와 중앙집권제를 바탕으로 극적으로 연출되는 성대한 연회들이 절대군주의 영광의 한 요소가 되었다. 부르봉 왕조는 훌륭한 조리사들을 양성할 수 있는 분위기를 조성하였고 루이 14세는 파리에 조리학교를 설립하여 프랑스 요리 발전에 크게 기여했다.

또한 에티켓과 잘 먹는 것의 중요성이 강조되던 시기로 살롱 문화가 발달하여 대화의 예법이 중요시 되고 차, 커피, 코코아, 아이스크림 등의 출현으로 식문화의 눈부신 발전이 이루어졌다.

루이 15세 시대에는 미식을 좋아하여 왕 스스로가 요리를 만들 때도 있고 부엌에 드나드는 귀족도 생겨났으며, 요리에 귀족들의 이름이 붙여지기도 했다.

(5) 혁명기와 왕정복고 시대

1789년 프랑스 대혁명과 왕정복고 시대 이후 테이블은 정부와 정치적 영향력을 행사하는 한 방법이 되었다. 연회라는 외교적인 리셉션을 통해 식탁의 예술은 정치적인 문제에 공헌을 하게 되었다.

왕정 복고 시대가 되면서 프랑스 요리의 창시자 마리 앙투안 카렘(1783~1833)의 출현으로 프랑스 요리의 황금기가 시작되었다.

프랑스대혁명과 더불어 요리의 대혁명이 일어났다. 17세기에서 18세기 초까지 궁정요리는 왕이나 귀족들만이 누리던 특혜였으나 대혁명의 영향으로 귀족사회가 붕괴되어 귀족들에게 고용되었던 요리사들이 거리로 나와 레스토랑을 오픈하여 궁정요리나 귀족 사회의 요리가 일반인에게 전해지게 된다.

마리 앙토넹 카렘(1783~1833)

마리 앙토넹 카렘은 파리의 유명한 제과점인 바일리 가게에서 일하던 중 나폴레옹 1세로부터 칭송을 받았고 당시 외무대신 탈레랑의 조리장으로 들어가 이후 20여 년 간 외교관 및 여러 국왕과 외국 귀족들을 위해 요리를 했으며 수많은 칭송을 받았다.

조리사인 동시에 제빵사였던 카렘은 조리사라는 직업을 예술가의 영역으로 끌어 올렸는데 얼음조각물과 양초조각품 같은 여러가지 기술을 개발하였다. 위대한 조리사, 파티쉐, 그리고 이론가이기도 하여 많은 요리 저서를 남겨 '프랑스 요리의 아버지', '요리사들의 왕'이라는 칭송을 받고 있다.

(6) 근대와 현대

프랑스 음식문화사에 크게 기여하였던 19세기를 지나 20세기가 되면서 현대 프랑스 요리의 창시자인 오귀스트 에스코피에가 등장한다. 에스코피에는 요리의 실질적인 향상과 영양의 문제 등을 고려하여 먹을 수 없는 장식 등을 폐지하고 프랑스 요리를 근대화시키는 데 큰 공헌을 하였다. 근대에 오면서 알랭 샤펠(Alain Chapel)은 누벨퀴진(Nouvelle Cuisine)이라는 장르를 개척하였다.

에스코피에(1846~1935)

프랑스 요리를 체계적으로 분류 및 간소화하여 오늘날 사용되고 있는 현대적 주방 시스템을 디자인한 창시자이다. 불필요한 장식 등을 제거하고 프랑스 요리의 근대화를 가져와 프랑스 요리 발전에 위대한 업적을 남겼고 '프랑스 요리의 왕'으로 불린다.

현대 주방 시스템의 창시, 러시아식 서빙 방식 도입 등을 통해 현재의 서브순서를 정했다. 그의 저서인 'Le Guide Culinair'는 조리사들의 바이블로 오늘날에도 세계 각국의 조리전문가들이 애독하고 있다.

Check point

오뜨퀴진(Haute Cuisine)

패션계의 '오뜨 꾸뛰르'와 같은 맥락으로, 과거 요리장들이 수 백년 동안 부호와 귀족들의 후원을 받으며 돈과 시간의 구애없이 발달시킨 예술적이고 고전적인 요리라고 할 수 있다. 소수의 상류층을 위한 섬세한 진미의 정찬으로 버터와 크림을 듬뿍 사용하여 맛이 기름지고 요리법이 복잡하며 값비싼 재료가 사용되는 것이 특징이다.

누벨퀴진(Nouvelle Cuisine)

프랑스 고전요리에 대한 반발로 1970년대 등장한 요리법으로 누벨퀴진은 '새로운 음식'(New Cuisine)이란 의미의 프랑스어로, 허브와 향신료를 사용하고 재료 본연의 맛을 최대한 살리는 조리법과 고기의 사용을 줄이고 채소를 많이 이용하는 저칼로리의 영양적인 조리법이다. 식품의 자연스러운 질감, 풍미, 색조를 강조하고 음식의 양도 적게 간소화한 것이 특징이다.

2. 일반적 특징

프랑스는 역사적으로 고대 골족의 음식문화를 바탕으로 그리스 · 로마의 음식문화, 이탈리아의 음식문화, 16~17세기 경제 부흥기에 개척한 식민지(중동, 동남아시아, 아프리카)국가들의 음식문화를 도입하여 수용적 음식문화를 형성했다.

1970년대부터 선보인 누벨퀴진(Nouvelle Cuisine)의 영향으로 재료 본연의 색, 향미, 질감을 최대한 살리고 간소화되고 영양적인 조리법과 맛은 물론 시각적인 효과도 중시하는 요리라는 특징이 있다.

또한 프랑스 요리에서 가장 공을 많이 들이고 음식 맛의 기본을 이루는 것이 마리네이드인데 이것은 주재료인 육류, 어류, 채소류에 향신료 등의 여러 가지 재료를 넣고 푹 고아낸 스톡을 기본으로 하여 만들어진다. 길게는 일주일에서 더 이상도 푹 끓여서 만들 정도로 정성을 들이며 관련된 다양한 소스가 발달되었다.

프랑스인들은 식사 시간을 중요하게 여겨 아침 식사는 유럽의 여러 나라들과 마찬가지로 간단히 즐기나 점심은 2시간, 저녁은 2~4시간에 걸쳐 즐기며 푸짐하고 다양한 코스를 누린다.

① 다양한 나라의 음식문화를 받아들여 발전시키는 수용적 음식문화 형성

② 맛과 시각적인 효과를 중시하는 음식문화 형성

③ 식사 시간을 중시하여 여유로운 점심과 저녁을 즐김

④ 프랑스 요리의 기본은 소스로 다양한 소스가 발달되어 있음

⑤ 포도주, 치즈, 빵을 즐김

3. 지역별 특징

(1) 일 드 프랑스

파리를 중심으로 하는 프랑스 중심부로 인근 지역에 낙농제품 생산이 많아 생크림을 이용한 다양한 요리들이 발달되어 있고 베샤멜소스, 크렘샹티이 등이 유명하다.

(2) 북서지역

① 노르망디

바이킹족의 후손들이 정착한 땅인 북부 해협의 노르망디 지방은 해안에는 어업, 평야에는 낙농업이 주요 산업으로 성행하고 있다. 우유, 버터, 크림이 대량 생산되며 닭, 오리, 돼지고기 역시 명성이 높다. 노르망디의 시드르(사과주)는 수많은 요리의 재료로 쓰이며 시드르를 증류하여 만든 깔바도스가 생산된다.

② 브르따뉴

브르따뉴 위쪽 지방에서는 갈레뜨(빵과자), 브르따뉴 서쪽지방에서는 크레페가 유명하다. 크레페는 우유, 밀가루, 달걀 등을 섞어 종이처럼 얇게 부쳐서 각종 해물을 싸서 먹으며 초콜릿, 잼, 시럽 등을 발라먹기도 한다.

(3) 북동지역

① 알자스

독일의 국경지역으로 라틴과 게르만의 접경지대이다. 와인 산지로 유명하며 식도락의 고장이기도 하다. 구겔후프라는 왕관 모양의 빵은 알자스 상징물 중의 하나이다. 포도주로는 백포도주가 유명하며 양배추 절임의 일종인 사우어크라우트와 돼지고기 가공품인 슈크루트가 유명하다.

② 부르고뉴

포도주로 유명한 지방이다. 프랑스에서 가장 질이 우수한 고기가 생산되고 과수밭, 채소밭이 많다. 프랑스 음식의 재료에서 중요한 위치를 차지하는 버섯이 많이 생산된다.

샤브리, 보졸레, 꼬드도르의 명성 만큼이나 유명한 요리들이 많아 디종 머스터드, 부르고뉴식 달팽이요리, 꼬꼬뱅, 퐁듀, 부르기니욘 등이 바로 이 지방을 대표하는 요리들이다.

(4) 남서지역

① 보르도

와인의 명산지로 특히 레드와인 명성지이다. 르네상스 시대의 도시 형태와 부두, 고풍스러운 건축물 등 예전의 매력을 그대로 간직하고 있다. 기후와 토양조건이 포도재배에 완벽한 환경인 동시에 항구를 끼고 있어서 와인제조와 판매에 좋은 조건이다. AOC급 고급와인의 26%가 보르도에서 생산된다.

(5) 남동지역

① 프로방스

프랑스 남부의 지중해와 접해있어 일 년 내내 따뜻한 기후로 풍요로움과 함께 열정적이고 개방적인 곳이다. 고대 로마시대의 영향을 받은 지역으로 라틴계 사람들이 대부분이며 음식의 특징은 화려한 색채와 강렬하고 진한 맛이 특징이다. 마늘과 올리브유를 많이 사용하고 토마토, 가지, 호박, 양파, 피망, 올리브를 많이 사용하며 특히 남부지역은 마늘을 거의 모든 요리에 사용한다.

대표적인 요리는 마르세이유의 부이야베스, 도브프로방살, 샐러드 등이다.

② 리옹

프랑스 제 2의 도시 리옹은 미식의 도시로 르네상스 시대의 흔적이 많이 남아있는 구시가지와 화려한 상점들과 명성 있는 레스토랑 및 카페가 밀집한 신시가지로 구분된다. 기존의 전통적인 프랑스 음식의 대표로 우리가 생각하는 대부분의 프랑스 음식은 리옹식이다.

버섯과 돼지고기 요리가 유명하고 뵈뉴, 머랭그, 리오네 포테이토가 유명하다.

4. 프랑스의 정찬 코스

프랑스의 정찬은 공식만찬 형식으로 세계적으로 통용된다. 과거에는 식사의 구성이 매우 복잡하였으나 현대에는 많이 간소화되었다. 다음과 같이 진행되거나 좀 더 간단하게 5~6가지로 진행되기도 한다.

아페리티프(식전주) → 오르되브르 → 수프 → 생선요리 → 소르베 → 메인요리 → 치즈 → 디저트 → 과일과 음료

(1) 오르되브르(전채요리)

에피타이저의 의미이고 전채요리는 짠맛 또는 신맛이 있어 소화액 분비를 촉진시켜 식욕을 돋우기 위한 음식이다. 양은 많지 않으며 모양은 작고 예쁘며 색을 조화롭게 만드는 것이 특징이다.

① **차가운 전채** : 훈제 돼지고기, 훈제연어, 작은 정어리 요리, 생굴 등

② **뜨거운 전채** : 에스카르고, 푸아그라 테린, 개구리 뒷다리살 등

(2) 수프와 빵

수프는 요리의 첫 번째 코스를 뜻한다. 정찬 식사에서 빵은 입안을 씻어주는 역할을 하므로 포도주와 다음에 먹게 될 음식의 맛을 더욱 더 북돋우는 역할을 한다.

① **콘소메** : 맑은 수프

② **포타주** : 진한 수프

(3) 푸아송(생선요리)

수프 다음에 나오는 요리로서 생선, 어패류, 갑각류 등 여러 가지가 사용된다.

식용 개구리를 이 코스에서 제공하기도 한다. 생선 요리에는 부드럽고 약간 신맛이 나는 모르네 소스, 타타르 소스 등을 곁들인다.

(4) 소르베 (Sorbet)

주 요리 전에 혹은 다음에 나오는데 설탕, 와인, 향기 좋은 술 등을 과일 퓨레에 넣고 부드럽게 얼린 것으로 그 상큼한 맛이 입안을 정돈시키는 역할을 하여 주 요리의 맛을 더해준다.

(5) 주 요리 (Main dish)

육류나 가금류 등의 고기에 채소나 곡류가 곁들여져 나온다. 육류나 가금류 등이 프랑스인이 즐겨 먹는 주 요리이다. 가장 전형적인 메뉴는 쇠고기를 이용한 스테이크이다.

(6) 샐러드

미국식 정찬 코스에는 샐러드가 메인 요리 전에 제공되지만 프랑스식에서는 샐러드를 주 요리가 끝난 다음에 제공하여 입가심을 한다.

(7) 디저트

디저트 종류로는 달콤한 것과 치즈를 재료로 한 세보리가 있다. 프랑스에서는 치즈를 별도로 코스에 넣는 경우가 많다. 프랑스인들은 디저트를 먹기 위해 긴 코스를 먹는다고 할 정도로 디저트를 매우 중요시 여긴다.

① **찬 후식** : 바바루아, 샬로트, 무스, 달콤한 케이크, 아이스크림 등

② **더운 후식** : 베테, 크레프, 푸딩 등

(8) 음료, 커피

음료나 커피는 마지막 코스에 낸다.

4. 프랑스의 대표음식 및 음식이야기

1. 일상식

① 아침식사 : 바게트, 브리오슈, 크루아상, 버터와 함께 에스프레소 또는 카페오레 등으로 간단히 식사한다.

② 점심식사 : 프랑스인의 점심 식사시간은 12시~2시까지이다.
전채 → 주요리→ 샐러드 → 치즈 → 디저트 → 음료 등의 순서로 식사를 한다.

③ 저녁식사 : 프랑스의 전통적인 저녁식사는 푸짐하고 다양한 코스의 식사를 하면서 대화를 나누고 토론하는 문화가 식탁에서도 이어져 저녁을 2시간에서 4시간에 걸쳐 즐긴다.

2. 명절음식

(1) 크리스마스

크리스마스에 프랑스인들이 가장 선호하는 전채요리는 거위간 요리이다. 크리스마스 주 요리로는 흰 소시지, 칠면조나 양고기, 닭고기를 먹는다. 후식으로는 장작모양의 케이크인 뷔슈(buche de noël)을 먹는다.

프로방스에서는 예수와 12제자를 상징하는 13가지 디저트를 먹는 풍습이 있다.

3. 대표음식

(1) 에스카르고(Escargots)

달팽이 요리로 달팽이를 데쳐서 껍질 속에 넣고 마늘을 얹고 입구에 버터를 듬뿍 넣어 오븐에 구운 요리이다. 껍질 채 서브하거나 에스카르고 전용 그릇에 살만 꺼내서 제공하기도 한다. 뜨거운 전채 요리로 화이트와인과 잘 어울린다.

(2) 푸아그라(Foie gras)

푸아그라는 '기름진 간' 이란 뜻으로 거위나 오리를 좁은 우리에 가둬 옥수수나 콩 등의 사료를 강제로 많이 먹여 살을 찌워서 간의 크기를 원래의 5~10배 정도 되도록 키운 간을 이용한 요리이다. 다른 재료들과 섞어 파테나 테린으로 먹기도 하고 그대로 구워서 먹기도 한다. 전채요리에 소량씩 쓰이며 프랑스에서는 크리스마스에 먹는 특별한 음식이다.

(3) 트뤼플(Truffle)

식탁 위의 다이아몬드라 불리는 송로버섯은 이탈리아나 프랑스 남부의 떡갈나무 숲 땅속에서 자라며 주름지고 껍질이 두껍고 숲과 흙의 그윽한 향이 배어 있다. 이 냄새에 익숙한 돼

지나 개를 훈련시켜 채취한다. 색이 밝은 백트러플을 최고로 친다. 대패처럼 썰어 생선에 올리거나 소스에 넣거나 샐러드 위에 뿌려 먹는다.

(4) 꼬꼬뱅(Coq au vin)

프랑스어로 coq는 '수탉'을 뜻한다.

수탉에 적포도주, 야채, 마늘, 양파, 양송이 버섯을 넣고 찐 요리로 부르고뉴 지방의 대표적 음식이다. 원래 고급음식은 아니지만 가금류 중 유일하게 AOC 품목에 속하는 '브레스 닭'으로 만든다면 최상급의 요리가 된다.

(5) 부이야베스(Bouillabaisse)

프랑스 남부의 항구도시 마르세이유의 향토음식으로 일종의 생선탕이다. 마늘, 대파, 양파, 감자, 토마토 등을 올리브유로 볶다가 생선, 새우, 가재 등을 넣고 푹 끓인 다음 수프와 생선을 따로 담아 먹는다. 오렌지 껍질, 샤프란을 함께 넣어 끓이기도 하고 크루통 등의 빵을 곁들인다.

(6) 샤또브리앙(Chateau Brian)

샤또브리앙이란 소에서 가장 고급의 질을 갖는 고기부위로 안심 중에서도 가장 부드러운 부분을 말한다. 프랑스인들은 스테이크를 먹을 때 주로 디종 지방의 겨자와 함께 먹고, 곡류나 채소를 곁들이며 프렌치 프라이로 알려져 있는 감자튀김을 곁들여 먹기도 한다.

(7) 프랑스 빵

① 바게트(Baguette)

강력분, 이스트, 소금으로 만들며 겉은 바삭하고 속은 부드럽다. 한 개의 무게가 250g으로 정해져 있어 가게마다 크기는 달라도 무게는 같다.

② 크루아상(Croissant)

밀가루, 이스트, 소금으로 반죽한 밀가루 반죽 사이에 버터를 이용하여 지방층을 형성하여 구운 일종의 페이스트리이다.

③ 브리오슈(Brioche)

주로 아침 식사로 먹으며 우유, 버터, 달걀, 럼주 등을 넣어 만든 것으로 일반적인 빵에 비해 버터의 사용량이 많아 부드럽고 가벼운 촉감을 지니고 있다.

(8) 치즈

'치즈 없는 식사란 눈 없는 미인과 같다'라는 말이 있을 정도로 프랑스에서는 치즈를 애용한다. 프랑스 치즈의 종류는 400여종이고 포도주, 빵과 더불어 프랑스인이 가장 즐겨 먹는 음식이다. 치즈는 식사 전에 오르되브르로 가볍게 먹을 수도 있고 디저트로 먹을 수도 있다. 프랑스인이 즐겨 먹는 치즈는 카망베르, 로크포르, 브리, 고다치즈 등이다.

① 카망베르(Camembert)

대표적인 순한 맛의 치즈로서 흰 곰팡이를 접종시켜 숙성시킨 치즈다. 프랑스

노르망디 부인들이 나폴레옹에게 대접한 것으로 유명한 치즈로 나폴레옹이 조세핀의 체취가 난다는 이유로 즐겼다고 한다. 카망베르는 오주 지방의 작은 마을인 카망베르 지역에서 프랑스 혁명 때 마리 아렐(Marie Harel)에 의해 만들어졌다. 그녀는 프랑스 혁명 당시 피신 중인 한 사제를 숨겨 주었는데, 사제가 고마움을 갚기 위해 그녀에게 치즈 제조 방법을 가르쳐 준 것이 카망베르의 기원이 되었다고 한다.

② 로크포르(Roque fort)

강한 냄새를 내는 치즈 중 잘 알려진 것으로 양젖에 푸른 곰팡이를 접종하여 만든 것이다. 이탈리아 고르곤졸라, 영국의 스틸톤과 함께 세계 3대 블루치즈이다.

③ 브리(Brie)

브리 치즈는 파리 근교의 마른(Marne)과 센(Seine)지역에서 만들어졌으며 암소에서 짜낸 원유로 만들어지는 천연 외피의 연질 치즈이다. 지방 함량이 매우 많아 부드럽고 가장 순한 치즈 중 하나로 치즈의 여왕이라 불린다.

처음 만들어졌을 당시에는 가난한 사람들이 먹는 치즈였으나 1814년 비엔나 회의에서 '치즈의 왕이며 왕들의 치즈'라는 별칭을 얻을 정도로 왕과 귀족들에게도 사랑을 받게 되고 오늘날까지도 세계적으로도 유명세를 누리고 있다.

④ 고다(Gauda)

원산지는 네덜란드이며 순한 맛이 나며 내부조직은 약간 거칠고 단단하다.

Check point

프랑스에서는 치즈도 AOC 관리 품목

프랑스에서는 와인만이 아니라 치즈와 버터도 AOC관리 품목이다. AOC는 와인과 치즈의 원료가 되는 농산물의 원산지를 증명하는 제도로서, 프랑스 정부는 AOC로 원산지의 명칭과 지리적 한계는 물론 생산 방법까지 규제한다. 이 제도를 통하여 각 제품의 특성을 살리고 유명한 지역의 농산물이 다른 곳으로 흘러 들어가거나 유명한 곳에서 다른 곳의 농산물을 구입하여 제품을 만드는 행위를 금지하여 각 지역별로 개성 있는 고급 제품을 유지할 수 있게 하는 중요한 제도이다. 치즈의 경우 1990년부터 AOC를 통해 관리되고 있다.

(9) 프랑스 와인

프랑스 와인은 품질이나 생산량에서나 세계 제일이다. 프랑스에서는 음식과 와인과의 관계를 비유하여 '성공적인 결혼' 이라고 표현하는 점에서부터 프랑스인들의 와인에 대한 사랑이 남다르다는 것을 알 수 있다.

식사 전 입맛을 돋우는 아페리티프(aperitif)와인, 주로 식사 중에 마시는 와인으로 음식 맛을 잘 느끼도록 입안을 헹궈주는 역할을 하는 테이블(Table)와인, 식사 후의 디저트(Dessert)와인으로 구분하여 즐기기까지 한다.

와인 산지에 따라 맛과, 향, 색깔이 달라 생산자가 와인 등급을 나누는 기준이 되기도 한다. 프랑스의 주요 와인 산지는 크게 보르도, 부르고 뉴, 론, 루아르, 알자스, 샹파뉴 등의 6지역으로 나눈다.

① 용도에 따른 분류

- 식전용 와인(Aperitif Wine) : 식전에 입맛을 돋우기 위해 마시는 와인으로 쓴 맛과 단맛이 있다. 감미가 없으며 향취가 강하고 양이 적은 것이 특징.
- 테이블 와인(Table Wine) : 식사 중에 마시는 와인으로, 음식과 가장 밀접한 관계가 있는 와인이다. 일반적으로 주요리와 함께 마시는 와인으로 알코올 도수 10~14% 정도의 드라이한 것을 마신다.

- 식후용 와인(Dessert Wine) : 식사 후 소화를 촉진시키기 위해서 마시는 와인으로 알코올 도수가 높으나 스위트한 와인을 주로 마신다.

② 색에 따른 분류

- 레드와인 : 암적색에서 담적색까지의 와인으로 흑포도의 껍질, 알맹이, 씨까지 포함하여 즙을 낸 후 발효시킨다. 껍질과 씨에 있는 탄닌성분이 함께 추출되어 떫은 맛이 난다.
- 화이트와인 : 청포도를 주원료로 하지만 흑포도의 과피를 벗겨서 양조하기도 하는 와인으로 연한 녹색에서부터 황색을 갖는다.
- 로제와인 : 일명 핑크와인으로 흑포도를 과피와 함께 즙을 짜는 과정에서 원하는 색에 도달하였을 때 과피를 제거한 와인이다. 레드와인과 화이트와인의 중간 타입의 와인이다.

③ 프랑스 와인의 종류 및 생산지별 특징

구분	생산지	특징	상표명
레드 와인	보르도 (Bordeaux)	붉은 빛이 진하고 불투명하다. 단맛이 적고 맛이 텁텁하나 부드럽다. '여성형 와인'으로 불린다.	메독(Medoc) / 생테밀리옹 (Saint-Emilion) / 그라브(Graves) / 코트 드 보르도
	부르고뉴 (Bourgogne)	선명한 붉은 색을 띠고 상큼한 과일향이 풍부하다. 산도와 알코올 도수가 보르도보다 높아 '남성형 와인'으로 불린다.	샤블리(Chablis) 코트도르 / 마코네 / 보졸레 / 코트드론
화이트 와인	루아르강변 (Val de Loire)	과일향이 풍부하고 약간의 단맛이 있다.	뮈스카네 / 쉬네블랑 / 쇼비뇽 블랑 / 소뮈르
	알자스 (Alsace)	담백하고 깨끗한 맛이다. 과일향이 느껴지나 단맛은 적은 편이다.	리슬링 / 피노 그리 / 실바너 / 피노 누아
로제 와인	프로방스 (Provence)	연한 붉은 빛을 띠며 투명하고 순한 맛이다.	코트 드 프로방스
스파클링 와인	샹파뉴 (Champagne)	약간의 단맛이다. 개봉 시 탄산가스로 인한 거품이 생성되어 상쾌한 맛을 나타낸다.	브뤼 레제르브 / 샹파뉴 브뤼

Check point

보졸레 누보(Beaujolais Nauveau)

매 해 11월 세 번째 목요일 0시를 기해 세계 도처에서 동시에 그 해에 생산된 보졸레 누보를 마실 수 있다. 보졸레누보는 그 해에 신속히 추수하여 순간적인 발효와 4~5주간의 빠른 숙성을 하여 만든 첫 번째 와인이다. 마케팅 전략 차원에서 출하 시기를 일정하게 잡아 전세계적으로 유명해진 와인이다.

4. 식사 예절

테이블 매너의 기본 정신은 요리를 맛있고 품위 있게 먹기 위한 데서 비롯됐다. 프랑스 사회에서 식탁은 식사의 장소인 동시에 사교의 장이기도 하다.

① 주최자는 식당으로 들어가기 전에 남녀 손님을 소개한다.

② 손님들이 모이면 식사 전 입맛을 돋우는 와인인 아페리티프를 권한다.

③ 안주인이 식사를 시작 한 뒤 모든 사람이 끝날 때까지 식사를 한다.

④ 나이프, 포크류는 바깥쪽부터 사용하며 식사하다가 잠시 쉴 때는 접시 가장자리에 팔(八)자 모양으로 걸쳐둔다.

⑤ 생선요리는 생선을 뒤집지 않고 중간 뼈를 제거한다.

⑥ 고기요리는 왼쪽부터 한 입씩 썰어서 먹는다.

⑦ 디저트 코스로 들어가기 전에 식탁을 한 번에 치우고 디저트 코스로 들어간다.

⑧ 치즈와 과일은 나이프와 포크를 이용하여 먹는다.

⑨ 후식이 나오기 전에 핑거볼이 나올 경우 과일을 다 먹은 후 손가락만 씻어 냅킨에 닦는다.

이탈리아(Italy)

- 인구 : 약 6,185만 명
- 수도 : 로마
- 언어 : 이탈리아어
- 종교 : 가톨릭
- 위치 : 유럽 남부, 지중해 연안의 반도와 섬
- 기후 : 지중해성 기후

이탈리아 정부 관광국 http://www.enit.it/ko/

1. 이탈리아의 자연환경

지중해에 위치한 반도국가인 이탈리아는 전형적인 지중해성 기후로 겨울에는 온난다습하고 여름에는 고온건조하다. 지중해의 중남부에 남북으로 1,130km에 걸쳐 장화모양의 반도와 시칠리아, 샤르데냐의 두 섬으로 이루어졌고 프랑스, 스위스, 오스트리아와 접해있다.

삼면이 바다라는 점이 우리나라와 유사하며 북부는 산악, 평원, 지중해가 함께 있어 쌀, 밀 등 식재료가 풍부하고 낙농제품이 많이 생산되어 크림소스, 버터 등이 요리에 많이 이용된다. 남부는 밀을 이용한 파스타가 발달했으며 올리브, 토마토의 생산량이 많아 다양한 요리에 활용된다.

주요 관광지

나폴리

베니스

피렌체

로마

2. 이탈리아의 사회문화적 환경

이탈리아의 인종 구성은 대부분이 라틴계의 이탈리아인이며 북부에는 독일과 프랑스계의 민족들이 살고 있다. 전 국민의 90% 이상이 로마가톨릭신자이다. 이탈라아는 전 세계에서 가장 풍부한 문화유산을 보유한 국가이며 오늘날에도 문학, 건축, 미술, 패션 등 문화 · 예술 분야에서 한 축을 구성하고 있다.

이탈리아 하면 가장 먼저 떠오르는 건 이탈리아 음식이다. 전 세계적으로 가장 많은 레스토랑을 가진 나라가 중국과 이탈리아라는 말이 있을 정도로 이탈리아 레스토랑은 세계 어디서나 볼 수 있고 요리의 가지 수도 굉장히 다양하다.

기원전 8세기에 시작된 도시국가 로마에서부터 르네상스를 거쳐 현대에 이르기까지 수많은 문화가 꽃피고 시들어 가면서 오늘날 이탈리아를 세계적인 음식과 와인의 땅으로 만들었다. 이탈리아인들은 주문한 음식과 와인에 대해 토론하는 것을 몇 시간이고 즐긴다.

슬로우푸드(Slow food) 운동의 발상지

- 간편함을 내세워 맛을 표준화시키고 미각을 동질화시키는 패스트푸드를 반대
- 소멸 위기에 처한 전통음식과 식재료, 전통주 등을 지켜야 한다고 강조
- 로컬푸드를 중요시하고 전통음식에 대한 자긍심을 가지고 있기 때문

3. 이탈리아 음식문화의 특징

1. 역사적 특징

역사적으로 오랜 기간 많은 자치도시들과 지역 국가로 나뉘어 있었던 이탈리아가 오늘날과 같은 통일국가의 모습을 갖춘 것은 19세이지만, 이탈리아 요리의 역사는 4세기부터 시작된 것으로 여겨진다. 수세기 동안 주변지역과 정복자, 뛰어난 요리사, 정치적 변동 및 신대륙의 발견 등 여러 요소들이 이탈리아 요리 형성에 영향을 미쳤다. 이렇듯 이탈리아는 복잡한 역사적 현실과 자연환경에 적응하면서 다양한 음식문화를 형성했다. 이탈리아의 음식문화는 역사적인 영향 이외에도 반도라는 지리적 특성과 지중해성 기후, 기독교라는 종교적 상황을 통해 성숙했다.

(1) 고대

기원전 4000년부터 시작된 이탈리아 요리의 역사는 그리스 식민지 문화가 예술을 대중화시킨 마그나 그레치아 지역에서 시작됐다. 돼지고기, 절인 생선, 병아리콩, 렌즈콩, 루피너스, 올리브, 피클, 말린 무화과와 같이 간단하고 수수한 일상의 음식과 수프, 식초와 꿀이 있는 소스, 아몬드와 호두가 곁들여진 과자 등의 파티 음식까지 다양하고 풍부했다. 에스투리아인들은 현재의 토스카나 지방의 기름진 지역에 적합한 곡물을 기반으로 한 간단한 식사를 하였고 식사의 즐거움과 풍성함을 즐겼다.

(2) 로마 시대

로마는 3세기 전반에 이탈리아 반도를 통일하고 지중해의 패권을 장악하였다. 정복 전쟁으로 점차 세력을 넓힌 로마는 정복지로부터 곡물과 향신료 등의 전리품들 이 넘쳐났고 지배계급은 '로마식 향연'이라고 불리는 화려한 식도락을 즐겼다. 30만 명이 넘는 로마 시민들도 저렴한 가격으로 빵, 돼지고기, 와인을 배급받아 넉넉한 식생활을 하였다. 그러나 로마가 멸망하면서 이탈리아의 식생활은 극빈 할 정도로 하락하여 간소하고 기본적인 요리와 채소, 치즈가 주가 된 식생활을 이어갔다.

(3) 중세 말~16세기

십자군 전쟁 이후 교역의 길목에 있던 이탈리아의 도시들에는 새로운 부가 축적되었고 동방의 향신료가 베네치아, 나폴리 등으로 집중되었다. 풍부한 경제력을 바탕으로 식자재와 향신료가 남용되었고 화려하면서도 과시적 성향을 가졌다.

중세 말에서 16세기까지 이탈리아 궁정의 음식은 유럽 음식문화의 최첨단에 속했으며 그 세련미를 자랑하였다. 유럽에서 최초로 메뉴나 식사하는 규칙을 제정하였고 이탈리아의 식문화가 유럽을 이끌면서 처음으로 개인용 나이프와 포크를 사용하게 되었다.

(4) 16~17세기

신대륙의 발견과 신항로의 개척은 지중해 무역을 쇠락시켰고 그 결과 대서양이 무역의 중심이 되면서 이탈리아의 많은 도시국가들은 쇠퇴의 길을 걷게 되었다. 유럽의 신흥 강국이 된 프랑스, 오스트리아 등이 이탈리아를 침범하여 도시국가들을 분할 지배하였다. 스페인은 이탈리아 남부를, 프랑스는 북서부지역을, 오스트리아는 동북쪽을 지배하면서 이탈리아의 각 도시들은 그 도시를 지배하는 나라의 문화적 영향을 강하게 받게 된다.

각 도시 간의 전쟁으로 지역의 문화가 독자적으로 발달되었다. 터키의 세력 확장으로 향료 시장의 패권을 빼앗기고 향료가 사라지자 대신 토마토가 음식에 사용되면서 이탈리아의 식문화는 근본적인 변화를 맞게 된다.

Check point

황금색 사과

16세기 말 스페인은 잉카인들이 키우던 노랑색의 열매를 가진 관상용 식물을 들여왔고 이것이 이탈리아로 전파되었다. 이탈리아에서는 토마토를 '포모도리(pomo-dori)'라고 하는데 '황금색 사과'라는 뜻이다. 이탈리아가 토마토를 식용으로 이용한 것은 전파된 시기보다 200년 후이고 빨강색 토마토가 퍼진 이후이다.

초기에 빨강색은 사람들의 거부 반응을 일으켰고 독이 있다는 소문까지 퍼져 악마의 과일이라고 불렀다. 독이 없다는 것이 확인된 이후에도 200년 이상이나 음식에 사용되지 못했고, 18세기 말 식용으로 확인된 후 유행에 민감한 나폴리 인들에 의해 소스로 개발되었다.

(5) 이탈리아의 통일

1861년 이탈리아가 통일되면서 뚜렷하게 구별되었던 지역음식문화의 통합이 일어나기 시작했다.

2. 일반적 특징

남북으로 긴 장화모양을 가진 이탈리아는 1861년 통일국가를 이룰 때까지 여러 왕국과 공국으로 나누어져 있어 음식 또한 지방색이 매우 강한 것이 특징이다. 북부 지역은 쌀과 옥수수가 주식이며 프랑스 요리의 영향을 받아 버터, 생크림을 많이 사용하는데 반해 남부 지역은 올리브유와 파스타를 이용한 요리가 많다. 또한 북부 지역은 국경이 프랑스, 스위스, 오스트리아와 접해 있어 주변 국가들의 음식문화의 영향을 받기도 하였다.

이탈리아 음식의 공통적 식재료는 곡물, 올리브유 그리고 와인이다. 밀, 쌀, 옥수수 등의 곡류는 이탈리아의 주식으로 자리를 차지하고 있다. 이탈리아에서의 와인은 단순한 음료가 아니라 음식의 부 재료로서 마리네이드액이나 소스, 스톡의 역할까지 한다.

① 1861년 통일국가 형성 이전 여러 왕국과 공국으로 나누어져있어 음식 또한 지방 색이 매우 강한 것이 특징이다.

② 북부지역은 버터와 쌀로 만든 요리가 발달하였다.

③ 남부지역은 올리브유와 파스타를 이용한 요리가 발달하였다.

④ 국경이 프랑스, 스위스, 오스트리아와 접해 있어 주변 국가들의 음식문화의 영향을 받기도 하였다.

⑤ 올리브가 다양하게 이용된다.

Check point

등급마다 쓰이는 곳이 다른 올리브유

최상급 올리브유는 하등급에 비해 훨씬 비싸지만 음식마다 최상급 올리브유를 쓰는 것은 아니다.

최상급 올리브유는 신선한 올리브의 풍미를 그대로 가지므로 샐러드나 파스타 위에 마지막으로 뿌려주는 소스 용도가 가장 알맞다. 그러나 최상급 올리브유는 일단 끓게 되면 델리케이트한 풍미가 사라지므로 구이나 볶음에는 그보다 낮은 등급의 버진이나 일반 올리브유가 적합하다.

3. 지역별 특징

이탈리아는 1861년 국가가 통일되기 전에는 로마, 베네치아, 나폴리, 제노바, 밀라노 등을 중심으로 왕국이나 공국으로 나뉘어져 있었다. 이런 영향으로 지역에 따라 다양한 요리가 발달했다. 크게 밀라노를 중심으로 한 북부요리와 로마를 중심으로 한 중부요리, 해산물이 풍부한 남부요리로 구분한다.

(1) 북부요리

이탈리아 북부는 알프스 자락과 바다로 둘러싸여 있어 다양한 식재료를 쉽게 구할 수 있으며 비교적 고원지대라 열량이 높은 음식들이 발달했다. 버터, 치즈, 햄 등 영양이 풍부한 다양한 메뉴가 있으며 주로 버터를 사용한 크림소스가 사용된다.

① 피에몬테(Piemonte)

알프스 산맥과 접하는 서북부지역으로 스위스나 프랑스 등과 접해 있는 고원지대로 긴 겨울을 견디기 위한 푸짐하고 실속 있는 요리가 대부분이다. 스튜와 캐서롤은 양념을 강하게 하며 마늘을 즐겨 이용한다.

대표음식 : 폰티나 치즈, 트뤼플(송로버섯)

② 리구리아(Liguria)

항구도시 제노바가 있는 지방으로 해산물을 이용한 다양한 요리들이 발달했다. 해안지대의 특성상 생선요리가 발달했다. 바질, 로즈마리, 오레가노 등의 향신료가 다양하게 사용되었고 특히 바질의 사용이 광범위하고 제노바식 소스인 페스토(Pesto)의 원산지이다. 리구리아 사람들은 트리니트라 불리는 파스타와 감자뇨끼를 곁들인 야채수프와 페스토를 곁들여 식사한다.

③ 롬바르디아(Lombardia)

밀라노를 중심으로 하는 지역으로 대표적인 낙동 지구이자 쌀의 주산지로 육류, 버터, 쌀을 이용한 요리가 많다.

대표음식 : 밀라노식 커틀릿, 밀라노식 리조또, 빠네토네

④ 베네토(Veneto)

베니치아를 중심으로 아드리아 해안에 위치해 있으며 이 지방의 요리는 바다와 육지의 산물이 조화를 이루고 있다. 항구로 유명한 베네치아는 열두 가지 종류의 해산물로 만든 브로뎃토라고 하는 스튜와 다양한 해산물 튀김 등이 있다.

대표음식 : 바칼라, 폴렌타

(2) 중부지방

① 토스카나

프랑스요리의 원조가 된 메디치가의 음식문화를 지닌 지역이다. 풍부한 자연산물로 인해 프랑스 음식의 뿌리가 된 피렌체의 궁중음식과 함께 피렌체 서민들의 소박한 재료들로 식품이 지닌 자연의 맛을 최대한 살려 요리한다. 송이버섯, 돼지

고기, 간, 야채 등을 꼬챙이에 끼워 오랜 시간 구워 요리하는 것이 특징이다.

대표도시인 피렌체의 음식은 담백하면서 올리브 기름이 기본이 된 산뜻하고 부드러운 맛이 특징이다. 시금치 같은 신선한 채소를 요리에 많이 이용해 시금치를 많이 이용한 요리는 피렌체식이라고 부른다.

② 라치오(Lazio)

수도 로마를 중심으로 한 지방으로 전통적으로 다른 지방보다 다양한 채소와 육류를 섞어 사용한다. 아티초크, 브로콜리가 특산물이다. 화이트와인, 세이지 등으로 맛을 낸 양고기 요리 등 육류를 이용한 요리가 유명하다.

대표음식 : 카르보나라 파스타

(3) 남부지방

① 시칠리아

이탈리아의 최남부 섬인 시칠리아는 아랍의 영향을 많이 받은 지역이다. 쿠스쿠스를 스프에 넣어 먹는다든지 장미꽃물이나 오렌지꽃물을 음식에 넣는 다는가 하는 것은 아랍의 영향으로 볼 수 있다. 가지, 참치, 레몬, 잣 등을 이용한 요리가 많고 어업도 성행한다. 이 섬을 통해 파스타, 와인, 설탕이 전해져 이탈리아 요리의 고향이라고 부르기도 한다.

② 캄파니아

나폴리와 카프리 섬으로 알려진 남부 이탈리아의 대표적인 지방으로 이탈리아 최대 토마토 산지이다. 토마토소스를 처음으로 사용한 나폴리는 '나폴리식 마르게리따 피자'로 명성을 얻기도 했다.. 이탈리아 최대의 식품가공처로 절인 앤초비, 토마토 통조림과 페이스트, 모짜렐라 치즈, 리코타치즈, 건면의 주산지이다.

대표음식 : 피자, 파스타, 토마토를 이용한 요리

Check point

이탈리아 주방

지방색이 강한 이탈리아의 음식문화는 집집마다 다른 주방의 전통을 만들었다. 이탈리아의 주방은 늘 정원과 접해 있고 정원 없는 집의 주방에는 항상 그때 그때 따서 쓸 수 있는 월계수와 바질, 로즈마리, 세이지 등의 화분이 놓여 있다. 이탈리아에서는 늦가을이 되면 우리나라의 김장 때처럼 집집마다 올리브를 소금과 올리브유에 한 켜씩 얹어 겨우내 절인다. 절인 올리브는 그 가정의 한해 밑반찬이 된다. 또 여름이면 주방 외벽에 토마토를 따서 줄에 매달아 말린다. 태양건조 토마토는 말려지면서 독특한 단맛과 향기가 있어 많이 이용되는 가공식품이다.

5. 이탈리아의 대표음식 및 음식이야기

1. 일상식

이탈리아는 전통적으로 하루 5번의 식사를 한다.

(1) 콜라지오네(Coazione) - 아침식사

이탈리아 사람들의 아침식사는 대부분의 유럽 국가들과 같이 간단하다. 커피 한 잔으로 아침을 해결하고 아이들도 우유와 비스킷을 먹는 것이 일반적이다. 빵이나 케이크 한 조각을 곁들이는 정도로 간단히 끝내는데 이때 커피는 주로 진한 에스프레소를 즐긴다.

(2) 스푼티노(Spuntino)

아이들은 학교 가는 길에 빵을 사서 쉬는 시간에 스푼티노를 먹고 어른들은 오전 11시를 전후하여 바에 나와 간단히 빵과 커피로 스푼티노를 해결한다

(3) 프란조(Pranzo) – 점심식사

점심은 오후 1시경에 먹게 되는데 대부분의 사람들은 집으로 돌아가 온 가족이 모여 함께 점심을 먹는다. 전채요리로 시작하여 스프나 파스타, 뇨끼 등의 프리모 피아토 다음으로 육류나 생선류의 세콘도피아토, 후식, 커피 순으로 식사를 마무리한다. 라틴계 특유의 관습인 낮잠 자는 시간까지 겸할 수 있는 3시간 정도의 점심식사를 즐긴다. 보통 상점은 1시에 문을 닫고 4시를 전후해서 다시 문을 연다.

(4) 메렌다(Merenda)

오후 5시 무렵 피자집에서 피자를 먹거나 집에서 만든 케이크와 커피를 마시는데 이를 메렌다라 한다.

(5) 체나(Cena) – 저녁식사

오후 일과는 대개 7시 반경에 끝나고 저녁시간은 보통 8시 반을 전후해서 갖는다. 온 가족이 모여서 정찬을 즐긴다. 저녁식사에는 빠뜨리지 않는 것이 와인이고 세콘도 피아토를 중심으로 메뉴를 선택하며 안티파스토 → 세콘도피아토 → 돌체 또는 프러모피아토 → 세론도피아토의 순서로 진행된다.

2. 정찬코스

전통적인 이탈리아 정찬 풀코스는 주류를 제외하고 안티파스토 → 주파 → 프리모피아토 → 세콘도피아토 → 콘토로노 → 포르마조 → 돌체 → 카페 순이다. 현대의 이탈리아 가정에서는 이렇게 까지는 차리지 못하고 안티파스토, 프리모 피아토, 세콘도피아토, 돌체 정도로 정찬을 즐긴다.

(1) 전채요리 – 안티파스토(Anti Pasto)

• 안티파스토는 '식사 전에' 라는 의미이며 식사 시작에 앞서 식욕을 당기는 요리이다.

• 종류 : 프로슈토, 소시지류, 올리브, 앤쵸비, 초절임한 채소, 치즈 등

(2) 프리모피아토(Primo Piatto)

• '첫 번째 접시 또는 요리'라는 뜻으로 전식에 해당한다. 메인요리 전에 나오는 요리로 야채 중심의 가벼운 것에서부터 고기와 어패류가 들어간 화려한 요리까지 종류가 다양하다.

• 종류 : 파스타, 리조또, 미네스트로네, 주파, 피자 등

(3) 세콘도피아토(Secondo Piatto)

• '두 번째 접시 또는 요리'라는 뜻으로 어패류나 고기로 된 주요리이다.

• 종류 : 밀라노식 커틀릿, 티본을 이용한 피렌체식 스테이크, 송아지고기 조림 등

① **콘토르노**(Contorno)

'콘토르노'는 세콘도피아토에 곁들이는 요리로 곁들임 야채, 포테이토, 콩 등이 함께 나온다.

(4) 돌체(Dolce)

- 식후의 디저트를 말한다. 이탈리아 요리에서 식후의 디저트는 빠질 수가 없고 종류가 다양하다.
- 식후 치즈를 먹고, 달콤한 파이류, 과일, 케이크, 아이스크림 등의 디저트를 먹은 다음 커피나 식후주로 식사를 마무리한다.
- **종류** : 타르트, 젤라또, 치즈, 티라미수, 판나코타 등

3. 대표음식

(1) 피자

그리스의 동그랗고 납작한 빵인 피타에서 어원을 찾을 수 있다. 시칠리아 사람들이 아랍에서 받아들인 후 나폴리 사람들이 수용하였다. (아랍식 이름 – 이트리아)

초기 피자는 베사멜이나 크림소스에 토핑재료를 얹어 구웠으나 나폴리에서 마르게리타 왕비를 위해 토마토소스를 넣은 마르게리타 피자를 만들어 전국적으로 퍼지게 되었다. 이탈리아 남부지역인 로마, 나폴리가 특히 피자로 유명하다.

Check point

미국식 피자

미국식 피자는 1900년대 유럽에 몰아닥친 대기근을 피하여 약 400만 명의 이탈리아인들이 미국으로 이민을 떠나면서 태어났다. 미국에 도착한 이민자들은 이탈리아식 식생활을 그리워했지만 대개 가난하여 식재료를 넉넉히 구할 수가 없었다. 그러나 밀가루만은 이탈리아보다 가격이 싸고 질이 좋았기 때문에 밀가루 도우를 두껍게 하고 토핑은 이탈리아식으로 간결하게 얹어 고향의 맛을 즐기면서도 배불리 먹을 수 있는 피자를 만들었다. 이것이 미국 피자의 기원이 되었다.

(2) 파스타

① 소스

- 볼로냐식 소스 : 고기, 양송이, 양파를 다져서 토마토를 넣은 붉은 소스
- 까르보나라 소스 : 베이컨과 생크림을 이용해 만든 흰색 크림소스
- 봉골레 소스 : 봉골레는 이탈리아어로 조개를 뜻하고 조개와 마늘을 주재료로 쓰는 나폴리식 소스
- 해물 소스 : 홍합, 오징어, 새우 등의 해산물과 토마토를 넣은 소스
- 아리오 에오리오 페페론치노 소스 : 마늘, 고추, 올리브유만을 써서 담백하고 매콤한 소스

② 파스타

- 파스타 : 밀가루로 만든 국수의 일종이다. 단백질인 글루텐을 많이 함유하고 있는 듀럼밀의 배아를 거칠게 갈아 만든 세몰리나 가루로 다양한 형태의 모양으로 만든다.
- 스파게티 : 얇고 긴 국수형태의 파스타로 굵기에 따라 다양한 종류가 있다.
- 라자냐 : 반죽을 판형으로 민 파스타로 라자냐, 소스, 치즈를 켜켜이 쌓은 요리이다.

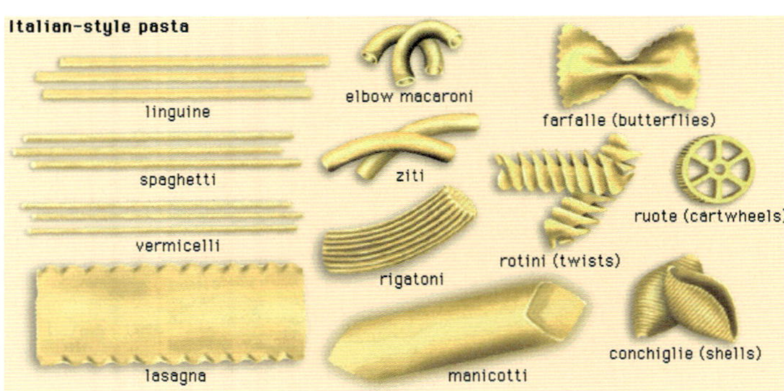

• **라비올리** : 판형의 파스타 사이에 치즈, 분쇄한 고기, 새우, 채소 등을 넣고 만두처럼 속을 채운다.

(3) 리조토(Risotto)

이탈리아에서는 쌀을 리조(Riso)라고 한다. 리조토는 북부 이탈리아에서 발달한 쌀 요리이다.

기름이나 버터에 쌀, 채소, 고기를 넣고 볶다가 포도주로 향을 내고 육수를 넣어 죽처럼 부드럽게 익혀 치즈가루를 섞어서 먹는 요리이다. 이탈리아인들은 약간 덜 익어서 씹히는 감촉이 남아 있어야 제대로 된 것이라 여기는 경향이 있다.

(4) 치즈

이탈리아 치즈의 제조 역사는 매우 오래되었으며 프랑스와 스위스 치즈도 이탈리아 치즈가 로마제국을 통해 전해진 것이다.

고대에는 양젖과 염소젖으로만 만든 치즈를 먹었으며 우유로 만든 치즈는 북부에서 낙농이 번성하면서 만들어지게 된다.

남부에서는 물소의 젖으로 치즈를 만들었는데 이것이 모짜렐라 치즈이다. 이탈리아 치즈는 유지방 성분이 많고 맛이 부드러워 요리에 사용하기 좋은 치즈가 많다.

(5) 와인

이탈리아는 기후가 따뜻하고 일조량이 많아 포도밭의 위치에 관해서는 프랑스나 독일처럼 신경 쓸 필요가 없다. 또한 가격과 질 측면에서는 중간 정도의 포도주를 수출하는 세계에서 가장 큰 포도주 생산국이다. 각 지역마다 그 지방 특유의 포도주를 생산하는데 저마다 그 지방의 음식과 완벽하게 어울린다.

(6) 발사믹 비네거(Balsamic)

발사믹은 이탈리아어로 '향기가 좋다'는 의미로 향이 좋고 깊은 맛을 지닌 최고급 포도 식초를 말한다. 발사믹 식초는 단맛이 강한 포도즙을 나무통에 넣고 목질이 다른 통에 여러 번 옮겨 담아 숙성시킨 포도주 식초의 일종으로 '발사믹'이란 이름을 쓰려면 이탈리아 북부 모데나 지방에서만 나온 품종을 사용하여 그 지방의 전통적인 기법으로 만들어야 한다.

4. 식사 예절

① 식사 시에는 포크와 나이프를 사용하지만 빵, 감자튀김, 뼈가 있는 요리를 먹을 때는 손을 사용하기 때문에 손의 청결에 유의해야 한다.

② 식사 중 식탁에서 손을 식탁 밑으로 내리지 않으며 팔꿈치를 식탁에 대고 있는 것은 실례가 된다.

③ 음식은 공통의 큰 접시에 담겨져 나와 돌아가면서 개인 접시에 덜어 먹게 되는데 맛있는 부위를 찾느라 뒤적거리며 서빙을 하지 않도록 한다.

④ 이탈리아의 식탁 위에는 기본적으로 기름과 소금통이 놓여 있다. 일반적으로는 가까운 사람에게 전해 달라고 하지만 이탈리아에서는 직접 가서 집어다 사용하도록 한다.

⑤ 샐러드는 각자의 접시에 덜어서 개인의 취향에 따라 드레싱을 넣어 먹는다.

⑥ 트림을 하는 것은 예의에 크게 어긋난 행동이지만 코를 푸는 것은 그렇게 신경 쓰지 않는다.

영국(United Kingdom)

- 인구 : 6,100만 명
- 수도 : 런던
- 언어 : 영어
- 종교 : 성공회, 로마가톨릭, 기독교
- 위치 : 서유럽에 위치한 섬
- 기후 : 해양성 기후

영국 관광청 http://www.visitbritain.com http://www.visitscotland.com

1. 영국의 자연환경

영국은 영국해협을 끼고 유럽대륙과 마주 보는 대서양에 있는 섬나라이다. 국토는 두 개의 큰 섬으로 이루어져있는데 그 중 큰 섬이 넓은 면적을 차지하는 잉글랜드이며 북쪽의 스코틀랜드, 웨일즈와 북아일랜드가 다른 하나이다. 위도는 높지만 따뜻한 북대서양 해류의 영향으로 비교적 온난하다. 따라서 아주 춥거나 더운 날은 없지만 하루에도 햇빛과 소나기가 교차하는 변화가 심한 해양성 기후를 보인다. 남부는 목축이 발달하여 양고기, 돼지고기, 닭고기를 즐기며 거의 모든 지역에서 양고기, 생선요리가 발달했다. 북부의 스코틀랜드는 북유럽의 영향으로 재료의 맛을 있는 그대로 나타내려는 조리법을 쓰고, 잉글랜드는 다른 재료와 섞어서 요리를 하는 편이다.

주요 관광지

대영 박물관

버킹엄 궁전

2. 영국의 사회문화적 환경

영국의 정식 명칭은 'United Kingdom of Great Britain and Northern Ireland' 이다. 영국은 스코틀랜드, 잉글랜드, 웨일즈, 북아일랜드로 구성되어 있다.

켈트족이 유럽으로 건너와 현재의 아일랜드와 스코틀랜드지역에 주로 거주를 하면서 지배했으나 그 후 로마에 점령당해 300여 년간 로마의 통치 하에 있었다. 이후 로마가 쇠퇴하자 게르만계의 앵글로 색슨족이 잉글랜드에 침입하여 켈트족을 물리치고 영국을 통합하게 된다. 다시 9세기에는 바이킹과 노르만의 지배를 받았고 15세기에 튜터 왕조가 집권하면서 문화와 경제가 꽃을 피우기 시작했다.

그 후 식민지의 확장으로 해가 지지 않는 나라로 번영을 누렸다. 산업 혁명의 발상지로 경제 대국이었으나 2차 세계대전 후 식민지 국가들이 독립을 하면서 쇠퇴의 길을 걷게 된다. 이러한 배경으로 영국의 인종학적 구성은 켈트족, 이탈리아의 로만족, 앵글로 색슨족, 노르만족 등의 다인종이 섞여 살게 되었다.

사회 보장제도가 잘 발달하여 '요람에서 무덤까지' 의 사회보장을 이루었다. 영국인의 생활태도는 매우 보수적으로 전통을 사랑하고 변화를 싫어하며 개인주의적이라고도 한다.

Check point

영국의 펍(Pub) 문화

영국의 선술집인 펍은 단순히 술을 먹는 술집이라기 보다는 그 지역 사회의 사교의 중심 기능을 하고 있다. 윌리엄 하코트 경은 '펍은 영국 역사에서 하원 역할을 했다'라고 했을 정도로 최신뉴스나 언론 등을 논하는 정치의 장이기도 하다. 펍은 'public – house'에서 유래된 말로 그 시작은 로마의 지배를 받던 시기로 거슬러 올라간다.

로마는 정복지마다 길, 목욕탕, 포도주등의 선진문화를 전해주었는데 후에 영국인들은 길을 따라 길옆에 Pub을 세우고 술을 팔았고 이것이 펍의 기원이 되었다.

현대에도 펍은 영국 서민의 휴식처, 사교클럽으로 각광을 받고 있으며 상업의 중심지, 금융가, 주택가에도 자리잡고 있다.

3. 영국 음식문화의 특징

1. 일반적 특징

서구사회의 오랜 전통을 가진 영국의 음식문화는 서구의 다른 나라의 음식문화에 비해 다양하지 않다. 재료의 맛을 그대로 살리기 위해 담백하게 조리하고 각자의 기호에 따라 소금, 후추, 머스터드를 사용한다. 조리법 또한 삶거나 오븐에 굽는 등 매우 단순하다. 주로 찌거나 삶아서 조리하면 맛은 없지만 담백하고 순수한 맛을 지닌 채소 요리는 건강에 좋은 음식이 될 수도 있다.

영국에서 재배되는 채소는 일부이고 그 밖에 수많은 푸른 채소는 대륙에서 수입해 오는 편이다. 과일의 경우도 사과와 서양 오얏, 구스베리, 까치 밥나무 열매 등이 있을 뿐 대부분의 과일은 유럽과 중동 아프리카에서 수입해서 먹는 형편이다. 따라서 후식으로도 신선한 과실보다는 밀가루 반죽한 것에 과일을 약간 넣은 것 등의 과일 파이, 과일 타르트, 과일 푸딩 정도가 전부이다.

곡물의 경우도 보리가 약간 생산될 뿐 영국의 땅은 소와 양을 기르기에 적당한 평평한 목초 지대가 대부분이어서 우유, 치즈, 버터를 생산하는 낙농업이 발달하였다. 차에 우유를 혼합해서 먹는 형태도 우유가 흔하기 때문인 것으로 추측된다.

서양에서는 영국 음식이 맛이 없기로 정평이 나 있고 가짓수도 다양하지 못한 것으로 알려져 있다. 이러한 혹평에도 불구하고 영국 음식은 실속이 있으면서도 나름대로 독특하다.

영국은 아침식사와 오후의 티타임을 중시하는 나라이다. 대부분의 유럽 국가들은 대륙식 아침이라 하여 커피와 간단한 빵으로만 식사를 하는 데 비해 영국식 아침식사는 매우 푸짐하다.

영국의 차 마시는 습관은 유별나며 오후 4시에 하던 일을 그만두고 30분 정도를 티타임으로 철저히 지켜나가는 관습이 있다. 이처럼 영국은 차문화가 발달된 나라로 수많은 종류의 차가 있으며 오후의 애프터눈 티를 즐긴다. 특히 영국의 차는 하루 중 세 번째의 식사로서 영국의 음식문화 속에 확고한 위치를 차지하고 있다. 대표적인 요리로는 로스트비프와 요크셔푸딩, 피시 앤 칩스 등이 있다.

영국 음식문화의 특징

① 서구의 다른 나라의 음식문화에 비해 다양하지 않다.

② 아침식사는 푸짐하게 먹는다.

③ 재료의 맛을 그대로 살리기 위해 담백하게 조리한다.

④ 조리법 또한 삶거나 오븐에 굽는 등 매우 단순하다.

⑤ 영국은 커피보다는 차를 즐기는 문화로 수많은 종류의 차가 있으며 애프터눈 티를 즐긴다.

⑥ 지역 주민의 모임 장소로 술과 간단한 식사를 즐길 수 있는 펍(pub)이 있다.

⑦ 감자가 많이 생산되어 이를 이용한 다양한 요리가 발달했다.

⑧ 영국의 빵은 주로 베이킹파우더를 이용하여 부풀린다.

4. 영국의 대표음식 및 음식이야기

1. 일상식

(1) 푸짐한 영국식 아침식사(English Breakfast)

영국은 하루 식사 중 아침식사와 오후의 티타임을 매우 중시하는 나라이다. 아침식사로는 많은 종류의 음식을 제공하고 많은 양을 먹으며 빵과 커피만 먹는 유럽대륙의 아침식사와 대조적이다. 영국의 아침식사는 보통 과일 주스나 우유를 넣은 시리얼을 먹고 베이컨이나 소시지에 양파 구운 것, 프라이팬에 구운 토마토, 스크램블드 에그나 반숙 달걀을 먹는다. 커피나 홍차를 마실 때 홍차에 밀크를 타 먹는 영국식 밀크티로 식사를 마친다.

(2) 점심식사

점심식사는 다른 나라와 마찬가지로 간단하게 먹으며 요즈음에는 파스타나 바게트 샌드위치 등으로 간단하게 마친다. 일요일의 전통적인 로스트 런치(roast lunch)는 아침과 마찬가지로 푸짐하다.

(3) 저녁식사

전통적인 저녁식사는 비교적 늦게 먹으며 밤늦게 다시 홍차, 비스킷, 샌드위치 등으로 서퍼(supper)라는 늦은 저녁을 가볍게 먹는다.

2. 대표음식

(1) 로스트 비프(Roast Beef)

영국의 대표적인 전통요리이다.

지방이 골고루 퍼져 있는 커다란 쇠고기를 덩어리째 구워내는 요리로 고기를 슬라이스로 자른 후 그레이비를 얹어 먹거나 우스터소스, 겨자소스를 쳐서 먹는다. 일반적으로 요크셔푸딩을 곁들여 먹는다.

Check point

우스터소스

맥아로 만든 식초에 엔초비, 양파, 간장, 케첩, 타마린느, 고추 등을 섞어 만든 것으로 상업적으로도 판매되고 있다. 우스터소스는 어떤 영국 귀족이 인도의 벵갈 총독으로 재임하고 있을 때 즐겨 먹던 소스로 그 맛을 잊지 못해서 동네 약사인 John Lea와 William Perrins에게 부탁을 하여 만들게 했다가 입맛에 맞지 않아 지하실에 버려 둔 채 방치했다가 2년 후 발견했더니 맛있는 소스가 되어있어 병입해서 판매를 시작했다. 그 결과 폭발적인 반응을 일으켜 존리와 윌리엄 페린이 1823년에 회사를 차려 본격적으로 판매하기 시작했고 이후 이 제조법은 그대로 유지해 오고 있다고 한다.

(2) 요크셔 푸딩(Yorkshire Pudding)

로스트 비프와 함께 곁들여지는 요리로 밀가루, 달걀, 우유를 혼합하여 반죽하고 로스트 비프를 구워내는 과정에서 얻는 육즙과 기름의 혼합물을 섞어 구워낸 푸딩이다.

(3) 피시 앤 칩스(Fish & chips)

영국은 생선조리법으로 튀김을 많이 사용하며 대표적인 요리로 피시 앤 칩스를 들 수 있다. 대구나 가자미, 명태와 같은 생선을 조각 또는 통째로 기름에 튀긴 것을 감자 튀긴 것과 함께 내놓는 음식이다. 보통 소금이나 식초를 쳐서 먹으며 영국인들은 그 두 가지를 모두 뿌려서 먹는다.

(4) 하기스(Haggis)

양을 비롯한 동물의 염통, 간, 허파, 오트밀 양고기의 지방으로 양의 위를 채운 후 오래 끓여서 만들고 그 즙에 조리한 채소를 곁들여 내는 음식으로 스코틀랜드에서는 기념일에 먹는 음식이다. 요즈음에는 훈연 시켜 소시지와 같은 형태로 슈퍼에서도 판매된다.

(5) 스코치 에그(Scotch egg)

스코틀랜드의 대표음식으로 완숙한 달걀의 껍질을 벗긴 후 다진 쇠고기 반죽을 싸서 빵가루를 입힌 후 튀겨낸 음식이다. Pub에서 간단한 점심 식사용으로도 인기가 있다. 맥주 한잔에 스코치 에그 하나면 든든한 한 끼 식사가 될 수 있다.

(6) 파이(Pie)

영국의 주 메뉴 중 하나로 디저트 개념의 단맛이 나는 파이뿐만 아니라 파이에 들어가는 내용물에 따라 다양한 파이가 존재한다. 쇠고기와 소의 콩팥을 넣어 만든 스테이크&키드니 파이, 다진 쇠고기를 파이 도우 대신 포테이토로 싸서 만든 코티지 파이, 흰살 생선 등을 넣은 피시파이 등 아주 다양하며 Pub의 점심 메뉴로도 많이 이용된다.

(7) 음료

영국인들이 일반적으로 즐겨 마시는 음료는 차 이외에는 맥주와 위스키이다. 영국에서 가장 대중적인 맥주는 '비터(Bitter)'란 맥주인데 흑갈색의 호프 냄새가 강한 것이 특징이다. 아일랜드에서는 '스타우트(Stout)'라는 맥주를 즐긴다. 영국의 위스키는 세계적으로도 유명한데 아이리쉬 위스키와 스코치 위스키이다. 아이리쉬 위스키는 보리를 발효시켜 증류시킨 위스키이고 스코치 위스키는 보리에 싹을 틔워 발효시킨 증류주로 더 독하고 스모키어(smokier)한 맛이 난다.

3. 차문화

영국인들은 차를 즐겨서 하루에 4~6회 정도 차를 마신다. 차는 주로 홍차로 인도의 아삼, 스리랑카의 실론에서 얻는다. 영국인에게 차는 단순한 음료가 아니라 의식(儀式)에 가깝다. 차를 만드는 행위와 차를 대접하는 행위는 사교의 근본을 이룬다고 할 수 있다.

(1) 에프터눈 티(Afternoon tea)

영국인의 생활 속 즐거움으로 사교를 겸한 애프터눈 티를 들 수 있다. 오후 3~4시 경에 홍차와 쿠키, 케이크 또는 스콘을 함께 먹으며 휴식시간을 갖는다. 차를 마실 때는 우유와 레몬을 곁들이는데 영국인들은 밀크티를 즐기는 편이다.

(2) 하이 티(High tea)

오후 5시에서 6시에 차와 곁들여 먹는 저녁식사를 말하는데 미트 티(meat tea)라고도 부른다. 주로 어린아이들의 저녁식사는 하이 티로 끝이 나며 어린이에게 뿐만 아니라 어른들에게도 요긴한 저녁식사이기도 하다. 하이 티에는 육류나 생선 등 조리한 따뜻한 음식이 제공된다. 햄, 소시지와 달걀 프라이, 감자 튀김, 생선 튀김, 포크 파이, 스테이크, 셰퍼드 파이, 다양한 샌드위치 등도 같이 제공되기도 한다.

독일(Germany)

- 인구 : 약 8,085만 명
- 수도 : 베를린
- 언어 : 독일어
- 종교 : 개신교, 가톨릭 등
- 위치 : 유럽 중부
- 기후 : 대륙성 기후, 해양성 기후

독일 관광청 http://www.germany.travel/kr

1. 독일의 자연환경

독일은 지역적으로 다른 특성을 보이는 세 지역으로 구분된다. 북부지역은 북해와 발트해에 접해 있고 중부지역은 고원지대로 산림지대, 남부는 알프스 기슭을 따라 있는 산과 호수들이 아름다운 고원지대이다. 알프스 쪽에서 북해 쪽으로 흐르는 라인강은 북쪽으로 흘러간다. 독일의 기후는 해양성 기후와 대륙성 기후의 중간형이다. 일조량이 적고 고원과 숲이 많아 농산물이 풍부하지 못하고 북해를 제외한 지역은 해산물이 풍부하지 못하다.

식재료가 부족한 독일에서는 짧은 기간 내에 사육이 가능한 돼지를 사육하고 오랫동안 보존하여 저장하기 위해 훈제 가공을 한 소시지를 즐겨 먹는다. 수질이 좋지 않아 지방마다 다양한 맥주가 발달했다.

주요 관광지

쾰른 대성당

브란덴부르크 문

하이델베르크 성

노이슈반슈타인 성

2. 독일의 사회문화적 환경

독일 인구의 대부분은 게르만족이며 접경지역에는 소수민족이 살고 있다. 독일인의 식문화는 이웃국가의 풍습을 모방해가며 형성되었는데 역사적으로 프랑스, 오스트리아, 네덜란드, 영국 등과 같은 강대국들과 인접하여 이들의 침입을 받아왔지만 문화적으로는 많은 영향을 받았다. 독일인들은 보수적이면서도 결속력이 강하고 견고하면서도 실용적인 성향을 가지고 있다.

3. 독일 음식문화의 특징

1. 역사적 특징

독일 민족은 게르만 민족으로 북유럽 쪽에 살다가 보다 나은 기후를 찾아 남쪽으로 내려와 살게 되었다. 이후 로마의 용병으로 일하던 게르만족은 훈족의 침입을 피해 로마 영토까지 들어가 살게 되었다. 로마의 멸망으로 게르만족은 라인강 유역에 프랑크 왕국을 세우고 유럽을 지배하였으며 서유럽에 흩어져 살게 되며 인접 국가들과 서로 큰 영향을 주고받았다. 9세기 프랑크 왕국은 동프랑크, 서프랑크, 이탈리아 북부로 나뉘게 되었다. 이때 프랑스와 독일이 나뉘게 되었고 프랑크 동쪽에서 쓰이던 독일어를 중심으로 독일이 형성되었고 중앙집권이 아닌 지역에 따른 여러 작은 나라로 이루어졌다.

앞에서 서술한 이유로 독일의 식문화 발달 과정은 지역과 사회계층에 따라 크게 차이가 나기 때문에 일반적이며 전형적인 모습을 표현하기에는 어려움이 있다. 중세 전기까지의 게르만족 특유의 야성미를 가지고 있던 식습관은 기독교가 들어오면서 문화적으로 큰 변화가 일어났고 중세 수도원을 중심으로 맥주와 와인이 발달하게 되었다. 16세기 이탈리아의 식문화를 모방하기 시작해 독일 귀족들의 궁정식 식사예절이 정립되었고, 절대주의 시대를 거치면서 이탈리아의 문화를 수용하여 전 유럽을 주도하게 된 프랑스의 다양하고 정교한 요리기술 등 프랑스의 앞선 식문화가 군주들과 귀족들 사이에서 널러 퍼지기 시작하였다. 독일 귀족들의 프랑스 궁정 및 살롱의 음식문화를 모방은 겉으로는 그럴듯하였지만 질적으로는 수준급에 미치지 못했다.

그 결과 극단적 낭비라는 풍속도로 나타났다. 독일의 궁정식 식사예절인 호프식 식사예절은 부르조아를 중심으로 모방되어 일반계층에까지 전파되었다. 전형적인 독일의 식습관이 형성된 것은 18세기경이다. 그 후 산업 혁명을 거치고 부의 축적이 이루어진 후 식사예절이 더욱 견고해졌다.

2. 일반적 특징

독일은 오랜 세월에 걸쳐 여러 민족이 통합되고 정착하는 과정에서 각 민족의 고유한 음식이 통합되고 융화되어 오늘날의 독일 음식이 형성되었다. 소시지, 돼지고기, 맥주, 양배추, 감자, 덤플링 요리는 독일 전 지역에서 공통적으로 사랑받는 음식이다. 독일의 조리법은 식품 고유의 향미를 살려 담백하고 소박한 것이 특징이다. 독일의 척박한 자연환경은 식품문화에 긍정적인 영향을 주었다.

19C 식량부족 사태에서 독일인의 건강을 지켜주었던 감자는 다양한 감자요리로 변모해갔고, 수질이 나쁜 물은 맥주로 발전해갔다. 그 결과 세계에서 가장 높은 맥주 소비량을 보인다. 사육기간이 짧고 기르기 쉬운 돼지를 이용하여 저장성을 높인 가공식품인 소시지를 만들었다. '사람은 빵만 먹고 살수 없다. 반드시 소시지와 햄이 있어야 한다.'라는 속담이 있을 정도로 독일인에게 소시지와 햄은 빼놓을 수 없는 기본적이고 중요한 음식으로 독일가정 식탁에 빠지지 않고 오른다.

프랑스의 각 지방마다 고유한 치즈가 있듯이 독일에는 각 지방마다 다양한 소시지가 있다. 채소가 부족한 겨울을 나기 위해 캐비지를 발효시켜 만든 저장식품인 사우어크라우트를 만든 것 등은 독일인의 강인하고 근면한 국민성과 그지역 식품 재료의 제한성을 극복하고 세계적인 요리로 발전시킨 예로 볼 수 있다.

독일은 지방자치국가로 각 지방마다 먹는 법이 다르고 즐기는 음식에도 차이가 있다. 또한 환경을 중시하는 식습관을 가지고 있다는 점을 그 특징으로 들 수 있다.

3. 지역별 특징

독일은 지방자치국가로 이러한 특징이 음식에도 나타나서 각 지방마다 먹는 법이 다르고 즐기는 음식에도 차이가 있다. 가장 즐겨 먹는 소시지와 맥주도 지방마다 차이를 보인다. 독일은 식문화의 지역별 특성이 특히 강하며 흔히 서부의 라인강을 경계로 북부와 남부, 아시아와 이어진 동부지역으로 나눈다.

(1) 동부지역

아시아와 이어져있으며 파프리카와 캐러웨이 등 강한 향신료를 많이 사용한다.

(2) 서부지역

라인강 유역의 서부 지역은 와인이 많이 생산되고 다른 지역에 비해 양념이 강하지 않은 것이 특징이다.

(3) 북부지역

바다인 북해와 발트해에 접해 있어 어패류 및 해산물 요리가 풍부하고 스칸디나비아 반도의 영향으로 청어와 메기 같은 생선을 많이 먹는다. 대표적 요리로는 훈제 요리인 '스프랫(Sprat)'이 있다. 옛 독일 어부들은 음식 보존을 위해 훈제방식을 이용해 왔고 청어과의 스프랫은 6인치 가량의 생선으로, 훈제하기에 적합하여 대표 요리로 발달했다.

(4) 남부지역

돼지고기를 이용한 요리가 발달했고, 소시지, 맥주, 감자를 이용한 요리가 많으며 독일 요리의 가장 대표적인 지역이다. 지역에 따라 고유의 요리법이 존재하며 예를 들어 바이에른 사람들은 고기를 일정기간 맥주에 담갔다가 먹고 라이란트 사람들은 마늘, 고추냉이, 육두구씨 등을 이용한 다양한 조리방식을 가지고 있다.

4. 독일의 대표음식 및 음식이야기

1. 일상식

(1) 아침식사

독일인의 아침식사는 주로 빵과 커피만 먹는 매우 간단한 대륙식 아침식사(콘티넨탈 블랙퍼스트)다. 주로 브뢰첸이라는 빵에 버터, 마가린, 잼, 꿀 등을 바르거나 햄, 치즈를 얹어 먹는다. 여기에 대부분 커피나 우유, 주스를 곁들인다. 삶은 계란도 아침 메뉴에 빠지지 않는 메뉴이며 별도의 용기에 세운 후 티스푼을 이용해서 먹는다.

(2) 점심식사

독일의 점심식사는 불에 조리한 따뜻한 식사를 선호하고 세끼 중에 가장 푸짐하다. 육류로 된 주 요리에 수프, 감자, 샐러드, 후식 등을 먹는다.

(3) 저녁식사

간단하게 빵과 소시지, 치즈, 햄 등을 먹기 때문에 찬 음식을 먹는다고 표현한다.

2. 대표음식

(1) 사우어크라우트(Sauerkraut)

양배추를 소금에 절여 발효시켜 만든 음식으로 신맛과 아삭아삭한 질감을 갖고 있다. 소시지나 육류 요리와 함께 즐겨 먹는 독일인의 식탁에서 빼놓을 수 없는 요리이다.

겨울이 오기 전에 수확한 양배추를 약간 말린 후 발효시켜 만들어 겨우내 먹을 수 있는 저장식품이다. 일종의 독일식 김치로 일컫는 사우어크라우트는 주로 지방이 많은 고기요리와 먹는다.

Check point

사우어크라우트의 유래

징기스칸이 유럽을 정복할 때 군인들을 먹이기 위해 중국에서 양배추를 소금에 절여 먹었던 방법으로 조리하였고 16세기에 독일에 전해진 것을 식초와 향신료를 첨가하여 발효식품으로 발전시켰다.

(2) 슈바이네 학세(Schweinehaxe)

학세는 소나 돼지의 발목 바로 위를 일컫는 말로 뼈를 포함한 돼지 족을 소금에 절인 후 물을 넣어 받친 용기를 오븐에 넣어 구워낸 요리이다. 주로 사우어크라우트를 곁들여 먹는다.

(3) 아이스바인(Eisbein)

돼지 뒷다리를 소금에 절였다가 맥주와 여러 가지 향신료를 넣고 부드럽게 삶아내 양념을 한 요리이다. 독일식 족발 요리로 유명하고 족발을 삶을 때 물 대신 맥주를 넣는 것이 특징이다. 맥주로 익히게 되면 돼지의 잡내가 없어지고 육질은 부드럽다.

(4) 슈니첼(Schnitzel)

송아지 고기나 돼지고기에 빵가루를 입혀서 튀겨낸 요리이다.

(5) 스패츨(Spaetzel)

밀가루, 계란, 물이나 우유, 소금을 넣어 만드는 음식으로 독일에서는 감자나 밥과 같이 사이드 디시로 많이 이용된다. 소스나 육수에 곁들이기도 하는데 반죽한 밀가루 반죽을 스패츨이라는 기구에 통과시켜 뽑아내기도 한다.

(6) 소시지

독일의 소시지는 종류만도 수백 종이 넘으며 각 지방에 따라 원료나 첨가물, 향신료, 만드는 방법들이 다르다. 소시지는 햄으로 사용되는 어깨나 넓적다리살을 제외한 나머지 부분이나 부산물을 갈아 소금에 절이고 향신료를 섞어 반죽한 다음, 동물의 창자나 인조 케이싱에 넣은 후 나무를 태운 연기에 훈제를 해서 익힌 것이다.

과거에는 돼지 사료가 부족한 겨울철에 돼지를 잡아 이듬해 봄까지 저장식품으로 만들곤 했다. 소시지를 독일어로 부르스트(Wrust)라고 하는데 독일의 대표적인 소시지로는 브라트부르스트, 바이스부르스트, 프랑크푸르터가 있다.

(7) 맥주(Beer)

독일에는 지방마다 맥주를 만드는 소규모의 양조장이 있어 수천 종의 다양한 맛의 맥주를 생산한다. 독일의 맥주는 맥아, 호프, 효모, 물을 이용하여 만드는데 수세기에 걸쳐 재료와 기술이 발전되어 왔다.

초기에는 수도원에서 제조하였으나 소비가 늘자 맥주 공장이 생기게 되었다. 1510년 독일은 맥주의 순도 유지를 위해 순도유지법을 제정하여 호프, 물, 맥아와 같은 재료 외에 방부제와 같은 첨가물을 금지하였다. 이 법이 지금까지 유지되어 오고 있다.

① **필스너**(philsner) : 독일을 대표하는 맥주, 거품이 부드럽고 짜릿한 맛을 준다. 북부에서 많이 생산한다.

② **라우흐비어**(rauchbier) : 다갈색의 쓴맛을 나타내는 훈제 맥주이다. 'Smoked Beer'라고도 불린다.

③ **퀼쉬**(koelsch) : 황색의 옅은 색이 나며, 산뜻한 맛을 낸다.

④ **둔켈**(dunkel) : 흑맥주로 알코올 도수가 높다. 흑맥주의 대표격이다.

Check point

옥토버 페스트(Oktoberfest)

매년 9월말에 뮌헨 시장이 첫잔을 드는 것을 시작으로 10월 초까지 진행되는 세계 최대의 맥주 페스티벌로 처음에는 10월에 개최되어서 Oktoberfest라 칭했지만 좋지 않은 뮌헨의 날씨로 인해 현재의 날짜로 당겨졌다. 1810년 테레즈 공주와 루드빅 1세의 결혼을 축하하기 위한 축제에서 유래되었다. 기간 중 소비되는 맥주의 양만도 500만 리터에 달할 정도로 엄청난 규모이다.

(8) 와인(Wine)

독일은 비교적 선선한 곳에서 자랄 수 있는 포도 품종의 재배지로 포도주 생산을 위한 포도를 재배할 수 있는 북방 한계선에 위치하고 있다. 대표적 와인으로는 화이트 와인 품종인 리슬링 (riesling)이 있고 아이스 와인이 유명하다. 독일에서 생산되는 스파클링 와인을 '제트(sekt)라 하는데 독일은 스파클링 와인의 최대 생산국이다.

① 아이스 와인(Ice wine)

얼어 있는 상태의 포도가 기온이 영하 10도 이하로 3일 이상 유지 되었을 때 수확하여 만들어야 한다. 한 겨울에 수확한 포도는 냉동 건조되어 당도가 보통 포도의 2~3배 높고 향이 아주 풍부하다. 독일에서 처음 생산되기 시작하였다.

스페인 (Spain)

- 인구 : 4,814만 명
- 수도 : 마드리드
- 언어 : 에스파냐어
- 종교 : 로마가톨릭
- 위치 : 유럽 남부 이베리아 반도
- 기후 : 대륙성 기후

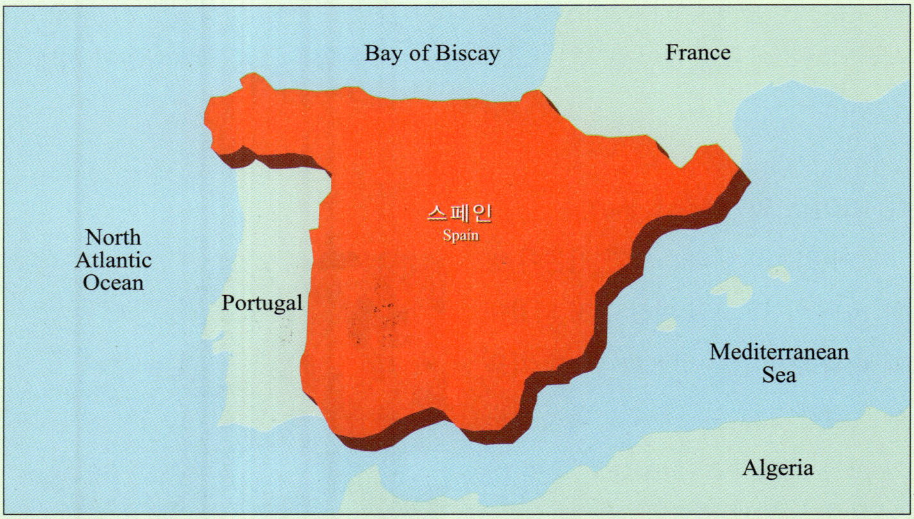

스페인 정부 관광국 http://www.spain.info

1. 스페인의 자연환경

스페인은 피레네산맥을 경계로 하여 유럽에 연결되어 있는 이베리아 반도의 대부분을 차지하고 있다. 반도의 대부분은 메세타라는 고원으로 이루어져 있고 낙엽수림과 숲으로 이루어진 북부와 중앙의 메세타 고원지대, 동남부의 지중해 해안지역으로 나눌 수 있다. 지중해와 대서양이란 두 바다와 접해있고 북쪽으로는 산악지대가 형성되어 있으며 남쪽에는 넓은 평야가 펼쳐져 있다. 스페인은 북반구 온대지역으로 일반적으로 서부 지중해성 기후권에 속한다. 기후는 유럽의 다른 나라에 비해 건조한 편으로 북대서양풍이 연중 계속 불어오며, 사하라로부터 불어오는 덥고 건조한 기류의 영향도 받는다.

스페인은 기후에 따라 크게 3지역으로 구분된다. 해양성기후인 대서양과 지중해 연안지역과 중앙 고원지역은 대륙성 기후로 나뉜다. 바싹 마른 산악 목초지에서 푸르게 우거진 과수원과 목초지까지, 또 훌륭한 해안에서부터 시골마을과 복잡한 도시들까지 이 모두가 스페인의 풍경으로 어우러져 스페인의 자연환경을 형성해왔다. 에브로 강 상류지역, 남부 고원, 안달루시아, 동부지역에서는 올리브와 포도가 많이 생산되고 발렌시아, 무르시아의 관개지역에서는 오렌지를 포함한 감귤류, 쌀이 재배된다. 남동부에서는 관개를 통한 화초, 철 이른 과일, 채소 등의 재배가 활발하게 이루어지고 북부와 중남부의 산악지역에서는 소가 사육된다.

주요 관광지

라 말라게타 투우장

가스틸 라만차

고원지대에는 양이 가장 흔한 가축이며, 돼지는 서부와 북서부를 비롯한 스페인 전역에서 사육된다. 이러한 자연환경은 스페인의 식문화 형성에 영향을 주었다.

2. 스페인의 사회문화적 환경

스페인의 인구 구성은 라틴계 에스파냐인이 주를 이루는 가운데 원주민인 이베리아인, 아랍인, 로마인, 계르만인으로 구성되어 있다. 국민의 90% 이상이 로마 가톨릭 신자이다. 스페인은 지방색이 강해서 그 지역에 따라 전통적인 음식이 존재하는데 스페인이 통일되기 이전 각 지방은 각기 고유한 문화 속에서 독창적인 음식문화를 발전시켜왔다. 스페인의 지리적 위치와 풍부한 광물자원은 외부 침략의 원인을 제공했고 오히려 빈번한 외부 침략이 스페인으로 하여금 다양한 문화유산을 가질 수 있는 계기를 제공했다. 스페인에는 광활한 포도밭이 존재하여 다양한 포도주 생산을 가능했고 포도주는 음식을 먹을 때나 술을 마실 때나 항상 스페인인과 함께하는 술이 되었다.

3. 스페인 음식문화의 특징

1. 역사적 특징

스페인의 역사는 페니키아인과 그리스인, 카르타고인들이 해안에 건설한 무역도시로부터 시작된다. 후에 로마인들과 아랍인들이 스페인을 지배하면서 이들이 가져온 음식문화는 원래 스페인의 요리법과 혼합되어 오늘날까지도 그 모습을 유지하고 있다.

로마, 게르만, 아랍민족, 신대륙 발견 같은 다양한 문명과 민족들의 통치를 통해서 새로운 과일과 식물들이 도입됨으로써 스페인의 음식들은 더 풍요로워졌다. 먹을 수 있는 과일이나 음식물이 풍성해졌다는 사실은 스페인 문명의 역사와 무관하지 않다. 즉 문학이나 정치, 예술처럼 음식물 또한 침략자들이나 식민자들과 함께 스페인에 유입되었다. 로마의 경우 스페인 음식문화에 많은 영향을 끼쳤는데 가장 큰 두 가지 요소는 다름 아닌 마늘과 올리브이다. 이 두 식재료는 스페인 음식에서 빼놓을 수 없는 요소이며 스페인에서 우리음식의 김치나 된장과도 같은 위치를 차지한다.

(1) 아랍의 침략

아랍의 침략으로 아랍양식의 새로운 요리법이 스페인에 전해졌다. 아랍인들은 스페인에 페르시아나 인도 지역의 산물을 들여왔다. 아랍인들은 음식의 맛을 내는데 필요한 레몬이나 오렌지 같은 새콤달콤한 맛을 지닌 식물들을 스페인에 가져다주었다. 이런 새로운 맛들은 스페인 사람들의 입맛에 익숙해져 각종 요리에 필수적인 것으로 변했다. 이외에도 아랍인들은 스페인에 후추, 사탕수수, 설탕도 전해줬다. 아랍인들은 711년부터 1492년 스페인에서 축출될 때까지 거의 800년간에 걸쳐 통치해서 아랍적인 음식문화 요소와 로마적인 요소를 전파하고 통합해 새로운 음식문화를 만들어냈다.

① 아랍으로부터 유입된 오렌지

흔히 미국 자동차 사업경기가 좋으면 미국 전체의 경기가 좋다고 하는데 스페인에서는 오렌지 농사가 좋으면 모든 발렌시아의 경기가 좋다고 할 정도로 오렌지의 영향력이 크다.

250년의 역사를 자랑하는 재배와 170년 전부터 시작된 오렌지 수출로 인해 발렌시아는 말 그대로 '오렌지 재배 천국' 인 셈이다.

문헌에 의하면 이 지방에 처음 오렌지를 가져온 사람도 아랍인이었다고 한다.

② 아랍으로부터 유입된 사프란

사프란으로 불리는 꽃의 꽃술로 아랍인들이 스페인에 가져 온 것으로 스페인의 '사프란'은 사프란 꽃 속에 들어있는 빨간색의 꽃술인데 이 꽃술을 채취해서 말린 상태로 보관했다가 요리에 이용한다. 사프란은 미지근한 물에 1시간 정도 담가놓으면 노란 꽃물이 우러나는데 이 물을 요리에 이용하기도 하고 직접 사프란을 요리에 넣기도 한다. 이 천연 색소는 스페인의 쌀 요리인 빠에야에 빼놓을 수 없는 재료이다.

(2) 아랍으로부터의 독립, 신대륙의 발견

1492년 1월, 이베리아 반도 남부에 아직 남아있던 이슬람 국가인 그라나다 왕국을 제압함으로써 마침내 800년에 걸친 아랍의 지배에서 벗어난 스페인은 유럽과의 단절을 극복하고 가장 풍부하고 완벽한 음식들을 프랑스나 지중해 다른 나라들에 전파해주었다. 이사벨 여왕은 콜럼버스의 신대륙 진출을 돕기 위해 재정적인 지원을 아끼지 않았고 그 덕분에 스페인의 해외 식민지 개척시대가 도래하였으며 신대륙의 발견으로 신대륙에서 가져온 감자는 유럽 사람들의 배고픔을 근본적으로 해결해 주었고 담배, 초콜릿, 카카오, 고추, 커피 같은 기호 식품들도 유럽뿐만 아니라 스페인의 음식문화를 더욱 풍요롭게 해주었다.

① 초콜릿의 프랑스 전파

'건강하게 먹기 위한 길잡이'라는 스페인의 한 서적을 보면 17세기 중반까지 프랑스에는 아직 초콜릿이 전파되지 않았는데 루이 14세와 결혼한 스페인 공주 마리아 테레사 데 아우스트리아를 따라 베르사이유 궁전에 동행했던 라 몰리나라고 불린 하녀가 그녀를 위해 스페인식으로 초콜릿을 만들기 시작하면서 프랑스에 초콜릿이 알려졌다고 한다. 이 왕비는 항상 초콜릿을 먹었기 때문에 검고 충치 먹은 이를 가지고 있었다고 기록되어 있다.

2. 일반적 특징

스페인에서 식재료로 많이 쓰이는 작물은 올리브, 오렌지, 마늘, 토마토 등이다. 스페인의 음식은 원래 스페인 원주민의 음식에 외부의 침입자였던 로마인과 아랍인들의 음식문화가 융화되어 오늘날까지 내려온 것이다. 아랍인들이 전해 준 오렌지 레몬, 샤프란, 설탕 등은 오늘날 스페인의 가장 중요한 주 식재료로 자리 잡았다.

(1) 향신료를 많이 사용

스페인 음식은 맛과 향이 강하며 매콤 달콤한 향신료를 많이 쓰는 것이 특징이다. 특히 마늘을 좋아하여 각종 요리에 사용을 한다.

(2) 달고 색이 진한 포도주를 생산

지중해성 기후로 연중 따뜻하고 강수량이 적당한 스페인의 남부와 북쪽의 리오하 지방은 포도 재배의 최상의 조건을 갖추어 유럽에서 대표적인 포도 생산지로 손꼽힌다. 프랑스나 독일에 비해 색이 진하고 단맛이 강하다. 레드와인은 단맛이 강하고 화이트와인은 노란 빛을 많이 띤다.

(3) 올리브유를 많이 사용

세계 제일의 올리브 생산지인 만큼 올리브유를 다양하게 사용하여 샐러드유로는 물론 수프, 채소, 해물의 절임용으로도 이용하고 버터 대신 토스트에 올리브유를 듬뿍 쳐서 먹기도 한다.

스페인의 올리브 열매

스페인 음식에 있어 올리브 열매의 쓰임새는 약방의 감초와도 같다. 올리브기름은 샐러드 등 모든 음식에 필수불가결한 것이고 올리브 열매는 우리의 김치만큼이나 자주 애용된다. 올리브 열매의 수확은 11월부터 1월 사이에 이루어지며 96%는 올리브유같은 올리브 가공품에 소모되고 나머지는 원형 그대로 소비된다.

스페인 음식문화의 특징

① 스페인 음식은 비교적 준비가 간단한 가족요리이다.

② 육류나 가금류, 사냥에서 잡은 동물, 생선 외에도 쌀, 달걀, 채소를 이용해 요리하기도 한다.

③ 특정한 음식을 선호하거나 거부하지도 않는다.

④ 다양한 종류의 타파도 하루에 여러 차례 들게 되며 충분히 식사대용이 된다.

⑤ 스페인 음식은 자극적이지도 뜨겁지도 않다.

⑥ 전형적인 스페인 음식은 타파, 수프, 고기요리, 쌀을 이용한 요리, 후식으로 이루어져 있다.

4. 스페인의 대표음식 및 음식이야기

1. 일상식

스페인의 전통적인 식사형태는 가벼운 아침식사 → 11시경의 중간 아침식사 → 1시의 타파(tapa)음식들 → 2~3시까지의 점심식사 → 5~6시의 차와 빵 or 스낵을 먹는 간식 → 8시경의 타파음식들 → 10시에 먹는 저녁만찬으로 구성되어 있다.

(1) 아침

스페인 음식문화 중 가장 색다른 것이 있다면 '스페인식 아침식사'를 꼽을 수 있다. '초콜릿을 입힌 추로스'를 커피와 함께 아침식사나 간식으로 먹는다. 가볍게 먹는 것 같지만 칼로리가 높은 편이다. '올리브유를 두른 빵'도 스페인에서 사랑받는 아침 메뉴이다. 둥근 빵을 반으로 쪼개어 토스트를 한 뒤 그 위에 생토마토를 으깨서 만든 소스와 올리브유를 듬뿍 뿌려 먹는다. 기름진 음식을 싫어하는 사람들에게는 조금 거부감이 들 수 있지만 올리브유의 향을 느끼면서 먹는 빵의 맛이 일품이다. 일반 가정에서는 커피와 식빵 토스트, 딱딱하게 구운 식빵, 혹은 바게트 빵 몇 조각을 곁들여 아침 식사를 즐긴다. 식빵 토스트나 딱딱하게 구운 식빵을 먹을 경우는 반드시 버터나 마가린 생크림 치즈 혹은 과일 잼을 발라 먹는다.

(2) 점심

2~3시경 가족들이 집으로 돌아와 수프와 채소를 곁들인 고기요리, 후식과 커피를 2시간 정도 즐기는 점심 식사는 정찬에 속하며 식사가 끝난 후에는 '시에스타'라고 하는 낮잠을 잔다. 현대의 도시 생활에서는 점점 사라지는 추세이다.

(3) 저녁

오후 업무가 저녁 8시 이후에 종료되는 관계로 늦은 저녁 식사를 하게 되고 점심보다는 가볍게 식사를 한다. 수프나 토티아, 생선이나 해물요리 등으로 간단하게 한다.

2. 지역별 특징

지역에 따라 먹는 시간과 먹는 풍습은 스페인 전체가 비슷한 특징을 갖는 반면 요리의 내용은 지역 간에 상당한 차이가 있다. 스페인은 지역마다 그들만의 독특한 문화를 가지고 있어서 지방색이 강한 나라 중의 하나이다. 이런 지방색은 음식문화에도 영향을 미쳐 각 지방마다 각각 다른 음식전통과 요리법을 가지고 있다.

(1) 갈리시아 지방

스페인 북서쪽에 위치한 지역으로 육류와 생선을 이용한 파이 요리인 엠파나다(empanada)가 유명하다.

(2) 아스투리아스지방(Asturias)

이 지역의 콩을 이용한 전골요리인 파바다(fabada)와 스페인식 블루치즈인 케소 아술, 샴페인과 사이다를 혼합해 놓은 듯한 맛을 지닌 시드라(sidra)등의 명성이 높다.

(3) 바르셀로나 지방

스페인 미식가들의 발길이 끊이지 않는 독특하고 흥미로운 요리들이 가득한 지역이다. 대표음식으로는 '사르수엘라'라는 요리를 들 수 있다. 생선과 해물을 주 재료로 하여 한 가지 소스만 넣어 만든 요리인데 이 지역에서 나는 과일과 고기, 가금류 등을 넣어 이 지역만의 독특한 풍미를 가진 음식으로 발전시켰다.

(4) 발렌시아 지방

해안을 끼고 있는 평야지대로 쌀 요리가 발달한 지역으로 대표적 요리는 '파에야'이다. 파에야는 쌀과 고기, 채소, 샤프란이라는 자연색소를 넣고 만든 일종의 해물밥 같은 요리이다.

(5) 카스티야-라 만차 지방

스페인의 수도 마드리드가 위치해 있는 곳으로 세르반테스 작품의 주인공 '돈키호테'가 모험을 찾아 헤메이던 곳이기도 하다. 오늘날까지도 전통적인 성격의 요리를 계승하고 있는 곳이다. 대표적 요리는 마늘스프(sopa de ajo)로 이 요리는 빵, 마늘, 올리브유, 피망만을 가지고 맛을 내지만 그윽한 마늘향과 부드럽게 씹히는 맛이 특징인 요리이다.

(6) 안달루시아 지방

스페인의 가장 남쪽에 위치한 지역으로 찌는 더위와 건조한 기후로 유명한 지방이다. 올리브 나무와 포도나무가 대부분의 평야를 차지하고 있다. 대표적 음식으로는 '가스파초'가 있다. 가스파초는 일종의 생야채 수프로 주 재료는 토마토, 피망, 오이, 양파, 빵, 올리브유 등으로 구성되어 있으며 주로 여름철에 애용되는 음식이다. 이 밖에 멸치류 튀김 같은 전통적 튀김 요리가 유명하다.

3. 대표음식

(1) 파에야(Paella)

스페인 발렌시아 지방의 대표적인 요리이다.

스페인의 전형적인 쌀 요리로 지방과 기호에 따라 요리 방법이 약간씩 다르다. 우리나라 사람들이 가장 좋아하는 스페인 요리라고 할 수 있다. 마늘과 양파로 향을 내어 닭고기, 새우, 홍합, 조개 등을 올리브유로 볶은 후 볶은 쌀 위에 얹고 육수를 부어 만든 밥이며 샤프란 향로로 색과 향을 더한다. 지방에 따라 해물 파에야, 돼지고기 파에야, 닭고기 파에야, 초리소 파에야 등이 있다.

(2) 가스파초(Gazpacho)

토마토, 오이, 피망, 마늘, 식초, 올리브유, 빵 등을 넣고 갈아서 가열하지 않고 만든 찬 수프. 스페인의 남쪽 더운 지방에서 시원하게 먹을 수 있는 여름철 수프의 일종으로 안달루시아의 대표음식이다. 수프로 먹거나 간단히 주 요리인 생선 요리에 곁들여 음료수와 같이 먹을 수 있다.

(3) 토르티야(Tortilla)

프라이 형태나 일종의 오믈렛 형태인 스페인식 토르티야는 달걀에 감자와 양파, 구운 피망, 햄 등을 넣어 요리하는데 타파 음식으로 들 때는 보통 차게 해서 먹는다.

우리나라 사람들의 입맛에 맞는 음식이며 프랑스식 토르티야는 안에 아무것도 넣지 않은 평범한 오믈렛이다.

(4) 햄과 소시지

스페인에서 햄은 간식이나 술안주, 식사에 이르기까지 다양하게 애용되는 음식 중의 하나로 스페인의 전통이 엿보이는 부분이기도 하다.

스페인의 햄은 돼지고기, 특히 넓적다리를 통째로 훈연하거나 건조 숙성시킨 가공육을 말한다. 우리나라 같은 기후 조건을 가진 곳에서는 스페인식 햄 제조과정을 보기 어렵다.

① 하몬 세라노

일종의 프로스트 햄으로 돼지의 넓적다리로 만든다. 하몬 세라노는 산간 지방의 건조하고 추운 기후 속에서 만들어진다. 이 햄을 처음 먹는 사람은 약간 비위가 상할 수도있지만 몇 번 먹어 본 사람이라면 좋아하게 될 맛이다. 이 햄의 미각적 특징은 육포를 씹는 듯한 질감이 느껴지기는 하나 훨씬 부드럽고 기름진 맛이 느껴진다. 다 씹은 후에도 종이 같은 고기 근육질이 계속 남아 삼키기는 데 거북해할 수도 있다.

② 하몬 이베리코

하몬 세라노에 비해 고가이고 훨씬 부드러운 식감으로 미식가들 사이에서 인기가 높다. 이 햄은 입에 넣으면 살살 녹아 버리는 치즈 같은 촉감을 가지고 있는데 이 햄만이 갖는 부드러운 고깃결의 비결은 사육하는 돼지에게 먹이는 음식에 있다. 일반 사육 돼지와 달리 야생 도토리를 먹이며 다른 열매가 아닌 오로지 도토리만 먹여야 기막힌 육질의 햄을 만들 수 있다.

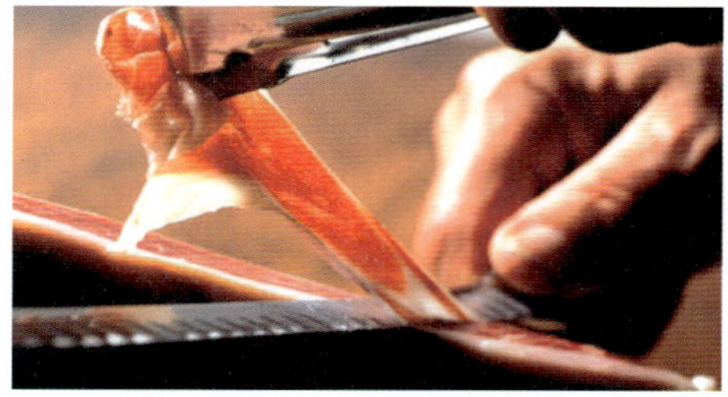

③ 초리소(Chorizo)

다진 돼지고기, 소금, 다진 빨간 피망을 순대와 같이 채워 넣어 만든 일종의 소시지이다. 준비가 되면 훈제를 하거나 소금물에 보관하고 돼지기름으로 덮인 깡통에 보관하기도 한다. 말려서 훈제한 고추에서 나온 진한 붉은 빛을 띤다.

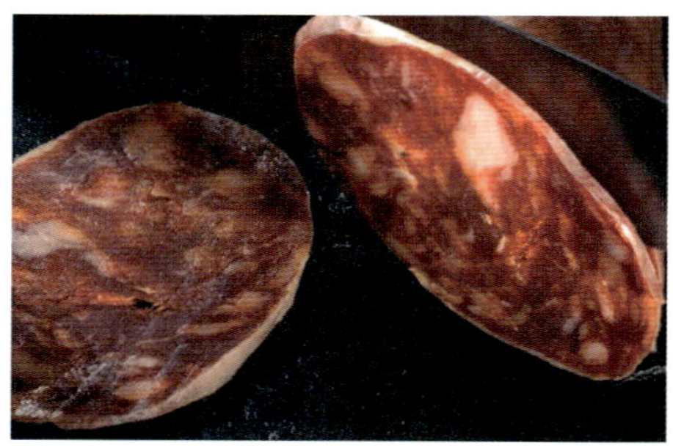

(5) 고기 요리

스페인 고기 요리는 다른 나라의 요리와는 달리 고기 원래의 맛을 즐기기 위해서 양념이나 향신료의 사용을 절제하는 특징이 있다. 고기를 익히는 정도도 다른데 심지어 돼지고기 스테이크 요리를 할 때도 피가 보일 정도로 살짝 익혀서 먹는다.

(6) 포도주

지중해성 기후와 토양을 가진 스페인은 포도 재배의 최상의 조건을 갖추고 있다. 스페인은 유럽의 대표적인 와인 생산국의 하나이다.

스페인의 대표적인 포도 재배지역은 두에로 강가, 리오하 지방, 안달루시아 지방 세 곳이다. 리오하 지방은 스페인 포도주를 대표하는 지역이다. 대부분의 경우 이곳의 포도주는 전통적인 방법으로 구식 양조장에서 생산된다. 안달루시아 지방은 스페인의 유명 포도주 생산 지역으로 '헤레스(Jerez)라는 독특한 포도주가 생산되는 곳이다. 헤레스는 아무것도 섞지 않은 순수한 백포도주로 매우 품질이 좋으며 15도에서 16도 사이의 약간 높은 알코올 도수를 나타낸다.

달콤한 맛과 씁쓸한 맛의 두 가지가 있는데 스페인 사람들은 씁쓸한 씁쓸한 맛을 주로 즐겨 마신다. 헤레스가 일반 포도주와 구별되는 점은 어느 한 해에 수확된 포도가 아닌 서로 다른 해에 수확된 포도를 혼합해서 만든다는 점이다.

(7) 상그리아

포도주를 이용해서 만든 술로 축제 때나 각종 행사 때마다 마시는 술이다. 스페인의 일반 술집이라면 흔히 접할 수 있는 대중적인 희석 포도주이다. 상그리아는 적포도주, 탄산수, 설탕, 얼음, 오렌지와 레몬조각 등으로 만들고 보통 가정에서는 먹다 남은 적포도주에 사이다와 얼음을 잘 섞은 다음 오렌지와 레몬조각을 띄워 과일향을 우려내서 마신다.

Check point

스페인의 색다른 음식문화 - 타파 전통

모든 스페인 사람들은 각 개인마다 단골 바를 가지고 있다. 보통 이런 선술집을 '타파 바'라고 한다. 원래 '타파'란 단어의 사전적 의미는 '뚜껑'이나 '책표지'를 의미하는데 많은 바에서 술을 마실 때 제공되는 간단한 안주를 말한다. 타파는 치즈, 생선, 달걀, 야채요리, 카나페 등 간단한 것에서 복잡한 요리까지를 포함해서 일컫는 말이다.

스페인의 타파 전통을 살펴보면 요리에서뿐만 아니라 사람들 사이의 대화나 사교적인 모임에서도 중요한 역할을 한다. 스페인은 여름 동안 무덥고 건조하며 밤 10시까지 해가 지지 않는 기나긴 여름 밤을 보내는데 이런 기후의 영향으로 사람들은 바에 모여 이야기를 나눈다. 이때 한 두 잔의 맥주나 위스키를 마시는 것이 보통이다. 이처럼 스페인에는 사람들 사이의 대화가 주가 되는 의미 있는 음주문화가 있다.

러시아(Russian Federation)

- 인구 : 14,242만 명
- 수도 : 모스크바
- 언어 : 러시아어
- 종교 : 가톨릭, 개신교
- 위치 : 유럽과 아시아의 북쪽
- 기후 : 대륙성 기후

러시아 관광청 http://www.russia-travel.com

1. 러시아의 자연환경

구소련의 영토는 매우 넓어서 동유럽에서 북아시아와 중앙아시아에 걸쳐 태평양까지 이르는 거대한 영역을 차지하고 있으며 유럽에서는 노르웨이, 폴란드, 체코, 헝가리, 루마니아와 아시아의 터키, 이란, 중국, 몽골과 접경하고 있다. 러시아의 기후는 위치, 면적, 지형 등에 따라서 크게 달라진다. 한랭하고 겨울이 길며 일조량이 적고 토양이 척박한 툰드라와 타이가 지역에서는 농업이 거의 이루어지지 못하며 남쪽의 혼합림, 낙엽수림지대와 스텝지대에서만 농목업이 이루어진다.

스텝지대는 러시아의 곡창지대로 밀, 사탕무, 해바라기 등의 농작물 재배가 집중적으로 이루어지지만 러시아 인구에 비하면 많이 부족한 편이어서 음식문화는 크게 발달하지 못했다. 겨울이 길고 영하 50~0도로 혹독한 추위와 자연환경을 가지고 있기 때문에 러시아 요리는 채소, 어패류는 적고 육류의 사용이 많을 뿐 아니라 소박하고 영양이 많은 것이 특징이다. 식품의 냉동상태 보관이 가능하기 때문에 요리들이 싱겁고 재료의 맛을 살린 담백한 것들이 많다. 싱싱한 채소가 귀하기 때문에 익혀 먹는 방법을 택했고 식재료가 풍부한 다른 나라에 비해 음식이 매우 소박한 것이 특징이다.

주요 관광지

성바실리 성당

에르미타쥐 박물관

상트페테르부르크

우스펜스키 성당

2. 러시아의 사회문화적 환경

러시아는 전체 인구의 80%는 러시아인이고 우크라이나인, 타타르인 등 160종족의 다인종 국가이며 대부분이 러시아 정교를 믿는다. 그 외에 로마가톨릭, 개신교, 이슬람교, 유교, 불교 등의 신자들도 많다. 러시아는 13~15세기까지 몽골의 지배 하에 놓여 사실상 서부와 문화적 단절이 있었으나 18세기 표트르 대제가 서구화 개혁을 추진하면서 서유럽의 문물을 들여와 상류층의 식탁은 서구화되기 시작했다.

이런 역사적 배경으로 러시아의 문화는 아시아의 문화와 유럽의 문화가 혼재된 형태이고 러시아인들의 음식문화는 귀족적인 것과 민중적인 것이 각각 확연히 다른 발전의 길을 걸어왔다. 귀족들은 나름대로 서구유럽의 스타일을 모방하는 식습관을 유지해왔고 평민들 역시 그들 나름대로 자신들의 고유한 식문화를 지켜왔는데 이들 평민들의 식생활 문화가 고유한 러시아 음식문화라 볼 수 있다.

러시아는 1922년 주변지역과 연방조약을 맺고 소비에트 사회주의 연방공화국을 결성 하였으나 1991년 구소련은 완전 해체되고 1992년 1월에 러시아를 비롯한 15개 공화국은 완전 독립국가가 되어 분리되었다.

3. 러시아 음식문화의 특징

1. 역사적 특징

러시아인들은 농경목축생활과 어로 수렵생활을 근간으로 생산 활동을 해왔으며 그 결과 '경작과 채집'이라는 경제활동이 음식문화의 중심축을 형성하였다. 경작과 채집으로부터 파생된 '빵과 소금'은 러시아 음식문화의 핵심적인 단어로 설명되고 있으며 '손님을 극진히 대접한다'는 의미로 널리 사용되고 있다.

그래서 손님이 찾아올 경우 빵과 소금을 가지고 맞이하고 손님들은 빵을 손으로 뜯어 소금을 묻혀먹음으로써 그 대접에 경의를 표하고 있다. 또한 신혼부부들이 처음으로 신랑집에 인사할 경우에도 신랑의 부모들은 빵과 소금을 가지고 그들을 맞이하기도 한다.

러시아 음식문화와 관련하여 시기적으로 구분하여 설명할 수 있는데 몽고의 지배 시기, 기독교 수용과 표트르 대제의 서구화 정책을 들 수 있다.

역사적으로 요약하자면 다음과 같다.

① 9세기 중엽 국가의 형태를 갖춘다.

② 10세기 말에 비잔틴제국으로부터 기독교(그리스정교)를 수용했다.

③ 13세기 중반부터 250여 년간 몽골 타타르의 지배를 받음으로써 러시아 사회는 사실상 서구와 단절되었다. 음식문화 전반에 걸쳐 몽고의 영향을 많이 받았다.

④ 1613년 새로운 통치자로 로마노프 왕조를 맞이하게 된다. 러시아 사회가 다시 서유럽 세계와 활발한 교류를 시작한 것이 17세기 중반 이후였으며 17세기말 권좌에 오른 표트르 대제에 의해 대대적인 서구화 개혁이 추진된다. 표트르 대제의 개혁은 정치, 군사, 경제, 교육, 종교뿐만 아니라 상류층의 생활 전반에 걸쳐 전개되었고 러시아인의 음식 또한 변화를 겪게된다.

(1) 18세기 이전

러시아인의 식생활에서 가장 소중한 빵과 소금이 경작과 채집이라는 두 가지 형태의 경제 활동을 통해 생산되었다. 기독교 수용 이후의 러시아인의 식생활은 육식 금지 기간과 육식 기간을 준수하였다. 기독교로 개종한 이후에 몽골의 침입은 러시아인의 음식문화에도 많은 영향을 끼쳤다. 몽골인은 고기를 석쇠에 굽고(샤실리크), 중앙아시아가 본산지인 요구르트를 준비하는 방법, 발효음료인 마유주, 시거나 발효된 우유로 만든 응결된 치즈 등을 제조하는 방법을 러시아인에게 가르쳐 주었다.

또 몽골인은 소금물에 양배추를 절여서 저장하고 요리하는 방법을 가르쳐 주었고 소금물에 절여진 양배추는 러시아 농민의 식사에서 기본적인 것이 되었다. 러시아인에게 차를 마시는 즐거움을 전해 준 것도 몽골인이다. 기독교 수용 이전의 러시아 역사 속에 기록된 음식들은 대부분의 음식들이 일상적인 삶과 농경생활과 관련이 있으며 한 해의 풍성한 수확을 염원하는 러시아인들의 바람이 담겨있다.

(2) 18세기 표트르의 개혁 이후

18세기를 기점으로 러시아의 음식문화, 특히 상류층의 식탁이 서구 취향으로 크게 변하게 된 것은 표트르 자신이 적극적으로 서구의 생활방식을 채택했기 때문이다.

서구식으로 건설된 상트페테르부르크의 시장에는 온갖 종류의 서구로부터 수입된 물품들이 넘쳐 흘렀고 서구로부터 들어오는 식료품과 주방용구의 통관지였다.

표트르 시대 이래 러시아 귀족들은 서구의 요리사들도 고용했다. 표트르는 수많은 러시아인들을 서구로 보내 다양한 요리를 배우게 했으며 많은 요리사들을 초청하여 러시아에서 일하게 했다. 18세기말과 19세기 초 큰 도시에는 프랑스와 이탈리아 레스토랑이 생겨나기 시작했다. 표트르는 식관습과 관련하여 귀족들에게 포도주를 마시고 아침에는 커피를 마시고 담배를 피우도록 강요했다.

1718년 표트르는 '야회에 관하여' 라는 칙령을 통해 서구식 야회복을 착용한 귀족들과 부인들을 사교모임에 강제로 참석시키고 여성들에게 차를 마시고 케이크나 초콜릿을 먹을 것을 권하고 남성들에게는 보드카나 맥주를 마실 것을 권했다.

18세기 서구로부터 도입된 식품 가운데 특히 러시아 민중의 식탁에 혁명적인 영향을 미친 것은 감자와 토마토이다. 감자는 1697~1698년 서구를 여행하던 표트르 대제의 지시로 러시아에 도입되었고 1세기 후에는 감자가 러시아인의 '제2의 빵'이 되었다.

2. 일반적 특징

러시아 요리는 채소, 어패류는 적고 육류의 사용이 많으며 소박하고 영양이 많고 실속있다. 북쪽에는 음식의 종류가 많지 않고, 남쪽에는 과일이나 채소가 풍부한 편이지만 전국적으로 생 채소가 적기 때문에 양배추, 토마토, 감자, 양파, 당근, 사탕무, 오이 등의 저장채소나 염장채소를 쓰는 요리가 많다. 기후와 땅의 영향으로 감자는 러시아에서 주식의 위치에 있고 채소가 귀한 대신 육류를 이용한 음식들이 더 발달했다.

이처럼 빵과 육류가 주식이고 기후의 영향으로 감자도 주식으로 자리 잡았다. 지리적으로 북부에 위치해 춥고 혹독한 자연환경 때문에 지방질이 많은 고기를 선호한다. 양고기를 많이 쓰는 편이고 어류는 연어, 청어, 대구가 많으며 특히 카스피해에서 생산되는 철갑 상어알이 세계적으로 유명하다.

식품을 소금에 절이는 대신 냉동상태로 오랜 시간 보존이 가능한 러시아는 음식의 간이 싱겁고 향신료와 양념의 사용이 많지 않다. 싱싱한 야채가 귀하고 추운 날씨 로 인해 전통적으로 채소는 익히는 요리가 발달했다. 넓은 땅에 방목을 통한 목축업의 발달로 육류나 치즈, 버터 등의 유제품은 종류도 다양하고 저렴하고 풍부하다.

러시아 요리의 특징 중 또 하나는 가공식품이 거의 없다는 점이다. 러시아 요리는 비교적 시간과 수고가 많이 든다. 추운 나라이기 때문에 고열량식과 따뜻한 국물이 있는 요리를 즐긴다. 러시아 요리는 지역마다 차이가 있지만 일반적인 식단은 전채, 수프, 후식, 음료수와 따뜻한 요리 등으로 나눌 수 있다. 전채로는 각종 차가운 육류와 철갑 상어알인 캐비어, 청어 절임에 야채 샐러드가 곁들여지며 포도주나 보드카와 같은 알코올 음료도 함께 나온다.

• 사모바르

러시아어로 '자기 스스로 끓는 용기'란 뜻으로 사모바르는 물을 빨리 끓일 수 있고 동시에 보온 기능이 뛰어난 이 기구는 러시아 특유의 차 끓이는 기구이다. 사모바르는 숯, 마른 나무 토막, 솔방울 등을 땔감으로 이용하여 차를 끓이고 물을 빨리 끓이며 계속 보온시킬 수 있도록 되어있다. 사모바르는 뚜껑 위에서 작은 주전자로 진한 찻물을 끓여 반쯤 담은 다음 사모바르의 몸통 아래에 있는 콕을 틀어 뜨거운 물을 채워서 차를 준비하는 식으로 이용한다.

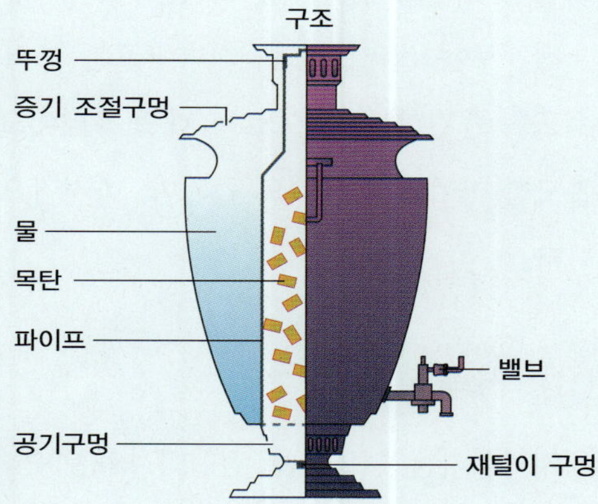

4. 러시아의 대표음식 및 음식이야기

1. 일상식

러시아의 평범한 사람들의 하루 세끼 식사는 우리가 흔히 접하는 서양식과 큰 차이는 없다.

(1) 아침식사

아침으로는 카샤(Kasha)라 불리는 죽과 밀로 만든 빵에 소시지, 달걀과 치즈 등을 넣어 만든 샌드위치를 주로 먹는다. 아침식사에는 차나 커피, 우유도 함께 마시곤 한다.

(2) 점심식사

러시아 음식에는 점심이 정찬으로 전채, 수프, 메인, 디저트의 코스로 먹는다.

전채로는 샐러드를 즐기며 수프는 보리 시치나 채소 또는 마카로니 등을 넣은 수프를 즐긴다. 메인으로는 비프 스테이크와 감자요리가 대표적이며 스파게티와 흡사한 마카로니 요리도 즐긴다. 마지막으로 케이크나 커피, 차로 식사를 마무리한다.

(3) 저녁식사

저녁식사는 수프를 뺀 점심식사와 비슷하다. 삼식 외에 아침과 점심 사이 과일이나 차를 즐기기도 하고 오후 4~5시쯤에 아이들에게 간식으로 우유와 빵을 먹인다.

(4) 러시아의 외식문화

러시아인들은 요리들을 대부분 집에서 만들어 먹어 외식문화는 그리 발달하지 못했다. 보통의 식당들은 평이 좋지 못하며 웬만한 수준의 식사가 제공되는 레스토랑은 가격이 비싸다. 러시아에서 식사를 하는 장소는 크게 레스타란, 카페, 스토로바야로 나뉜다.

- 레스타란 : 고급식당이다. 천천히 시간을 보내며 식사하고 담소할 수 있는 곳이다.
- 카페 : 경양식집으로 전채부터 디저트까지 정찬을 먹을 수 있는 곳이다.
- 스토로바야 : 대부분 서민이 고객인 식당이며 셀프서비스 형태나 서서 먹는 곳도 있다. 이외에 한 가지 음식만 판매하는 곳도 있다.

2. 러시아의 대표음식

(1) 흑빵

호밀가루에 캐러멜을 넣고 색을 내 구운 빵이다. 묵직하게 무게가 나가는 빵으로 샤워크림(스메따나)을 곁들여 먹거나 생굴, 캐비어 등 염분이 강한 음식을 먹을 때도 버터를 바른 흑빵으로 입가심한다. 대부분의 요리와 식탁에 곁들여지는 러시아의 대표음식이다.

(2) 피로시키(Pirozhki)

반달모양으로 생긴 빵으로 채소나 다진 고기 등을 속에 채워 튀기거나 구운 빵이다. 오늘날에는 달걀, 파, 감자, 양배추, 다진 고기 등을 소로 넣지만 원래는 월귤나무 열매와 버섯을 넣어 만든 것이 원조이다. 주로 명절이나 주말에 집에서 만들어 먹는다.

(3) 카샤(Kasha)

보통 죽을 의미하지만 러시아의 카샤는 온갖 채소를 곁들인 우리나라의 볶음밥이나 잡곡밥에 가깝다. 결혼식 피로연의 음식으로도 잘 알려져 있고 혈맹, 동맹을 나타나기도 하여 적대관

계에 있는 양측이 평화협상을 벌일 경우, 카샤를 끓여먹음으로써 협상이 성공했음을 보여주기도 했다고 한다.

(4) 보르시치(Borshch)

육수에 비트, 고기, 토마토, 양파, 감자, 당근 등을 넣고 끓인 수프이다. 비트 때문에 나타나는 붉은색이 특징으로 여기에 스메타나를 넣으면 분홍색 크림수프가 된다. 토마토의 신맛과 고기의 기름기가 합쳐져 걸쭉하면서 독특한 맛을 내며 채소가 고기의 냄새를 없애 향미를 증가시킨다. 우크라이나식은 돼지고기를 넣고 모스크바에서는 뼈가 붙은 베이컨을 넣는다.

(5) 블리니(Blini)

러시아 팬케이크 반죽에 러시아 특유의 유제품인 케피르를 첨가해서 쫄깃쫄깃한 맛을 낸다. 블리니는 둥글고 얇은 팬케이크에 연어알, 잼, 치즈, 스메나타, 햄, 고기 등을 넣어서 먹는다. 러시아 사람들이 가장 좋아하는 음식 중에 하나로 길거리에서 간단히 허기를 채우거나 식사 때에 자주 먹는다. '태양, 풍성한 수확, 좋은 날들, 축복받는 결혼과 건강한 아이' 등을 상징하며 결혼할 때, 아이를 낳을 때, 추도식 후 등 다양한 기념일에 먹는 필수 음식이다.

(6) 샤슬릭

열량을 보충하기 위한 대표적 고기 요리이다. 몽골 유목민들이 즐겨 먹던 음식으로 양념한 고기와 채소를 꽂아서 숯불에 구워먹는 음식이다. 원래는 양고기로 만들었지만 돼지고기, 닭고기, 연어를 꽂아 먹기도 한다. 러시아인들이 여가시간에 야외로 나가서 먹는 음식 중 대표적인 것으로 보드카와 함께 곁들여 먹는다.

(7) 피로그(Pirog)

피르(연회)라는 단어에서 파생되었다. 서양의 파이와 유사하다. 결혼식, 명절, 등 중요한 축제 때마다 등장하는 피로그는 '축제의 빵'이라고 할 만큼 러시아인의 의식 속에 뿌리 깊게 자리 잡고 있다. 피로그는 둥근 모양, 네모난 모양, 반달 모양 등 다양하고 내용물로는 고기, 염장 생선류, 채소 등을 넣어서 만든다.

(8) 스메따나(Smetana)

러시아를 상징하는 소스로 많은 요리에 식재료로 사용하는 러시아의 전통 소스이다. 우유 지방을 주성분으로 만든 신맛이 나는 농축 크림이다. 러시아인들은 수프, 샐러드, 고기요리 등 온갖 음식에 스메따나를 뿌려 먹는다.

(9) 펠메니(Pelmeni)

시베리아에서 기원한 러시아식 물만두로 원래 몽골인의 음식이었으나 러시아인들도 추운 겨울을 나기 위해 만들어 먹었다. 만두피를 두껍게 해서 안에 고기 등이 채워져 있고 시베리아에 거주하던 사람들은 펠메니를 얼려서 찬 곳에 보관했다가 끓여서 스메따나나 향신료를 얹어 먹는다.

(10) 음료

① 보드카

보드카는 러시아어의 물(Voda)이라는 단어에서 유래했다. 알코올 성분이 40% 이상인 무색 투명한 증류주인 보드카는 14~15세기부터 애용된 오랜 역사를 가진 술이다. 러시아 사람들은 옛날부터 지금까지 보드카를 약이나 마취제로 사용하고 있다. 원료는 곡류, 감자, 사과, 포도 등의 과일로도 만들 수 있다. 대부분이며 러시아 전역에 걸쳐 가장 대중적인 술로, 러시아인 1명이 1년에 60병 이상의 보드카를 소비한다고 한다.

② 크바스

신맛 나는 음료라는 뜻의 크바스는 러시아 특유의 갈색 음료로 호밀이나 보리의 맥아를 원료로 발효시킨 호밀빵이나 효모를 넣어 만든다. 제조법이 간단해 가정에서도 손쉽게 만들어 마시는데, 최근에는 도시의 전문 공장을 통해 대량 생산이 이루어지고 있다.

③ 러시아의 홍차와 커피

러시아인들은 세계 3대 명차 중의 하나인 그루지아차(홍차)를 즐겨 마신다. 정식으로 차를 즐기는 방법은 잼이나 각설탕을 차에 타지 않고 적셔서 조금씩 갉아먹으며 차를 마시는데 단맛과 쓴맛의 조화를 혀로 느낄 수 있다. 또 러시아인들은 진한 블랙 커피를 각설탕과 함께 큰 잔에 타서 마시는 것을 즐긴다.

헝가리 (Hungary)

- 인구 : 약 991만 명
- 수도 : 부다페스트
- 언어 : 헝가리어
- 종교 : 가톨릭 51.9%, 신교 15.9%, 기타 32.2%
- 위치 : 중부 유럽의 다뉴브강 근접 지역
- 기후 : 대륙성 기후

헝가리 관광청 www.hungarytourism.hu

1. 헝가리의 자연환경

헝가리는 유럽 중동부 내륙에 위치하며 면적은 한반도의 2/5 크기이다. 오스트리아, 슬로바키아, 루마니아, 세르비아, 크로아티아, 슬로베니아, 우크라이나 7개 국가와 국경을 접하고 있다. 볼가(Volga) 강에 이어 유럽에서 두 번째 긴 강인 다뉴브(Danube) 강을 사이에 두고 국토가 양분되어 있으며, 헝가리에서 제일 긴 티서(Tisza) 강이 헝가리 대평원을 둘로 나누고 있다.

헝가리에는 약 1,000개가 넘는 호수가 있다. 중부 유럽에서 가장 크고 육지 내 바다로 불리는 발라톤(Balaton) 호수는 헝가리 최고의 관광 휴양지이자, 헝가리 수산물의 주 생산지이다. 전 국토의 2/3가 온천 개발이 가능한 지역으로, 전국에는 1,000여 개의 온천이 있고, 수온이 30℃ 이상이어서 근육 신경계 질환 치료에 효과적인 것으로 유명하다. 전 국토의 3/4이 저평원 지대이며 1/5은 구릉지대, 5% 정도가 산악 지대이다.

헝가리의 기후는 비교적 온화하며 사계절을 가지고 있다. 헝가리는 3개의 기후대로 구분되는데 전반적으로 대륙성 기후이나 서안해양성 기후가 혼재하며, 남부 지역은 지중해성 기후이다. 대평원은 계절적으로 다양한 양상을 보이는데 겨울은 춥고 바람이 많으며, 여름엔 일반적으로 덥고 건조하다.

주요 관광지

다뉴브 강 다리

2. 헝가리의 사회문화적 환경

헝가리의 정식 국가 명칭은 헝가리 공화국(Republic of Hungary)이다. 유럽 여러 나라의 역사에서 헝가리만큼 그 시작이 분명한 나라는 드물다. 헝가리의 역사는 8세기 중엽 유목생활을 하던 마자르인이 유라시아의 스텝을 떠나 서쪽으로 이동하여 다뉴브강 유역에 정착하면서 시작되었다. 거의 반세기 동안 널리 흩어져 약탈생활을 하던 그들은 955년 신성 로마제국의 오토 대제에게 레흐펠드 전투에서 패하자 정착하여 경작을 시작하였다.

서기 1,000년에 마자르의 왕자인 스테판(Stephen)이 로마 교황에게 승인받아 스테판 1세로 등극함으로써 헝가리 왕국이자 국가가 공식적으로 탄생하게 되었다. 스테판 1세는 종족들을 통합하고 가톨릭을 받아들임으로써 국가의 기반을 다져 나갔다. 이후 헝가리는 약 2세기 동안 중세 유럽 문화권에 흡수되어 비교적 안정된 국가 발전을 이룰 수 있었다.

그러나 헝가리는 1241년 칭기즈칸이 이끄는 몽골족의 침입을 받아 도시가 파괴되고 인구가 절반으로 감소하는 수난을 겪었다. 마자르족이 세운 아르파드 왕조가 막을 내린 1301년부터 1차 세계대전 이후 독립하는 1918년까지 헝가리는 줄곧 외세의 지배를 받게 된다. 150년 간 터키의 지배를 받고 200년 간 오스트리아 합스부르크가의 지배를 받았다.

이민족의 지배를 받는 동안 이민족의 요리 방식을 자신들의 방식으로 변형시켜 수용하였고 그 결과 고유의 요리법이 발달하였다. 제1차 세계대전의 패배와 1956년 대규모 반공 시위에 이르기까지 계속해서 고난의 시대를 겪어오면서 서민들은 늘 가난에 직면하였기 때문에 헝가리 음식은 소박하면서도 서민적이다.

3. 헝가리 음식문화의 특징

1. 역사적 특징

헝가리의 식사 전통은 오랜 역사를 가지고 있다. 헝가리 음식문화 전통은 아시아 대평원에서 방목을 하던 유목민 조상들에 의해서 형성되었고 이들의 식습관은 오늘날에도 그 흔적이 남아 있다. 헝가리 수프는 고기, 양배추, 국수를 넣어 만드는데 진하고 걸쭉한 것이 특징이다. 스튜는 아시아 유목민들과 마찬가지로 고기와 양념을 기본으로 만든다. 헝가리의 대표적인 요리인 굴라쉬는 쇠고기, 야채, 파프리카를 넣어 푹 끓인 스튜로 헝가리인들은 굴라쉬와 빵만 가지고도 식사하는 경우가 많다.

또한 헝가리인들이 굴라쉬와 함께 즐겨 먹는 타로이나(tarhonya)는 밀가루와 달걀로 만든 것으로 말안장 아래에 넣을 수 있어서 한 곳에 정착하지 못했던 유목민들에게는 실용적인 음식이었다.

타로이나

외세의 침략이 많았던 헝가리인들은 터키, 독일, 오스트리아, 체코, 슬로바키아, 세르비아인들로부터 요리법을 받아들여 그들만의 독특한 요리법으로 변화시켰다. 헝가리는 유럽에 비해 이질적이고 다양한 문화적 전통을 갖고 있으면서, 그 문화 속에 녹아있는 자신들만의 독특한 음식문화를 훌륭하게 발전시켜 유럽의 음식문화를 풍성하게 하는 데 일조하였다.

침략의 시대에 헝가리인들은 다른 나라의 문화를 통해 와인, 맥주, 식초 만드는 법 등 여러 가지를 배웠고, 그 후 기독교를 공인하면서 마을이 형성되고, 도시가 세워지고, 레스토랑이 생기면서 요리사는 독립적인 장인으로 인정받았고 세금공제 혜택을 얻었으며 일할 수 있는 장소를 얻는 등 삶의 새로운 방법을 찾아나갔다.

19세기에는 좋은 음식과 훌륭한 와인, 서비스로 헝가리가 유명해져 전 유럽으로부터 많은 사람들의 방문이 이어졌다. 이에 따라 호텔들이 강을 따라 지어졌고 우아한 레스토랑과 커피숍들도 문을 열었다. 20세기에 들어서면서 특히 헝가리 제과산업이 발달하였고, 한때는 합스부르크 황실에 빵과 과자, 초콜릿류를 공급하기도 하였다.

2. 일반적 특징

헝가리는 전통적인 농업국으로 유럽 최고 수준의 농산물을 생산하며 음식문화가 잘 발달한 나라이다. 곡식은 주로 밀, 호밀을 이용하며 빵 이외에 덤플링과 국수도 즐겨 먹는다. 양배추, 감자, 고추, 토마토, 오이 등은 스튜나 수프에 이용하기도 하고 피클을 담그기도 한다.

이러한 채소 요리는 주로 삶거나 데친 후 양파, 파프리카, 사워크림, 소스 등을 섞어서 버터 입힌 빵가루를 뿌려서 굽거나 다른 채소를 속으로 채워 넣어 조리하기도 한다. 주로 생산되는 과일은 포도, 사과, 자두, 살구, 복숭아, 멜론 등이며 저장하거나 브랜디를 만드는 데 쓰인다. 조미료는 파프리카와 딜, 파피시드를 즐겨 사용하며 이외에 라드, 양파, 사워크림 등이 중요한 음식 재료이다.

헝가리 음식은 대체로 담백하고 고추와 마늘, 양파 등을 사용하여 느끼함이 적다. 헝가리의 많은 음식들은 파프리카(paprika)로 맛을 내는데 파프리카는 우리나라의 고추와 비슷한 조미료로 식당마다 소금, 후추와 함께 놓여 있다.

주요리에는 감자를 많이 곁들이며, 새콤한 크림을 듬뿍 넣어 만든 양배추 요리를 즐긴다. 파프리카는 헝가리 특산물로 헝가리 음식에는 파프리카가 들어가는 음식이 많다.

헝가리는 지중해와 대서양의 영향을 받는 온화한 대륙성 기후지만 남부 일부 지역은 지중해성 기후로 품질 좋은 포도주가 생산된다.

헝가리를 대표하는 와인에는 유명한 토카이 와인을 비롯하여 버더초니 쉬르께 등이 있다. 토카이는 단맛이 나는 백포도주로 단맛이 없는 백포도주에 으깬 포도를 넣고 오크통 속에서 5~7년 숙성시켜서 만든다. 그 중에서도 토카이 와인 어쑤(Aszu)는 값이 약간 비싸지만 독특한 맛이 있다.

식사 전에 식욕을 돋우는 식전주로는 빨링꺼(Palinka : 살구, 오얏 등으로 만든 브랜디)가 유명하다. 맥주는 체코슬로바키아, 독일에서 수입되는데 헝가리 맥주보다는 이들 수입 맥주를 즐겨 마신다.

(1) 여러 나라의 영향을 받은 음식문화

헝가리 음식은 터키뿐 아니라 오스트리아, 독일, 세르비아, 슬로바키아, 체코, 이탈리아 등 여러 나라의 음식문화를 발전적으로 받아들여 헝가리 고유의 특징과 조화를 이루었다. 이 지역 대부분의 나라가 음식에 사워크림을 주로 사용하는데 헝가리 요리에서 생크림도 함께 사용하는 것은 이탈리아나 프랑스의 영향이며 마늘도 마찬가지이다. 또한 바클라바라는 껍질이 얇은 페이스트리는 터키인이 그리스에서 조리법을 배워서 전해준 것이다.

(2) 소박한 음식을 선호

헝가리인들은 특별한 날에도 보통의 저녁식사에 할라스리 같은 정성이 담긴 요리를 하나 더하는 것이 전부일 정도로 소박하다.

(3) 돼지고기와 가공식품의 발달

헝가리인들은 원래 아시아의 대평원에서 방목을 하던 유목민들로 과거에는 여러 종류의 육류를 섭취했으나 근래에는 주로 돼지고기를 즐겨 먹는다. 돼지고기는 다양한 방법으로 요리를 해먹기도 하지만 햄이나 소시지로 가공하여 저장해두고 먹기도 하는데 헝가리 소시지는 독일 소시지 이상으로 명성이 있다. 파프리카와 마늘, 양파 등을 넣어 만드는 것이 특징이며 매콤하고 짠맛이 난다.

한편, 돼지기름은 열량이 높을 뿐만 아니라 밀가루와 감자 같은 단순한 재료를 사용해서 만들어지는 헝가리 요리에 맛을 부여하는 역할도 한다. 시골에서는 아침식사 때 돼지고기로 만든 베이컨을 먹는 사람이 많다.

(4) 스튜음식을 선호

헝가리인들은 수프와 스튜를 좋아해서 고기나 생선을 넣은 얼큰한 수프를 즐겨 먹는데 굴라쉬(gulyas)와 할라스리(halaszle)가 있다. 굴라시는 헝가리 전통 음식으로 쇠고기 덩어리에 감자와 양배추 등의 채소를 많이 넣고 파프리카로 양념하여 얼큰하게 끓여 만들고 할라스리는 민물생선을 넣고 끓인다. 수프나 스튜 하나로 식사를 해결할 때도 많으므로 재료를 풍성하게 넣고 약간 되직하게 끓인다.

(5) 매운 음식과 단 후식

헝가리 음식은 파프리카, 후추, 양파를 많이 사용하므로 자극적이고 짜기 때문에 단 후식을 즐긴다. 대표적인 후식으로는 도보스 토르타, 스트루델이 있다.

(6) 매운맛을 선호하여 파프리카를 많이 사용

매운맛을 좋아하는 헝가리인들이 양념으로 가장 즐겨 먹는 것은 헝가리 고추인 파프리카인데 헝가리의 대표적인 특산물이다.

파프리카는 중앙아메리카가 원산지로 유럽으로 전파된 것은 15세기 무렵이다.

당시 감자와 담배, 옥수수와 함께 유럽에 들어왔다. 헝가리에 파프리카를 전한 것은 당시 헝가리를 지배했던 터키인들이었다. 처음엔 터키의 후추라고 불려지며 관상용 식물로 재배되다가 18세기 초 재배되기 시작하여 이제는 헝가리 요리에 없어서는 안 될 만큼 중요한 조미료로 자리잡았다.

파프리카는 소시지를 비롯하여 수프, 샐러드 등 대부분의 헝가리 요리에서 빠지지 않는다 . 파프리카는 종류도 다양해 시장에서는 약 50여 종의 파프리카가 거래된다. 아주 매운 것에서부터 단맛에 가까운 것까지 그 맛도 다양하다. 크기가 작아질수록 톡 쏘는 매운맛이 난다. 파프리카를 이용하는 가공식품도 다양하며, 우리나라의 고추장에 해당하는 파프리카 소스는 그 맛이 별미이다.

헝가리에서 유통되는 소시지와 햄은 다른 유럽 국가들에 비해 유난히 검붉은 색을 띠는데 이는 붉은색 파프리카를 가미했기 때문이다. 유럽 최고의 품질을 인정받고 있는 헝가리 소시지의 독특한 맛의 비결은 바로 파프리카이다. 소시지뿐만 아니라 돼지고기에 파프리카를 버무려놓은 것에서부터 우리나라의 순대에 해당하는 육가공식품인 '콜바스(파프리카를 넣어 만든 육가공 식품)'에도 파프리카를 넣는다.

헝가리를 대표하는 음식인 굴라쉬 또한 파프리카의 진가가 발휘된 음식 중 하나이다. 파프리카의 양념장을 넣어야만 굴라쉬의 깊은 맛을 제대로 즐길 수 있다고 믿는 헝가리인들은 고추의 매운 맛을 즐길 줄 아는 유일한 유럽인이다.

4. 헝가리의 대표음식 및 음식이야기

1. 대표음식

(1) 굴라쉬(Gulyas)

헝가리의 대표음식 굴라쉬는 쇠고기에 파프리카를 넣어 끓인 스튜의 일종으로 헝가리를 대표하는 음식이다. 헝가리 조상들이 유목 생활을 하면서 만들어 먹었던 전통이 남아 있는 고유의 음식인 굴라쉬의 의미는 '방목하는 사람'이란 뜻이다. 소고기 덩어리에 양파, 양배추, 토마토 등 채소를 많이 넣고 파프리카로 양념하여 얼큰하게 끓여 만든다. 쇠고기의 깊고 담백한 맛과 파프리카의 매콤한 맛이 어우러져 세계적으로 손꼽히는 스튜 중 하나이다. 굴라시는 진하고 걸쭉한 맛이 특징이며 겨울에 잘 어울리는 음식으로 빵, 국수, 덤플링 등과 함께 먹는다. 오스트리아, 프랑스 등 유럽 전역에 퍼져 어느 나라에서나 맛볼 수 있는 대표적인 헝가리 음식이다.

(2) 할라스리(Halaszle)

걸쭉한 국물이 우러나는 매운탕과 비슷한 할라스리는 잉어를 주재료로 만든 생선수프이다. 재료로 사용하는 물고기에 따라 여러 가지 종류가 있으나 잉어를 주로 많이 쓴다. 고기맛이 많이 느껴지지 않고 파프리카, 양파, 붉은 토마토를 넣어 맛과 색깔이 일품이다.

(3) 톨토트 카보챠(Toltott kaposzta)

양배추에 다진 돼지고기와 베이컨, 양파로 속을 넣고 베개 모양으로 말아 국물을 자작하게 부어 약한 불에서 푹 익혀낸 것으로 사워크림을 곁들여 먹는다. 동유럽적인 특성이 잘 나타난 음식이라고 볼 수 있다.

(4) 도보스 토르타(Dovos torta)

스펀지 케이크에 초콜릿을 겹겹이 바르고 캐러멜을 얹은 후식이다.

(5) 스트루델(Strudel)

얇은 패스트리 반죽에 조린 사과나 치즈 등의 속재료를 넣고 긴 네모형으로 말아 바삭하게 구운 패스트리이다.

PART 4
아메리카의 음식문화

1. 멕시코 2. 브라질 3. 미국

멕시코(Mexico)

- 인구 : 12,173만 명
- 수도 : 멕시코시티
- 언어 : 에스파냐어
- 종교 : 로마가톨릭89%, 개신교
- 위치 : 북아메리카 남서단
- 기후 : 건조성 기후, 열대성 기후, 온대성 기후

멕시코 관광청 http://visitmexico.com

1. 멕시코의 자연환경

멕시코는 중 · 남아메리카에서 가장 북쪽에 위치하고 면적은 우리나라의 9배이다.

북쪽으로는 미국, 남쪽으로는 과테말라와 국경을 접하고 있다. 서쪽은 북태평양, 동쪽은 멕시코만에 면하고 있다. 기후는 북부는 건조기후, 중부는 가을 날씨와 같고 남부 및 동부는 열대성 고온 다습한 기후로 다양한 기후를 나타낸다. 해발 800m 대초원과 관목림지대 에서는 담배, 면화, 사탕수수, 바나나, 오렌지, 파파야, 망고를 재해하고 해발 1,600m 온대지대에서는 커피를 재배한다. 냉대지대에는 옥수수, 콩을 재배하고 해발 2,500m 이상에서는 밀, 보리, 감자, 용설란 등이 많이 생산된다.

주요 관광지

치첸이트사

차풀테펙성

메트로폴리스 성당

소칼로 광장

2. 멕시코의 사회문화적 환경

멕시코의 인종은 메스티소와 인디오 원주민인 인디헤나가 주를 이룬다. 그 밖에 소수 민족 집단으로 흑인과 유럽계 이민자들이 있다. 멕시코의 원주민은 기원전 시베리아에서 이주한 아메리카 인디언의 후손으로 추정된다. 마야 문명과 아즈텍 문명이 꽃피우다가 1521년부터 300년간 스페인의 지배를 받게 되었다.

멕시코의 문화는 'Mestizo'로 묘사된다. 메스티소는 혼합한다는 뜻으로 스페인 정복자와 원주민 사이의 자손을 지칭하며 많은 나라의 문화가 섞여 있다는 의미이다. 멕시코의 음식은 외국의 영향을 받아 보다 나은 음식으로 진화시키고 자신의 문화에 융합하여 이질적이지 않고 외국 사람들이 먹어도 동질감을 느끼게 하는 매력이 있다. 인구의 90% 이상이 로마가톨릭 신자이고 스페인어를 공용어로 사용하고 있다.

1. 메스티소(Mestizo) 문화

마야문명과 아즈텍 문명이 꽃 피던 나라로 멕시코의 문화는 '메스티소'로 묘사된다.

2. 인디오 문화 + 스페인 문화

고대부터 마야 · 아즈텍 등의 화려한 문화를 꽃피웠던 곳으로 1521년부터 300년간 스페인의 지배하에 있으면서 토착의 인디오 문화에 스페인의 문화가 융합하여 고유의 문화를 생성했다. 국민의 반 정도가 멕시코 인디오와 스페인의 혼혈인 메스티소(Mestizo)로 국민성은 정열적이면서도 낙천적이며 스페인의 영향으로 국민의 90%가 가톨릭교도이다.

3. 멕시코 음식문화의 특징

1. 역사적 특징

(1) 스페인 지배 이전(신대륙 발견 이전)

신대륙 발견 이전에 멕시코 원주민들은 옥수수, 콩, 칠리, 후추, 아보카도, 토마토, 고구마, 구아바, 파인애플 등의 경작과 요리가 행해졌다. 육류로는 야생칠면조와 야생돼지가 유일한 식재료였다.

(2) 스페인 식민지 시대

1521년부터 300년간 스페인의 지배를 받았다. 스페인에서 가축이 들어오면서 음식문화의 획기적 변화가 일어났다. 스페인은 멕시코를 가톨릭으로 교화시키기 위해 신부와 수녀를 보냈는데 그들이 가져온 씨앗들, 밀가루, 쌀, 마늘, 양파는 멕시코의 음식에 중대한 영향을 미쳤다. 멕시코의 음식과 감자, 토마토, 파인애플, 땅콩, 고구마, 호박, 카카오 등이 유럽으로 전파되어 유럽의 식문화에도 큰 영향을 미친다.

(3) 스페인으로부터 독립 이후

1821년 스페인으로부터 독립하였다. 멕시코의 시민전쟁은 재정적으로 많은 손실을 입혀 프랑스, 영국, 스페인에 많은 빚을 지고 1864년부터 3년 동안 프랑스가 멕시코를 점령하였다. 이때 전해진 프랑스빵과 페스츄리는 오늘날까지도 사랑 받는 음식이 되었다.

2. 일반적 특징

멕시코의 음식은 대체적으로 화려하고 맛이 풍부하며 자극적이면서 풍성하다. 옥수수, 카카오, 감자, 고추, 고구마, 계피, 토마토, 호박, 파파야, 파인애플, 유카, 아보카도의 원산지이며 태평양과 대서양에 접해있어 해산물이 풍부하고 북부지역의 건조한 목초지역에서 생산되는 축산물도 풍부하다. 풍부한 식자재와 순탄치 않았던 멕시코의 역사적 배경으로 인해 다양한 멕시코 음식이 발달하게 되었다.

(1) 옥수수와 멕시코 음식문화

멕시코 음식 문화의 특징은 '옥수수의 사용'으로 표현할 수 있다. Mesoamerica (중앙아메리카) 문화를 '옥수수 문화'라고도 한다. 기원전 7000년경부터 재배하기 시작한 옥수수를 주식으로 한다. 이 지역 최초의 인간들이 생활하면서 옥수수 중심의 농경문화가 정착되었는데 이는 토양이 옥수수 재배에 적합하여 대규모 생산이 가능했기 때문이다.

옥수수는 주식으로서의 기능 이외에 아메리카 원주민의식 근간에 깊이 자리 잡았다. 오늘날에는 그렇지 않지만 마야 · 아즈텍 시대에는 옥수수 신을 믿을 정도였다.

(2) 고추와 멕시코 음식문화

멕시코에는 약 200여종의 다양한 고추가 있다. 고추를 이용한 대표적인 음식이 '몰레(mole)인데 '몰레를 싫어하면 반역자'라고 할 만큼 몰레는 멕시코인에게 사랑받는 음식이다. 몰레는 일반적으로 고추, 초콜릿, 참깨, 아몬드, 건포도, 후추, 계피, 마늘, 양파, 토마토, 바나나 등의 재료를 갈아 익혀 만든 것이다. 우리나라의 고추장이나 된장에 비교될 만큼 대표적인 멕시코 전통음식이다.

(3) 다양한 종류의 향신료

멕시코 음식에 많이 사용되는 향신료는 실란트로, 큐민, 오레가노 등이다. 이러한 향신료는 멕시코 음식 특유의 향을 내게 한다.

• 멕시코와 축제

멕시코인들은 축제를 위해 산다고 할 정도로 많은 축제가 열리는데 1년에 총 680여 개의 축제가 열린다.

종교, 풍년 등을 주제로 한 축제가 주로 많은데 축제에 따라 독특한 음식을 만들어 먹는 풍습이 있다.

대표적인 축제는 아래와 같다.

① 1월 6일 동방 박사의 날

아기 예수의 인형이 들어있는 로스카빵을 만들어 먹는데 인형을 발견한 사람에게는 1년 내내 행운이 깃든다고 한다.

② 2월 5일 국기의 날

멕시코 국기를 상징하는 삼색 샐러드를 만들어 먹는데 옥수수, 아보카도, 빨간 피망을 이용한다.

③ 10월 12일 인종의 날

콜럼버스 데이라고도 불리며 이 축제 때는 베이컨, 밀가루, 각종 채소를 넣은 채소죽을 먹는다.

4. 멕시코의 대표음식 및 음식이야기

1. 일상식

스페인의 영향을 받아 보통 하루 4~5끼의 식사를 한다. 전통적인 식사의 구성은 아침, 알무에르소, 점심, 메리엔타, 저녁으로 이루어진다.

(1) 아침식사

커피, 오렌지주스 등과 약간의 빵을 먹는 것이 기본이나 현재는 간단히 커피나 주스로 대신하기도 한다.

(2) 알무에르소(Almuerso)

브런치에 해당 하며 오전 11시경에 먹고 메뉴는 살사, 토틸라, 퀘사디아 , 커피나 주스 정도이다.

(3) 코미다(Comida) – 점심식사

하루 중 가장 비중 있는 식사로 수프, 쌀 혹은 파스타, 살사, 샤워크림, 토르티야, 샐러드, 콩요리, 식후 커피까지 코스로 즐긴다. 오후 3시경 점심식사를 2시간 정도 하면서 낮잠을 즐긴 후 5시부터 업무 시작하는 Siesta 풍습은 스페인의 영향이다.

(4) 메리엔다와 저녁식사

메리엔다는 저녁 전에 먹는 간식이며 오후 저녁은 7시 이후 아주 가볍게 하는 것이 특징이다. 브리토, 콩이나 육류요리, 쌀요리, 감자 등으로 가볍게 먹는다.

2. 지역별 특징

(1) 북부지역

① 산악지역 : 목초지가 풍부하여 고기 및 치즈가 많이 생산되고 '칼디도'라는 스튜와 육포 유명하고 즉석에서 만들어 먹는 콩요리도 유명하다.

② 몬트레이 : 이 지역 중심도시로 맥주산업이 주이고 별명이 '술 취한 콩' 인 '프리홀레스 보디카스' 요리가 유명하다.

③ 바자캘리포니아 : 와인생산지로 세계적인 화이트와인 생산지이다.

(2) 해안지역

태평양 연안지역으로 열대과일, 야채, 생선, 해산물이 풍부하다. 날 생선을 요리한 '세비체'가 이 지역에서 인기 있는 요리이다. 곡류가 잘 자라고 칠리와 토마토를 비롯한 많은 야채들의 주산지이다. 코코넛 농장이 많아 코코넛 수프가 인기 있다. 할리스코는 '데킬라'의 고장이며 붉은 도미를 화덕에 구운 요리가 유명하다.

(3) 중부지역

수도 멕시코 시티가 있는 지역으로 고원지대로 서늘한 곳이다. 멕시코 요리 중에서 특징이 가장 스페인에 가까운 모습을 보인다.

대표음식 : 맛이 진하고 풍부한 쇠고기 스튜, 속을 채운 혀 요리

(4) 남부지역

고대 아즈텍과 마야 문명이 번성했던 곳으로 멕시코 고유의 에스닉 푸드가 특징이다. 아열대 지역으로 열대과일, 야채, 생선, 해산물이 풍부하다. 예전에 동양으로 가던 무역선이 정박했던 곳이라 동양풍의 향신료를 사용하는 요리도 있다.

3. 대표음식

(1) 토르티야(Tortilla)

고대부터 융성했던 마야, 아즈텍 문화는 멕시코 음식의 기원이 되었다. 고대 옥수수는 종교적 심벌로서 멕시코에서는 옥수수에서 사람이 태어났다는 전설도 있다.

토르티야는 옥수수로 만들어지는 것이 일반화되어 있고 밀가루를 이용해서 만들기도 한다. 옥수수 토르티야는 반죽을 볼모양으로 만든 후 프레스에 눌러 모양을 만들고 밀가루 토르티야는 손으로 반죽하여 토르티야의 크기만큼 늘린 다음 팬에서 살짝 구워낸다.

북부지역 : 밀

남부지역 : 옥수수가 주 재료

(2) 토르티야를 이용한 다양한 요리

① 부리토(Buritos)

밀 토르티야 속에 여러 가지 재료로 만든 속을 넣고 봉투처럼 접어서 만든 요리이다.

② 퀘사딜라(Quesadillas)

토르티야에 속재료를 반 정도 담고 살사와 치즈를 얹어 나머지 반을 덮고 오븐에서 살짝 익힌 요리이다.

③ 타코(Taco)

옥수수 토르티야로 만든 바삭바삭한 타코쉘은 반달모양으로 접혀져 있다. 접혀진 내부에 살사, 콩, 치즈를 넣는다. 살사라는 소스를 얹어 먹는다.

④ 나초(Nacho)

튀긴 토르티야 조각인 토포포에 노란 치즈를 곁들여 먹는다.

⑤ 엔칠라다(Enchilada)

토르티야를 반으로 접어 안에 닭고기나 해산물, 치즈와 양파 등을 넣고 둥글게 말아 오븐에 굽거나 튀긴 요리이다.

(3) 소스

① 살사 소스(Salsa sauce) = 멕시칸 소스

생 토마토, 양파, 마늘, 풋고추, 실란트로 등으로 만든 매운 소스로 '멕시코'란 이름이 붙은 음식은 모두 이 소스를 사용한다. 장식용으로도 많이 사용한다.

② 구아카몰레 소스(Guacamole sauce) = 아보카도 소스

아보카도를 갈아서 토마토, 양파, 풋고추 등과 혼합한 초록색 소스이다.

③ 사워 크림(Sour cream sauce)

생크림과 우유, 달걀로 만든 크림 소스로 새콤한 맛이 강하여 개운한 맛이 난다. 고기요리와 잘 어울린다.

④ 몰레 소스(Mole sauce)

'몰레'란 '갈다', '방아를 찧다'라는 뜻으로 일반적으로 삶은 닭고기와 20여 가지의 재료를 '메따떼'라는 맷돌과 비슷한 기구에 갈아서 닭고기 육수로 만든 소스를 곁들인 소스이다. 재료 중에는 여러 종류의 고추와 아몬드, 잣, 땅콩, 초콜릿까지 포함된다. 특별한 잔치나 모임에서 찾아볼 수 있던 요리이다.

Check point

살사

살사는 소스라는 의미이다. 매운 것 , 자극적인 것, 시원한 것, 상큼한 것, 익힌 것, 날 것 등 종류가 다양하다. 음식 위에 얹어서 먹기도 하고 디핑 소스로 서브되기도 한다.

① 페피안 (pepian) : 호박씨를 볶아서 만든 살사
② 살사 베르디 : 초록 토마토를 잘게 썰어 놓은 것에 칠리고추, 마늘, 클로브, 코리엔더, 더블 크림을 섞어서 만든 살사
③ 토마토살사 : 가장 유명한 종류이며 익히지 않은 살사, 생 토마토를 잘게 썰고 칠리고추, 코리엔더, 양파, 라임주스를 잘게 썰어 섞은 것

(4) 음료

① 데킬라(Tequilla)

멕시코의 전통 술로 사막에서 자라는 선인장의 일종인 마게이(Maguey, 용설란) 식물의 즙을 발효시킨 후 증류시킨 술이다. 알코올 함량은 40~60%이며 마실 때 손등에 라임즙을 바르고 소금을 뿌린 후 데킬라를 한 모금 마신 후 손등에 소금을 핥아 먹는 것이 전통적이다. 데킬라와 라임주스를 섞은 칵테일 '마가리타'는 잔에 담을 때 술잔에 라임주스를 바른 후 소금을 묻혀서 장식하는 것으로 유명하다.

② 풀케(Pulque)

우리나라 막걸리처럼 하얗고 걸쭉한 술이다.

마게이(Maguey, 용설란) 선인장에 구멍을 내어 즙을 받은 것을 발효시켜 만든다. 서민들이 주로 마시는 전통주이다.

③ 깔루아(Kahlua)

멕시코시티에서 만든 커피 술로 세계적으로 인기가 있다. 커피 리큐르이다. 식후 커피나 칵테일에 섞어서 마신다.

(5) 자주 쓰이는 식재료

① 옥수수

중앙아메리카는 옥수수 문화권으로 옥수수 재배에 적합한 지역이다.

• 토르티야, 나초 ,타코, 아톨레 등

② 레몬

멕시코의 물은 석회질이 많아 음료로 마시기 힘든 물이 많다. 이럴 경우 레몬을 짜 넣어 활용 하는데 레몬이 살균 작용을 한다는 믿음이 있기 때문이다. 그 외에 한국의 파, 마늘처럼 멕시코에서는 레몬이 기본양념으로 쓰인다.

③ 콩

– 삶은 콩, 다진 양파나 고추를 곁들인 콩, 볶거나 기름을 넣고 으깬 콩

– 콩을 삶은 물도 버리지 않고 수프 국물이나 밥을 짓는 데 활용

④ 고추

고추가 많이 사용된다는 점이 특징이며, 종류만 60여 가지 정도로 용도, 맛, 향도 다양하다. 칠리, 피망 등 등 200여 종이 재배되고 칠리는 각종 소스를 만드는 데 사용된다.

⑤ 향료 & 양념

• **블랙페퍼콘** : 통후추

• **코민** : 타코 속에 들어가는 콩 요리

• **칠리페퍼** : 멕시코 고춧가루라 할 수 있음

• **실란트로** : 코리앤더라는 식물의 생잎, 강한 향기가 있음

• **할라피뇨** : 초절임 고추

브라질 (Brazil)

- 인구 : 20,425만 명
- 수도 : 브라질리아
- 언어 : 포르투갈어
- 종교 : 로마가톨릭, 개신교
- 위치 : 남아메리카 대륙 중앙
- 기후 : 열대우림, 아열대, 온대 기후

브라질 관광청 http://www.embratur.gov.br

1. 브라질의 자연환경

브라질은 우리나라 면적의 85배 정도가 되는 남아메리카 대륙의 반 정도를 차지하는 남아메리카 최대의 국가로 국토의 40%는 아마존 밀림지대이다.

지역별로 다양한 기후대를 보여 남쪽으로 갈수록 선선하여 온대 기후를 띠고 북쪽으로 갈수록 더워 열대 우림기후, 해안평지는 아열대성 기후이다. 계절의 구분은 뚜렷하지 않고 지역별로 다양한 기후대를 보여 식재료가 풍부하다. 농업국으로 쌀, 밀, 옥수수가 풍부하고 세계 3대 목축 국가이기도 하다.

주요 관광지

구세주 그리스도

이구아수 폭포

브라질리아 대성당

리우데자네이루

2. 브라질의 사회문화적 환경

브라질은 포르투갈의 카브랄이 1500년에 발견했으며 1822년 포르투갈로부터 독립했다. 언어, 종교 등에서 포르투갈의 영향을 많이 받았다. 적극적인 혼혈 정책과 오랜 이민의 역사로 인공구성이 다양해졌다. 백인계가 55%, 혼혈38%, 흑인 6%, 황인 1%정도를 차지한다.

포르투갈은 사탕수수 재배를 위해 인디오들을 노예로 썼고 16세기에는 아프리카에서 많은 흑인들을 노예로 데려왔으며 18세기부터는 포르투갈, 독일, 이탈리아 등 유럽 국가에서 백인들이 이민 온 결과 다양한 인종을 구성하고 있다.

동 · 서양 및 아프리카 등의 다양한 문화를 가지고 있으며 음식문화 역시 예외는 아니다. 브라질의 민속학자 '페드로 아르칸주'는 '브라질의 음식은 아프리카의 텐데, 브라질 인디오의 만디오카, 포르투칼인의 올리브유로 이루어져 있다.'고 했다. 오늘날 브라질의 음식문화는 인디오의 음식문화, 아프리카에서 온 흑인의 음식문화, 포르투갈을 포함한 유럽 백인 국가의 영향을 받은 음식문화의 영향을 받으면서 발전했다고 할 수 있다.

Check point

Rio Carnival (삼바축제)

브라질 리오 카니발(Carnaval do Rio de Janeiro, Rio Carnival)은 브라질의 '리우데자네이루(Rio de Janeiro)'에서 열리는 축제다. 매년 1~2월 무렵에 시작해 사순절이 시작되는 재의 수요일 전날인 참회화요일(Mardi Gras, Shrove Tuesday)까지 약 5일간 개최된다.

리오 카니발의 삼바 퍼레이드는 리우데자네이루 지역의 삼바 학교(Escola De Samba)들이 경쟁하는 삼바 경연대회다.

3. 브라질 음식문화의 특징

1. 일반적 특징

브라질의 음식문화는 인디오의 음식문화, 흑인의 음식문화, 유럽인의 음식문화가 어우러져 발전해온 것이 가장 큰 특징이다. 땅이 넓고 다인종으로 구성된 국가인 브라질은 지역과 기후, 민족에 따라 다양한 음식문화가 발달했다. 북부 지방과 남부지방의 요리가 대조적인데 북부지역은 주로 원주민이나 흑인들의 영향을 받아 남미의 토속적 문화를 가진 반면, 남부지방은 유럽의 영향을 많이 받았다.

(1) 인디오의 음식 문화 영향

인디오의 음식은 주로 브라질 오지인 북부 및 북동부 지역에서 주로 발달하였다.

브라질은 '자연의 천국'이라고 불릴 만큼 천혜의 자연 자원을 가진 나라로 브라질 원주민들은 곡식을 재배하거나 사냥을 할 필요가 없었다.

인디오의 대표적인 요리는 '피랑(pirao)' 으로 생선에 식물의 뿌리인 '만디오카' 가루를 묻혀 튀긴 뒤 고추기름을 발라 먹는 요리이다.

(2) 흑인의 음식문화 영향

사탕수수 사업이 발전했던 브라질은 16세기부터 사탕수수밭에서 일할 노동력이 부족하자 아프리카에서 흑인들을 데려오기 시작했다. 흑인 음식의 가장 큰 특징은 소금과 마늘의 사용인데 소금은 더운 지역에서 염분을 보충해 주는 역할을 했고, 마늘은 열병을 막아주는 역할을 한다고 믿었기 때문에 많이 사용했다.

- 덴데(Dende)유 : 야자수의 일종으로 아프리카에서 직접 가져온 식물에서 추출한 것으로 기름으로 노동을 많이 하는 흑인들의 지방 급원 식품이었다.
  흑인 음식의 대표적 요리는 '쿠스쿠스'와 '페이조아다'이다.

(3) 유럽의 음식문화 영향

브라질 북부지역이 주로 원주민이나 흑인들의 영향을 받았다면 남부 지방은 유럽문화의 영향을 많이 받았다. 특히 이탈리아, 독일, 포르투갈 음식문화의 영향을 많이 받은 지역으로 낙농업의 발달로 버터나 치즈를 이용한 요리가 발달했고 유럽인의 대표음식 대구요리로 '해산물 대구요리', '달걀 감자 대구요리'가 있다.

2. 지역별 특징

(1) 북부지방

아마조나스와 아마파지역으로 브라질 원주민인 인디언들이 많이 살고 있는 지역이다. 아마존강을 중심으로 과일과 수산물이 풍부하다. 원주민의 음식문화가 잘 보전된 지역이다. 주로 원주민이나 흑인들의 영향을 받은 남미의 토속적 문화를 유지하고 있는 지역이다.

대표음식 : 파투 누 투쿠피, 미키에 그릴하도

(2) 북동부지방

브라질에서 가장 가난한 지역으로 사탕수수, 감귤 농사, 석유탐사, 관광업이 주요 산업이다. 현재는 사탕수수 산업과 감귤 농사가 행해지고 있다.

① 사우바도르

아프리카 흑인들의 영향을 많이 받은 음식문화가 형성된 지역이다. 농장주인 백인, 브라질 원주민, 아프리카의 흑인 음식문화가 어우러져 발달하였다.

대표음식 : 아카라제(Acaraje), 바타파(Vatapa)

② 미나스제라이스

광물이 풍부한 지역으로 포르투갈과 브라질 원주민의 음식문화가 어우러진 형태로 육류요리와 야채요리가 발달하였다.

(3) 남부지방

상파울루, 리우데자네이루가 있는 지방으로 유럽의 이민자들이 이주해와서 정착한 이후로 다양한 음식문화가 발달하였다.

① 상파울루

커피농장을 중심으로 발전하였으며 백인 이주민, 아프리카 흑인, 동양인이 타운을 형성하여 살고 있는 곳으로 자연스럽게 각기 다른 인종과 함께 음식문화가 다양해졌다.

대표음식 : 엠파다(Empada), 브라질산 칠면조 요리

② 리우데자네이루

대표음식 : 대구 볼 요리

4 브라질의 대표음식 및 음식이야기

1. 일상식

브라질에서는 아침식사를 빵과 커피, 주스에 각종 과일 등으로 가볍게 하고 점심식사는 오전 11시~오후 2시(알모소), 저녁식사는 7~8부터 시작해서 10시에 걸쳐서 한다.

점심에 비중을 두는 것은 포르투갈의 오랜 지배 영향이며 저녁에 비중을 두는 것은 세계적인 추세로 점차 늘어나고 있다. 브라질 음식은 전반적으로 짜기 때문에 간을 약하게 하려면 주문 시 미리 이야기해야 한다.

2. 대표음식

(1) 페이조아다(Feijoada)

흑인 노예의 음식에서 비롯된 요리이다. '페이조'는 콩, '와다' 는 섞어서 찐다는 뜻의 포르투갈어로 일종의 검은콩 요리이다. 리우데자네이루의 대표음식이다.

(2) 바타파(Vatapa)

스튜의 일종으로 땅콩, 양파, 마늘, 생강, 새우를 코코넛 과즙을 넣은 식빵과 함께 갈아 노란색 반죽을 만들고 이 반죽에 덴데유를 넣고 끓이다가 국물을 넣어 다시 걸쭉하게 끓여낸 것이다.

바이아주 지역의 대표음식으로 이 지역은 사탕수수를 일찍 재배했던 지역인 동시에 흑인노예들의 영향으로 음식문화가 흑인문화의 영향을 많이 받은 지역이다.

(3) 아카라제(Acarajé)

불린 콩의 껍질을 벗긴 후 양파와 함께 분쇄하여 묽은 반죽을 만들고 소금과 후추로 간을 한 후 팬에 타원형으로 부쳐낸다. 케이크의 일종으로 그 위에 말린 새우, 콩, 양파를 섞어 만든 묽은 즙을 뿌려낸다.

(4) 쿠스쿠스(Cus Cus)

페이조아다와 함께 대표적인 흑인 음식이다.

이집트, 모로코에서 즐겨 먹는 음식으로 밀가루나 보릿가루를 수수 크기의 작은 반죽으로 만들어 먹는다. 브라질에서는 옥수수가루로 반죽해 소금을 친 다음 삶아서 야자기름을 발라 먹는 형태로 변형되었다. 지금은 공장에서 대량으로 생산하는 대중적인 음식이 되었고 아침 식사 때 커피나 우유와 함께 먹기도 하고 가벼운 저녁식사에도 함께 먹는다.

(5) 슈라스코(Churrasco)

브라질 남부의 카우보이나 가우초들이 즐겨 먹던 바비큐 요리로 생고기를 부위별로 크게 토막 내어 '에스페토' 라 불리는 긴 쇠꼬챙이에 끼워 숯불위에서 구워낸 요리이다. 각종 육류와 어류, 야채를 꿰어 요리한다. 결혼식이나 생일 등의 행사에 먹는 대표 요리이다.

(6) 커피

세계 최대 커피 생산국인 브라질 커피는 아라비카종이다.

- **산토스** : 최상품으로 상파울루주 산토스에서 생산되고 원두는 조금 작고 빨간 줄무늬가 있다. 약한 신맛이 나며 부드럽고 향기가 풍부하다.
- **미나스** : 브라질 최대의 커피 생산지 미나스에서 생산되는 커피이다.

• **리오** : 리우데자네이루 지방의 토양에서 느낄 수 있는 요오드 같은 흙냄새가 느껴지는 커피이다.

Check point

브라질 커피 역사

브라질에 커피재배가 시작된 것은 1727년 Francisco de Mello Palheta에 의해서이며, 정치적인 임무로 프랑스령 가이아나의 수리남에 방문하여 커피 묘목을 확보하게 되어 커피가 처음 전해졌다.

그는 의도적으로 수리남 총독의 부인 Mrs. Marie에게 접근하여 그녀의 신뢰를 얻었다. 어느 날 그녀는 그에게 작은 아라비카 커피 씨앗을 꽃다발에 숨겨 건네주었다. 그렇게 브라질의 커피재배는 은밀하게 시작되었고 오늘날 세계 제 1의 커피 생산국이 되었다.

(7) 자주 쓰이는 식재료

① 마니오카(Manioca)

'브라질의 여왕'이라 불리는 인디오의 주식인 마니오카는 껍질은 검은색이며 단단하고 감자와 비슷하다. 녹말처럼 가루를 내어 죽을 만들어 먹거나 볶아서 마시기도 하고 마니오카 녹말은 빵이나 음료로 이용한다.

② 덴데유(Dende oil)

덴데라는 야자수 열매에서 짜낸 기름이다. 브라질에서는 덴데유의 사용이 많다. 아무 맛도 느낄수 없는 덴데유는 끓이게 되면 독특한 향미를 지닌다.

③ 투쿠피

생마니오카즙을 하루 정도 끓여 만든 노란색 액체이며 거의 모든 인디오 음식에 이용하는 재료이다.

미국
(United States of America)

- 인구 : 약 3억 1,890만 명
- 수도 : 워싱턴 D.C
- 언어 : 영어
- 종교 : 기독교
- 위치 : 북아메리카 대륙의 캐나다와 멕시코 사이
- 기후 : 북동부는 대륙성 기후, 남동부는 온대 및 아열대 기후, 캘리포니아 지역은 지중해성 및 사막 기후

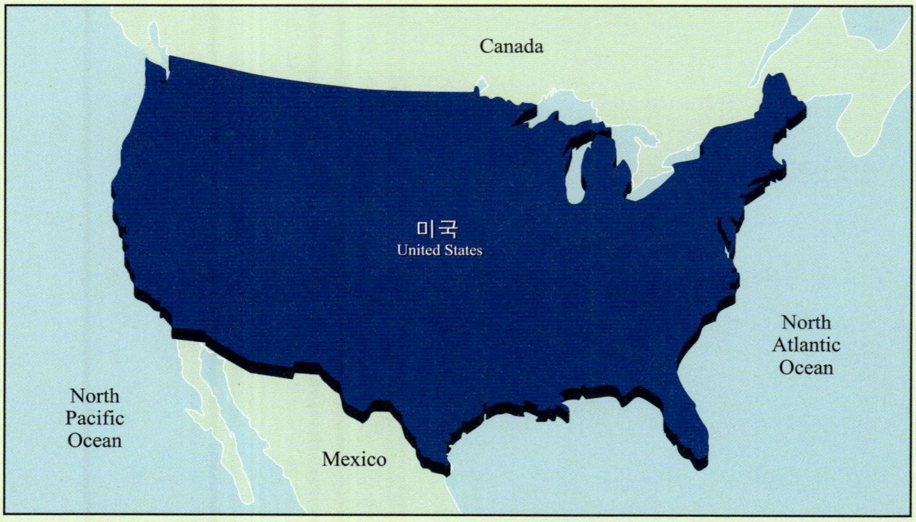

자유의 여신상

그랜드캐니언

미국 관광청 www.gousa.or.kr

1. 미국의 자연환경

미국은 United States(US, America)라고 불리는 연방공화국으로서 본토의 48주에 알래스카 및 하와이를 포함하여 50개 주와 콜럼비아 특별구(수도 워싱턴)로 이루어졌다. 북쪽으로는 캐나다, 남쪽으로는 멕시코와 국경을 맞대고 있으며 북아메리카 북서쪽에 있는 알래스카 주는 동쪽으로 캐나다와 서쪽으로 베링해협을 사이로 러시아와 마주한다. 그 외 태평양과 카리브 해에 해외 영토를 보유한다. 총 면적으로는 세계 세 번째이고 면적은 네 번째로 넓은 나라이다.

미국 본토의 기후는 서경 100도를 경계로 하여 크게 습윤한 동부와 건조한 서부로 나누어진다. 북동부는 대륙성 기후, 남동부는 온대 및 아열대 기후, 캘리포니아 지역은 지중해성 및 사막 기후이다.

2. 미국의 사회문화적 환경

정치, 경제, 과학 등 여러 방면에서 세계 최대강국 미국은 넓은 국토의 다양한 기후대에서 생산되는 풍부한 농 · 축 · 수산물과 세계에서 가장 진보된 식품 가공 및 저장, 포장기술, 마케팅 및 유통체계로 인해 식생활이 풍요로우면서도 간편하다. 미국의 인구는 세계 각 지역에서 이주해 온 사람들로 약 3억 189만 (2014년)명에 이르고 백인 83%, 흑인 12%, 인디언과 동양계 5%로 이루어져 있다. 국민의 32%가 기독교, 22%가 가톨릭교이지만 식생활에 종교적인 영향은 크지 않다.

1492년 이탈리아의 탐험가 크리스토퍼 콜럼버스가 스페인의 지원을 받아 항해를 시작하여 아메리카 대륙을 발견한 이후 수백 년 동안 유럽인들이 미국으로 이주해 왔다. 1600년대에 유럽 사람들이 이주해 오기 전까지 원주민들은 자연의 풍부한 식재료를 이용하여 독특한 식사형태를 구성했다. 처음에는 이주민들과 현지의 인디언 원주민들이 평화롭게 공존하였지만 1675년부터 14개월 동안 지속된 필립왕 전쟁으로 5,000여 명의 원주민이 죽고 살아남은 인디언들은 카리브 해로 추방되었다. 이로써 '미국의 역설' 이 시작되었다. 백인들의 정치적 · 종교적 자유가 꽃피게 된 배경에는 흑인 노예의 피눈물과 인디언의 희생이 있었던 것이다.

한편, 영국으로부터 이주해 온 식민지 개척자들은 원주민들에 의해 소개된 식품들과 사냥법, 음식 저장법, 옥수수와 콩 등의 이용 방법을 배웠으며, 단풍나무 즙을 농축시켜 만든 감미료를 다양한 조리법에 적용함으로써 현재 미국 음식의 발달에 많은 영향을 미쳤다. 아울러 스페인 · 프랑스의 유럽 식생활문화, 앵글로색슨계의 영국 식생활문화 등을 기초로 한 바탕 위에 기타 미국을 이루고 있는 다른 민족의 식생활문화가 혼합되어 있다.

3. 미국 음식문화의 특징

1. 일반적 특징

개척 초기 미국의 음식문화는 원래 이곳에 바탕을 두었던 원주민과 스페인, 프랑스의 영향을 받았다. 북미 원주민과 초기 유럽의 이주민들은 전통적인 미국 요리에 칠면조, 사슴고기, 감자, 고구마, 옥수수, 호박, 메이플 시럽과 같은 재료를 사용하였다. 그 후 영국의 음식문화가 미국 음식문화의 기초가 되었고, 여기에 세계 각국에서 이민 온 여러 민족의 음식문화가 혼합되어 있다. 현대음식은 곧 미국 음식이라고 할 정도로 전 세계의 음식문화를 선도하며 새로운 음식문화를 만들어 가고 있다.

미국은 짧은 역사 속에 다양한 인종이 공존하는 다민족 국가로 뚜렷한 음식문화의 특징은 없지만 유럽에서 유입된 음식문화에 북미 대륙의 풍요로움을 더하여 고유한 식문화를 창조하였다. 북대서양의 멕시코 만, 태평양의 해산물과 비옥한 중서부 농업지대에서 돼지고기, 소고기, 닭고기를 주식으로 삼을 수 있었던 낙농업과 식품 가공 및 저장 기술이 다문화와 융합되면서 미국 음식이 다채롭게 변화할 수 있었다. 남북전쟁 이후 폭발적으로 증가한 이민자들에 의해 미국의 음식문화는 더욱 풍부해지고 다양해졌다. 애플파이, 프라이드치킨, 피자, 햄버거, 핫도그와 같은 미국 특유의 음식은 다양한 이민자들의 조리법이 혼합되면서 생겨났다.

패스트푸드 음식을 상징하는 햄버거와 핫도그, 피자 등은 미국을 대표하는 음식이다. 하지만 햄버거(hamburger)는 독일 항구도시 함부르크(hambrug)의 선원들이 즐겨 먹던 음식이다. 핫도그도 원래 정식 명칭은 프랑크퍼터(Frankfurter)로 역시 독일 프랑크푸르트에서 기원한 음식이므로 독일 음식이라고도 할 수 있다.

미국인들이 즐겨 먹는 마카로니 앤 치즈(macaroni and cheese)는 마카로니를 토마토소스나 크림소스 대신 치즈소스와 섞어 먹는 음식으로 이것 역시 유럽에서 큰 인기를 끌던 치즈소스를 곁들인 파스타를 미국식으로 변형한 요리이다. 이처럼 미국에는 유럽과 아시아 등 전 세계 인종이 모여서 살고 있기 때문에 자신의 민족 음식을 그대로 계승하거나 나름대로 변형시켜 특유의 복합적 음식문화를 형성하고 있는 것이 특징이다.

(1) 다양한 민족의 음식의 혼합

미국에는 원주민과 여러 민족의 음식이 혼합된 음식문화가 자리잡고 있다. 다양한 민족이 살고 있는 만큼 다양한 음식을 맛볼 수 있으며 특히 뉴욕에서는 세계 음식문화를 모두 접할 수 있다.

뉴욕을 대표하는 음식인 베이글(bagel)과 파스트라미(pastrami), 크림치즈 등은 유대인 음식이다. 또한 소금에 절인 소고기와 양배추, 아일랜드식 스튜 등은 대표적인 아일랜드 요리이다. 20세기 초 이탈리아인들을 통해 파스타가 유입되었고, 2차 세계대전 후 유럽에 파병나갔던 군인들이 돌아오면서 피자가 널리 퍼졌다. 원래 이탈리아 피자는 도우가 상당히 얇고 토핑은 한두 가지 정도 올려서 담백하게 만드는데, 미국식은 두툼한 도우에 토핑을 다양하게 많이 올리는 형식으로 변형되었다. 프랑스식 감자튀김이나 브리토와 타코와 같은 멕시코 요리는 주로 멕시코와 인접한 텍사스 지역에 많으며 미국식으로 변형되었다.

베트남 전쟁 이후 베트남 쌀국수가 인기를 끌었으며, 향이 강하며 채소 중심의 태국 요리 전문점도 증가하고 있다.

(2) 가공식품의 발달

1890년경에 생겨나기 시작한 미국식 요리는 주스류, 샐러드 등의 요리를 발달시켰다. 1차 세계대전을 계기로 통조림 및 기타 보존식품 산업이 급속히 발달하고 일반화되면서 식품가공 공정이 다양해지고 가공식품도 증가했다.

또한 미국인들은 핵가족화, 바쁜 일과 등으로 식사시간을 절약하기 위해 주로 외식을 하거나 냉동식품이나 반조리식품 등을 많이 먹는다. 실용성을 중요시해서 운반과 보관이 편리한 식품이나 독특한 맛과 향이 있는 기능성 음식을 선호한다.

(3) 패스트푸드의 발달

일이 중심이 된 생활과 외식을 즐기는 등 비용, 시간, 노력을 절약하는 실용성 중심의 식생활 때문에 편의성이 좋은 즉석식품, 일품요리, 통조림 등의 패스트푸드가 발달하였다. 특히 대표적인 패스트푸드인 햄버거는 독일 요리인 햄버그스테이크를 들여와 변형하여 전 세계적인 음식이 되었다. 판매 체인으로는 맥도날드, 버거킹 등이 있으며, 크기와 맛 등 종류가 다양하다. 그 밖의 패스트푸드로는 프라이드치킨, 중국 요리, 타코(taco), 피자 등이 있다.

(4) 육류와 고칼로리 섭취 위주의 식생활

음식의 종류가 다양해졌지만 미국은 여전히 육류 소비가 많은 나라로 육류 위주의 식생활로 인한 고혈압, 뇌질환 등 성인병 발병률이 높아 식생활 개선을 위해 빵, 감자, 옥수수 등을 곁들여 먹는다. 또한 미국인들은 먹는 양이 많고 단맛이 강한 고칼로리의 후식과 음료도 즐긴다.

최근에는 건강을 고려하여 저열량 · 저염 · 저콜레스테롤 식품을 섭취하기 위해 동양의 식생활에 관심이 많아지면서 쌀, 두부, 채소 등의 건강식을 선호하는 경향이 커지고 있다.

(5) 구대륙의 조리법과 신대륙의 식재료의 결합

이민자들은 인디언들로부터 신대륙의 작물인 옥수수, 호박, 토마토, 칠면조, 땅콩, 블루베리 등의 식재료를 얻어서 구대륙의 조리법에 적용하여 새로운 미국 요리를 만들어 냈다.

2. 지역별 특징

미국의 음식문화는 다양한 민족의 각각의 음식문화가 흡수되어 있어 통합하여 미국음식의 특징을 설명하는 것은 매우 어려운 일이다. 미국의 음식문화는 시대와 지역에 따라 고유의 특색을 가지고 발전하였으며, 지역적 음식의 특성은 그 지역에 정착한 이주민에 의해 영향을 받았다.

(1) 동북부지역

동북부 지역은 대서양에 접해 있기 때문에 온대계절풍 기후를 나타내지만, 내륙으로 갈수록 대륙성 기후를 보이면서 겨울에는 몹시 춥다. 영국과 독일 이민자들의 음식문화가 바탕이 되어 블루베리, 칠면조, 옥수수, 감자, 토마토, 고추 등을 이용한 음식이 주를 이룬다. 메이플 시럽과 호박이 널리 알려져 있다. 특히 뉴욕에는 이탈리아 지역, 차이나타운, 유대인 지역, 러시아인 지역 등 거의 모든 나라의 이민 후예가 거주하는 지역이 밀집되어 있어 다양한 문화의 요리를 접할 수 있다.

(2) 서부지역

서부지역은 높고 험한 로키 산맥이 뻗어 있고 그 사이에 많은 고원과 분지가 있다. 서쪽으로 갈수록 농사 짓기에 적합한 토지가 드물고 비가 적어 초지와 목장이 발달하여 소와 말을 방목한다. 콜로라도, 덴버, 애리조나와 같은 관개시설이 잘된 지역에서는 과일, 채소, 면화를 많이 생산한다.

캘리포니아는 겨울에 비가 많이 오고 여름에 비가 적은 고온 건조한 기후지역이라서 과일과 채소 생산이 주를 이룬다. 특히 포도주의 생산량이 많은데 품질이 우수한 대중적인 포도주를 많이 제조한다.

한편, 캘리포니아롤(California roll)은 미국에서 만들어진 일식으로 미국인들은 김을 먹지 않기 때문에 김을 밥 안에 넣어서 말은 새로운 형태의 스시로 창조되었는데 미국에서 일식의 대명사로 자리 잡았다.

(3) 중부지역

중부지역은 대륙성 기후를 나타내며 미국의 곡창지대로 밀과 옥수수를 경작한다. 축산업의 발달로 육류가 저렴하여 스테이크를 즐겨 먹으며, 바다를 접하고 있지 않아서 요오드를 첨가한 소금을 각 가정에서 사용하고 있다.

미국 내에서도 가 장 전통적인 식사 형태를 유지하고 있으며 음식은 소박하고 단순한 편이다.

(4) 남부지역

남부지역은 플로리다, 텍사스, 노스캐롤라이나 등과 같이 멕시코 만과 대서양을 접하거나 인접한 주를 말한다. 습기가 많은 아열대 기후를 가졌으며 일찍이 대농장 제도가 발달하여 채소, 과일, 가축 등을 생산해 왔다. 멕시코와 아프리카의 요리가 섞인 남부 요리는 지방색이 풍부하며 종류도 많고 맛도 있다.

남부지역 음식은 고추나 칠리를 이용하여 매운맛과 향이 강한 음식이 많고 돼지기름으로 맛을 내는 아프리카 스타일의 음식과 두툼한 무쇠냄비를 이용하여 오래도록 삶는 조리법 등이 특징적이다.

4. 미국의 대표음식 및 음식이야기

1. 대표음식

루이지애나주를 포함한 남부 지역은 프랑스의 지배를 받던 곳으로 프랑스 음식문화가 전해졌는데 이것이 미국의 독특한 프랑스 음식인 케이준(cajun)과 크레올(creole)이다. 루이지애나주의 풍부한 해산물을 이용한 케이준과 크레올은 프랑스 음식의 미국식 해석으로 볼 수 있다.

검보(gumbo)로 대표되는 케이준과 잠발라야(jambalaya)로 대표되는 크레올은 이젠 미국 남부의 독특한 요리문화로 자리를 잡았다. 케이준이 서민층을 대표하는 투박하면서도 검소한 요리를 뜻한다면, 크레올은 정교한 프렌치 스타일이 엿보이는 요리를 일컫는다. 주로 유럽에서 추방된 프랑스인들이었던 극빈층 케이준은 각종 재료를 한곳에 섞어서 만드는 음식이 발달하였고 상류층인 크레올은 유럽풍 음식을 현지화시킨 것이다.

크레올(creole)은 남부 지역에 사는 스페인계 미국인을 지칭하는 말로 크레올 요리는 스페인 음식을 기본으로 하여 여기에 원주민 음식이 가미되고 후에 흑인 문화와 프랑스 문화의 영향을 받았다. 루이지애나주의 뉴올리언즈를 중심으로 프랑스의 후예인 크리올들이 프랑스 요리 기법을 활용하여 개발하였다. 크레올요리는 마늘, 양파, 고추, 파프리카, 허브 등을 사용하여 자극적이고 매운 맛이 있다.

케이준은 프랑스 농부의 후손들로 1620년대에 캐나다의 아카디아에 이주한 후 루이지애나 서쪽의 개발을 위해 정착한 사람들을 일컫는 말로서 척박한 환경인 케이준(cajun) 지역의 시골요리를 의미하기도 한다. 케이준 요리는 프랑스 요리에서 시작해 원주민과 아프리카에서 온 노예들의 영향을 받아 발전된 요리로 훗날 스페인 음식의 검보(gumbo)에 영향을 받았다. 그러나 200년 가까운 세월이 흐르면서 케이준음식과 크레올음식은 서로 수렴해서 지금은 거의 차이를 알아볼 수가 없다.

잠발라야

검보

케이준이나 크레올이나 잠발라야와 검보수프가 대표음식으로 활용되기 때문이다. 케이준 스파이스(cajun spice)는 마늘, 양파, 칠리, 후추, 겨자 등을 혼합해 만들며 특유의 향과 매콤하고 자극적인 맛이 특징이다. 최근에는 상업적인 케이준 시즈닝(cajun seasoning)을 많이 사용해서 요리한다. 타바스코(tabasco)는 케이준요리에 쓰이는 맵고 신맛을 내는 소스로 최근에는 다른 음식에도 다양하게 활용되고 있다.

칠리(chili)는 미국에서 대표적인 남부음식으로 칠리 고추와 갈은 고기 등을 사용해 약간 매콤하게 끓이는 스튜의 일종인데 기원은 멕시코라고 한다. 하지만 미국인들은 칠리를 사용하여 자기만의 음식을 창조하였는데 바로 칠리 덕으로 칠리를 핫도그에 뿌려 먹는 것인데 미국에서 처음으로 먹기 시작하였으며 현재는 대중적 음식이 되었다.

케이준 스파이스

케이준 시즈닝

타바스코 소스

칠리

한편, 미국 남서부 지역의 음식은 원주민인 아메리칸 인디언과 멕시코 음식의 영향을 많이 받았다. 텍사스와 멕시코 접경지역에서 형성된 음식을 텍스-멕스 음식이라고 하는데 이 음식은 카우보이 스타일의 멕시코풍 음식으로 육류 특히 소고기와 칠리, 콩을 많이 사용한다.

2. 주요 식재료

(1) 해산물

미국의 동쪽 뉴욕 주의 핑거 레이크에서는 민물장어, 메기 등이 많이 잡힌다. 그리고 게, 새우, 랍스터, 가재 등의 갑각류 중 던전 크랩 (Dungeness Crab)은 북서쪽 해안에서, 블루 크랩은 동쪽 연안인 체사피 베이에서 많이 잡히고 있으며, 뉴올리언스가 있는 루이지애나 주에서는 가재가 많이 잡히고 있다. 그 외 각종 조개류와 굴은 동서 연안에서 고루 잘 잡히고 있다.

던전 크랩

블루 크랩

(2) 옥수수

옥수수는 미국 농업 경제에 중요한 역할을 하는 작물로써 아이오와 주와 일리노이 주에서 주로 재배되고 수확량의 20%를 수출하고 있다. 미국 남부지역에서는 말린 옥수수를 거칠게 갈아서 끓는 물에 소금을 넣고 끓여 먹는다.

(3) 감자

미국 음식문화에서 감자는 우리나라의 쌀과 같이 중요한 역할을 차지한다. 탄수화물의 주요 공급원으로 베이크 포테이토, 러셋 포테이토, 레드 스킨 포테이토, 핑거링 포테이토 등 매우 다양한 모양과 맛의 감자가 요리에 이용되고 있다. 그 중 미국식 패스트푸드와 함께 제공되는 프렌치프라이, 해쉬브라운 등이 있으며,

체더 치즈나 사워크림과 함께 먹는 베이크 포테이토, 뉴욕 주에서 주로 먹는 솔트 포테이토는 한입 크기의 뉴 포테이토를 소금물에 삶은 후 버터와 함께 제공하는 요리이다.

3. 미국 원주민의 음식문화

(1) 동부 삼림지대

이 지역 원주민들의 중요한 식재료는 '쓰리시스터스(three sisters)'라고 불리는 옥수수와 콩, 호박이다. 이 세 식재료는 서로 도움을 주며 같이 자라기 때문에 이렇게 불리기 시작했는데, 콩은 옥수수 줄기를 타고 올라가며 자라고 호박 넝쿨은 콩과 옥수수 밭에 펼쳐져서 서로 공생하며 자라기 때문이다.

그 밖에 퀴노아(quinoa), 아마란스(amaranth), 해바라기 등의 작물이 동쪽 삼림지대에 많이 자라는 식재료이다. 동부의 대표적인 음식에는 콘 브레드, 서코타시(sussotash)가 있다.

콘브레드는 옥수수가루로 만드는 퀵 브레드를 통칭하는데 발효된 빵의 일종으로, 베이킹파우더를 사용해서 발효시킨다.

서코타시는 주로 옥수수와 리마 콩, 또는 기타 껍질 콩을 이용해 만드는 음식으로 토마토, 청 · 홍 피망, 절인 고기나 생선 등의 재료를 추가하기도 한다. 채소를 이용하는 이 조리 방법은 미국의 대공황 기간 동안 매우 유명해졌다.

쓰리시스테스

아마란스

서코타시

(2) 북서쪽 지대

미국의 북서쪽에 거주하는 원주민들은 연어나 다른 생선, 다양한 해산물, 버섯, 베리류, 사슴, 오리, 토끼와 같은 고기류를 주된 식재료로 사용하였으며 크리스토퍼 콜럼버스에 의해 소개된 럼(rum)이 유명하다. 동쪽에 거주한 원주민과는 다르게 북서쪽에 살고 있던 원주민은 주로 사냥을 통해 생활을 했는데, 그 이유는 비교적 온화한 기후 덕분에 한 곳에 정착하여 농경생활을 할 필요 없이 일년 내내 풍족한 식재료를 사냥을 통해 섭취하였을 것으로 짐작된다.

(3) 남동쪽 지대

남동쪽에 거주하는 원주민들의 식문화는 현재 미국의 남부 식문화에 기본 틀을 제공하였다. 그 중에서도 가장 중요한 식재료는 옥수수인데 옥수수는 가루로 갈아서 또는 죽 형태로 만들어서 많이 먹었다. 더불어 옥수수는 옥수수빵과 위스키 같은 술까지 제조가 가능하여 부족들에게 매우 중요한 교역 상품이기도 하였다. 그 다음으로는 감자를 들 수 있는데, 감자 역시 옥수수와 같이 매우 다양한 형태의 음식으로 섭취되었다.

4. 미국음식의 식재료와 축제

매년 11월 네 번째 목요일은 미국의 국민적 축제일인 추수감사절이다. 17세기에 유럽인들이 신대륙에 이주하여 어렵게 정착한 후 첫 수확에 대한 감사제를 지내는 데서 유래되었다. 크리스마스와 같이 성대하게 차리는 추수감사절은 청교도들이 매사추세츠주에 도착한 다음 해에 시작되어 지금까지 이어지고 있다. 이주민들은 혹독한 겨울을 이겨내기 위해 이웃의 인디언들에게 도움을 청했으며, 인디언들은 옥수수 등의 경작법을 가르쳐 주었다. 인디언들의 도움으로 재배에 성공하여 함께 축제를 열었는데, 이것이 미국인들의 국가적인 전통이 되었다.

추수감사절의 주 요리는 칠면조이다. 신대륙에 정착했던 당시 칠면조 고기와 옥수수빵, 감자, 호박 파이 등을 먹었기 때문이다. 우리나라의 추석과 같은 의미인 추수감사절에는 흩어졌던 가족이 한자리에 모여 함께 음식을 즐긴다.

PART 5

아프리카의 음식문화

1. 이 집 트

이집트
(Arab Republic of Egypt)

- 인구 : 약 7,900만 명
- 수도 : 카이로
- 언어 : 아랍어
- 종교 : 이슬람교 93%, 기독교 7%
- 위치 : 아프리카 북동부
- 기후 : 건조 기후

이집트 관광청 http://www.egypt.travel

아프리카는 세계 최대의 사막인 사하라 사막을 기준으로 아랍 문명권의 북아프리카 지역인 모로코, 알제리, 튀니지, 리비아, 이집트와 사하라 사막 남쪽의 서부 나이지리아, 동부인 케냐, 탄자니아, 우간다, 남부 지역인 남아프리카 공화국으로 구분된다.

세계 제2의 대륙인 아프리카는 최근까지 야만적이거나 미개하다는 선입견을 낳았으나 그 대륙만의 특수성으로 인하여 개성적인 문화를 지니고 있으며, 오늘날 사회 문화 전반에 걸쳐 급격히 변화하고 있다.

서로 다른 말을 사용하는 수 천 종족이 아프리카 대륙에 살고 있으며, 나이지리아처럼 수백 종족이 한 나라를 이루고 있는 경우도 있다. 아프리카의 이러한 다양성과 복합성, 특수성이 이집트의 식생활문화 형성에 큰 영향을 끼쳤다.

1. 이집트의 자연환경

아프리카는 적도와 남 · 북 회귀선이 대륙을 가로지르고 있어서 다양한 기후 풍토가 나타난다. 적도 부근의 아프리카 중부와 서부는 고온다습한 열대우림지대이고, 적도의 남쪽과 북쪽에는 건기와 우기가 뚜렷한 온대 초원 기후 지대인 사바나(savannah)와 스텝(steppe)지대가 있다. 한편, 남 · 북 회귀선을 따라서는 세계 최대의 사하라 사막과 나미브 사막, 칼라하리 사막 등이 펼쳐져 있다.

아프리카의 북동부에 위치한 이집트는 북으로는 지중해에 접하고, 남쪽으로는 수단, 서쪽으로는 리비아, 동쪽으로는 이스라엘과 아카바만 그리고 홍해에 접해 있다. 이러한 지리적 특성 때문에 메소포타미아와 함께 매우 일찍부터 도시가 있었고, 이집트는 고대부터 세계 무역의 핵심이 되었다. 또한 동서남북이 각각 홍해와 리비아 사막, 누비아 사막, 나일 강의 종착지인 지중해로 둘러싸여 있는 지리적 특성 때문에 이집트를 천혜의 요새로 만들어 주변 이민족의 침입을 막아주었다. 고대 이집트는 이러한 지리적 여건 때문에 도시국가가 아닌 파라오가 나라 전체를 다스리는 강력한 중앙집권체제의 국가를 이룩했으며, 독특하고 찬란한 문명을 꽃피웠다.

이집트는 한반도의 4.5배 크기로 국토를 1,200km에 걸쳐 흐르는 나일강은 서쪽 사막의 모래언덕과 산악 지역인 동쪽 사막을 가로지른다. 나일강 하곡과 그 유역의 삼각주평야, 수에즈 운하 연안, 그 밖에 사막지대로 지형을 구분할 수 있다. 이집트의 대부분의 지역은 건조 기후에 속하며, 나일강 계곡과 지중해 연안의 좁은 해안지방을 제외하면 대부분 사막이나 황무지로 전 국토의 90%가 사막이다.

이집트는 비가 거의 내리지 않지만 장기간에 걸친 나일 강의 범람이 토양을 비옥하게 만들어 고대로부터 지금까지 농경문화가 발달할 수 있었다. 나일 강 유역과 삼각주 평야 및 오아시스 주변에서 집약적으로 농사를 짓는데, 주요 농산물은 면화, 쌀, 밀, 옥수수, 콩, 보리, 사탕수수 등이며 이외 척박한 환경에서도 잘 자라는 대추야자에서 열매를 수확한다.

2. 이집트의 사회문화적 환경

이슬람 국가인 이집트의 정식 명칭은 이집트아랍공화국이며, 아프리카 최대 도시인 카이로가 수도이다. '이집트'라는 이름은 그리스어의 '이집트에 사는 사람'이라는 뜻으로 그리스의 시인 호메로스가 이집트를 아이규프토스(aiguptos)라고 부른 데서 유래되었다. 이것이 영어로 이집트라고 불린 것이다.

이집트는 피라미드, 스핑크스, 황금마스크, 거대한 신전 등 5천 년의 역사와 함께 고대 이집트의 문화유산과 유물이 나일 강 유역의 곳곳에 비교적 잘 보존되어 있다. 세계 4대 문명의 하나인 고대 이집트 문명이 발생한 아프리카 대륙의 동북부 모퉁이 땅을 고대 이집트인들은 타메리(tameri), 케메트(kemet), 타위(taui)라고 불렀다.

이것은 고대 이집트어로 각각 '홍수의 땅', '검은 땅', '두 땅'을 뜻하는데 해마다 나일 강이 범람하면서 형성된 기름진 검은 두 땅과 상 · 하 이집트를 가리켜 붙은 이름이다. 고대 이집트인들은 나일의 강물이 닿는 검은 땅만 이집트라고 여겼고, 그곳에 살면서 그 강물을 마시는 사람만이 이집트인이라 여겼다고 한다.

지리적 환경으로 고대 문명의 발상지가 된 이집트는 기원전 4,200년 경부터 기원전 2,900년 경까지 파라오의 지배 하에서 많은 발전과 영화를 누렸으나 이후 페르시아, 그리스, 로마제국, 오스만터키, 프랑스 등 주변 강국의 지배를 오래 받았으며, 20세기에는 영국의 보호국으로 종속되었다. 2차 세계대전 후 팔레스타인 전쟁에 패배하면서 1952년 혁명에 의해 공화국이 되어 오늘에까지 이르고 있다.

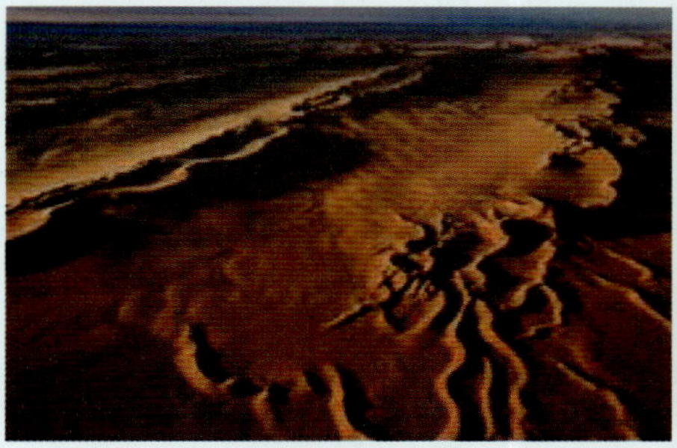

북아프리카는 아프리카와 아시아를 거쳐 인도네시아까지 뻗어 있는 이슬람권의 서쪽 끝에 해당한다. 이슬람은 자유, 평등, 박애의 정신을 바탕으로 한 정교일치를 지향하고 있으며 이슬람 교리가 국민생활과 의식구조의 기준이기 때문에 의식주 생활 전반에 영향을 미치고 있다.

북아프리카는 인종 구성이 단순하며 주로 아랍인과 베르베르인이 거주하고 있다. 토착 인종은 베르베르족으로 기원전 9세기 무렵부터 카르타고의 지배를 받았고, 그 후에는 로마, 아랍, 오스만투르크인들의 지배를 받았다. 아랍인들에 의해 이슬람 문명이 전파되었으며 아랍인들이 북아프리카 전역에 널리 퍼져 있기 때문에 북아프리카는 유럽 남쪽 끝이자 아랍의 서쪽 끝으로 간주되기도 한다.

3. 이집트 음식문화의 특징

1. 일반적 특징

이집트의 경우 서쪽으로는 북아프리카 해안으로, 서북쪽으로는 유럽으로, 동북쪽으로는 레반트로, 나일강을 따라 남쪽으로는 아프리카로, 동남쪽으로는 인도양과 동아시아로 향하는 통로의 중심에 위치하였기 때문에 음식 또한 여러 지역의 영향을 받았다. 이집트 음식은 인종의 다양성과 이집트 역사를 잘 반영해 주는데, 이슬람의 영향을 받은 것은 물론 지중해 연안에 위치하여 고대로부터 그리스 로마의 영향을 받았기 때문에 이들 나라의 음식과 유사한 점이 많다.

이집트 사람들은 주식인 빵 이외에 신선한 과일과 채소, 계절에 따른 향신료를 주재료로 한 건강식의 샐러드 요리를 즐겨먹는다. 과일의 경우 여름에는 멜론, 복숭아, 자두, 포도, 수박 등을 겨울에는 바나나, 대추야자 열매, 오렌지, 선인장 열매(cactus) 등을 먹을 수 있다. 또한 홍해와 지중해를 접하고 있기 때문에 어류가 풍부하여 도미, 농어, 방어, 가자미, 오징어, 낙지, 새우 등을 주로 튀기거나 구워서 먹는 생선요리가 발달하였다. 육류의 경우 이슬람교의 특성상 돼지고기는 쉽게 구매할 수 없으나 소, 양, 닭, 토끼, 비둘기, 오리 등 다양한 종류의 고기를 채소와 함께 조리하여 밥에 곁들여 먹기도 한다.

대추야자 나무

대추야자 열매

선인장 열매

이집트는 기원전 1만 5000~1만 년경 메소포타미아 유역에서 재배하기 시작한 보리나 밀을 빵으로 가공하는 기술을 처음으로 시작한 나라이다. 고대부터 이집트의 주요 농산물이었던 밀은 북부 아프리카 전체에 퍼져 밀가루를 이용한 빵을 만들어 먹는 음식문화를 형성하게 하였다. 처음에는 발효시키지 않은 보리를 납작하게 만들어 구웠고, 기원전 2,000년경 효모를 넣어 부드러운 빵을 만들기 시작하였다. 보리의 맥아로 만든 빵이 맥주를 발효시키는 데 사용되고, 다시 그 맥주 효모가 빵 발효제로 사용되었으며, 질그릇 항아리를 사용한 빵 굽기 전용 가마도 발명하는 등 이집트인이 빵과 맥주를 오래 전부터 즐겼다는 사실은 고대 그림이나 조각품들을 통해서도 찾아볼 수 있다.

다양한 음식문화가 존재하는 이집트에서는 귀족과 서민의 식생활에 현저한 차이가 있었다. 귀족들은 다양한 식품으로 양질의 음식을 섭취했으나 서민들은 빵을 주식으로 하여 채소를 곁들인 소박한 식사에 맥주를 즐기곤 하였다. 이집트 사회에서 맥주는 군인과 노동자, 농민 등 서민들이 주로 마셨던 대중적인 음료였다. 반면, 와인은 주로 국왕이나 귀족들이 많이 즐겼다.

(1) 복합적인 음식문화

수천 년의 문화적 전통과 지중해의 여러 문화, 이슬람 문화, 서유럽 문화가 혼합되어 있으며, 그 바탕에는 나일 강 유역에서 발생한 토착 이집트 문화가 있다.

(2) 빵의 기원

인류 최초의 빵은 이집트에서 처음 만들어졌다고 알려진 피타브레드(pita bread)로, 중동 여러 나라에서 현재까지 널리 사랑받고 있다. 기원전 4,000년부터 밀을 재배하기 시작한 것으로 알려진 이집트에서 부풀린 발효빵을 맨 처음 먹기 시작한 것으로 추정된다. 이집트에서 시작된 발효빵은 서양으로 건너가 서양인들의 주식이 되었다.

이집트인의 주식은 빵으로 밀가루 반죽으로 만든 납작한 에이쉬(aysh)를 즐겨 먹으며 그 밖에도 프랑스식 바게트, 식빵, 롤빵, 크루아상 등을 다양하게 먹는다.

피타브레드

에이쉬

(3) 생선요리의 발달

이집트는 동쪽과 북쪽에 홍해와 지중해를 접하고 있어 생선요리가 발달하였다. 주로 굽거나 튀기는 조리법을 이용하며 보리새우 커리는 대중화된 요리 중 하나이다. 이집트인들은 농어의 일종인 베스(base)와 연어, 가자미 뿐만 아니라 새우, 오징어, 가리비, 뱀장어 등을 즐긴다.

(4) 금기 음식

대부분의 이집트인은 돼지고기를 먹지 않는데 그 이유는 이집트 신화에서 찾아볼 수 있다. 매의 모습을 한 태양신 호루스(horus)가 돼지로 변신한 세스(seth) 때문에 눈을 다친 일화가 있는데 세스는 멸시의 대상이었기 때문에 그를 상징하는 돼지 또한 낮은 지위를 갖게 되었다. 이렇듯 돼지를 금기시하는 문화는 다종교적인 문제뿐 아니라 이집트의 기후적인 측면으로 인한 위생 · 경제 · 환경 · 생태적 가설 등에 다양한 뿌리를 두고 있다.

(5) 육류 요리

이슬람교도들은 돼지고기는 금기시하지만 양고기, 소고기, 닭고기, 꿩고기, 비둘기고기, 토끼고기 등은 중동 여러 지역에서 즐겨 먹는다.

4. 이집트의 대표음식 및 음식이야기

1. 주요 식재료

아프리카 음식의 주된 식재료는 에너지원인 탄수화물을 많이 함유한 옥수수, 카사바(cassava), 얌(yam), 콩, 감자, 쌀 등이 있다. 여기에 비타민이 급원인 채소를 곁들이고 지역마다 지리적 여건에 의해 부수적인 식재료를 사용한다.

북아프리카 요리에 공통적으로 나타나는 재료는 칠리가루, 올리브유, 커민, 계피, 코리안더, 캐러웨이 등이다. 칠리 고추는 아프리카 전역에 걸쳐 주요 양념으로 사용되는데 아프리카에서 칠리는 양념이자 약인 동시에 최음제이며, 불멸의 영혼을 만드는 음식으로 여겨진다. 또한 이집트에서는 5,000년 전부터 마늘의 효능을 인정하여 여러 요리에 두루 사용하였으며 피라미드를 건설할 당시 노동자들에게 체력을 유지하게 하기 위해 마늘을 꼭 먹도록 했다고 한다.

카사바

칠리고추

(1) 커민

커민(cumin)은 현재 아랍요리에 가장 많이 사용되는 향신료로 원산지는 이집트 나일 강가이다. 주로 양고기나 닭고기 요리에 사용되며 강한 향과 톡쏘는 매운맛이 특징이다. 수확한 열매를 말려 통째로 쓰거나 가루로 갈아서 쓰는데, 아랍요리 특유의 강한 향을 풍기게 한다.

(2) 두카

두카(dukkah)는 견과류와 향신료를 갈아서 혼합하여 만든 것으로 일종의 조미료 같은 역할을 한다. 집집마다 직접 만드는 경우가 대부분이며, 빵과 함께 먹는 소스로 사용된다.

(3) 콩

'콩은 파라오도 만족시킨다'는 말이 있을 정도로 고대부터 이집트인들은 콩을 좋아했으며, 현재도 널리 애용되는 식재료이다. 이집트 콩 또는 병아리 콩(chick peas)은 주로 삶아 으깨서 사용된다. 잠두(broad bean) 콩도 널리 이용된다.

병아리콩

(4) 몰로키야

몰로키야(molokhiyya)는 이집트를 중심으로 고온건조한 기후에서 자라는 피나무과 1년초 녹황색 채소이다. 고대 이집트 왕족이 먹었던 음식으로 단어의 어원은 '왕가의 채소'이다. 몰로키아 잎을 잘게 썰어 마늘, 후추 등을 넣고 묽게 끓인 수프 형태로 만들어 빵이나 밥과 함께 먹는다. 칼슘, 식이섬유, 비타민, 미네랄이 균형 있게 함유되어 있어 체지방 감소는 물론 지방간, 콜레스테롤 수치 감소 효과, 장운동 촉진, 항염 등의 효과가 있다고 한다. 클레오파트라가 평생 동안 몸매와 피부관리를 위해 즐겨 먹었다고 전해지면서 국내에서도 이를 이용한 가공식품이 출시되기도 했다.

몰로키야

몰로키야 수프

(5) 견과류

땅콩이나 말린 씨앗 등 간식으로 인기 있는 견과류를 파는 모습을 이집트 길거리 어디서나 찾아볼 수 있다.

2. 대표음식

(1) 에이쉬(Aysh)

에이쉬는 주식인 빵으로 밀가루 반죽을 화덕에 구운 것이다. 속이 비어 있기 때문에 각종 재료를 넣어 샌드위치처럼 먹거나 소스, 샐러드 등과 함께 먹는다. 길거리에서 쉽게 살 수 있으며 레스토랑에서는 주문하지 않아도 주문한 요리와 같이 제공된다.

(2) 풀(Ful)

풀은 콩을 푹 익혀서 여러 가지 향신료와 기름으로 맛을 낸 것이다. 기호에 따라 채소와 함께 샌드위치 안에 넣어 먹거나 에이쉬에 찍어 먹는다. 길거리에서 에이쉬와 함께 파는 곳을 자주 볼 수 있고, 아침식사 메뉴로 인기가 있다.

(3) 타미야(Taamiya)

타미야는 이집트식 채소 크로켓으로 콩을 주 재료로 하여 각종 채소를 같이 갈아 동그랗게 만들어 기름에 튀긴 요리이다. 값이 저렴하고 길거리나 음식점에서 쉽게 접할 수 있어 가벼운 식사로 좋다.

(4) 쿠샤리(Kushari)

쿠샤리는 이집트식 비빔밥으로 곡류와 마카로니 또는 스파게티면에 토마토 소스를 얹고 튀긴 양파를 올려 먹는다. 이집트의 빈민들이 먹기 시작한 것으로 값이 저렴하고 쉽게 먹을 수 있어 현재는 이집트 대표 길거리 음식 중 하나이다.

(5) 쿠스쿠스(Couscous)

쿠스쿠스는 이집트 원주민 베르베르족으로부터 유래된 북아프리카의 대표적인 주식으로, 지중해 지역에서 많이 먹는다. 세몰리나(semolina)밀을 1㎜의 작은 알갱이 모양으로 만든 후 밀가루로 겉을 감싼 것으로 우리나라의 쌀과 같은 기본적인 식재료이다.

(6) 호무스(Hummus)

호무스는 병아리콩을 으깬 후 올리브유, 소금, 후추 등 여러 조미료를 넣고 섞은 스프레드 형태로, 빵이나 채소 등에 찍어 먹는다.

(7) 쿠프테(Kufte)

쿠프테는 양고기를 다져서 경단으로 빚은 후 꼬치로 꿰어 구운 요리로, 튀기거나 햄버거 패티처럼 만들 수도 있다.

(8) 샤슈카(Shakshuka)

샤슈카는 히브리어로 '섞다'라는 뜻으로, 이집트, 이스라엘, 모로코, 리비야 등 중동에서 구하기 쉬운 재료인 마늘, 양파, 토마토, 파슬리, 달걀, 병아리콩 등을 같이 넣고 조린 요리이다.

(9) 카르카데(Karksdeh)

카르카데는 이집트 고유의 음료이다. 열대지방에서 자라는 무궁화과 식물인 히비스커스의 꽃잎을 물에 우려 낸 후 설탕을 타서 시원하게 먹는다.

3. 이집트의 일상식

이집트인은 아침식사의 경우 빵이나 주스로 간단히 먹지만 점심은 푸짐하게 먹는 편이다. 보통 2~3시에 먹게 되며 점심식사 후 티타임을 갖는다. 날씨로 인해 낮 시간동안은 자주 쉬는 대신에 밤에 늦게까지 활동을 하기 때문에 저녁은 8시 이후에 가벼운 메뉴로 하는 편이다.

점심에 정찬을 즐기는 식습관으로 인해 식사 초대도 점심에 이루어지는 경우가 많은데, 최근에는 많은 외국인들이 저녁을 정찬으로 하기 때문에 점심을 중요하게 여기는 식습관이 점차 사라지고 있다.

최근 이집트의 현대화와 여성의 사회진출 증가 등으로 라면 등의 인스턴트식품, 냉동조리식품, 통조림캔 등이 인기를 끌고 있다.

4. 식사예절

식사 전에 반드시 화장실에 가서 손을 씻고, 오른손을 사용하여 식사를 하는 것이 예의이다. 이슬람 율법의 영향으로 왼손은 빵이나 고기를 양손으로 찢을 때 그 밖에는 가급적이면 사용하지 않는다.

이집트인은 인간관계를 중요하게 여겨 손님 접대에 정성을 쏟는다. 준비한 음식을 많이 내놓고 그릇에 가득 담아 주며 과일 등도 손님의 눈에 잘 보이게 놓아 언제든지 편하게 먹을 수 있게 한다. 손님의 입장에서는 많이 먹는 것이 예의지만 음식을 전부 먹지 않고 조금 남기는 것 또한 접대를 잘 받았다는 것을 표현하는 방법이다.

독실한 이슬람교도들은 술과 돼지고기를 먹지 않으나, 대부분의 이집트 레스토랑에서는 맥주와 와인 등의 주류를 취급한다.

PART 6

오세아니아의 음식문화

1. 호 주

호주(Australia)

• 인구 : 약 2,250만 명
• 수도 : 캔버라
• 언어 : 영어
• 종교 : 천주교, 영국 성공회, 불교, 이슬람교 등
• 위치 : 남태평양과 인도양 사이의 오세아니아 대륙
• 기후 : 남부(온대), 북부 및 서부(열대), 내륙(대륙성)

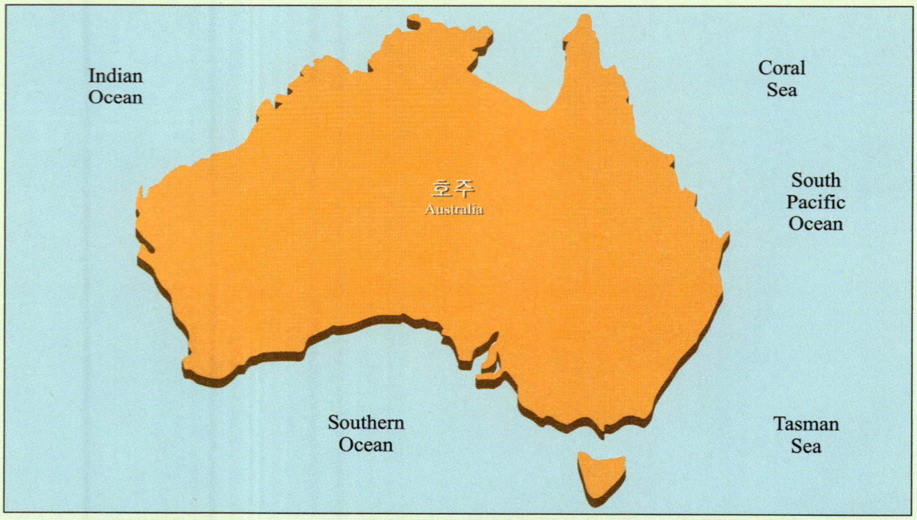

시드니 오페라하우스

울루루 카다 국립공원

호주 관광청 www.australia.com

1. 호주의 자연환경

인도양과 태평양 사이에 있는 호주는 가장 큰 섬인 동시에 가장 작은 대륙으로 하나의 대륙을 통째로 차지하고 있는 유일한 국가이다. 국토 면적이 세계에서 6번째로 크며, 남한의 77배가 넘는다. 이는 알래스카를 제외한 미국의 본토와 거의 같은 넓이지만 이렇게 넓은 땅에 고작 1,900만 명의 인구(1㎢/2명)가 살고 있다.

호주 인구 중 대부분은 유럽인(89.2%)이며, 아시아인(4.1%), 원주민(1.6%), 아랍인(1%) 등으로 구성되어 있다. 호주 대륙은 원시적인 동식물이 많이 서식하고 있고, 오랜 세월에 걸쳐 형성된 침식 지형이 많기 때문에 보통 '세계에서 가장 오래된 땅'으로 인식되고 있다.

호주 인구 가운데 약 70%가 10대 도시에 살며 나머지도 대부분이 대륙의 동쪽과 동남쪽 해안선을 따라 집중되어 있어 황량한 서부 지역은 사람들의 손길이 닿지 않은 자연 그대로의 모습을 간직하고 있다.

2. 호주의 사회문화적 환경

호주 원주민 애보리진

영국 연방(英國聯邦)에 속하는 나라로, 오스트레일리아 대륙과 태즈메니아섬 등을 국토로 한다. 1788년 1월 26일 영국이 최초로 유럽인 정착지를 세운 이래 영국의 식민 상태였다가 1901년 1월 1일 오스트레일리아 연방을 발족하였다. 정식명칭은 오스트레일리아 연방이다.

오세아니아에서 가장 오래된 문화를 남긴 것은 애보리진(aborigine)이라고 불리는 오스트레일리아 대륙의 원주민이다. 그들은 석기시대의 방식으로 수렵과 야생식물의 채집을 통해 식량문제를 해결하고 있다.

오세아니아의 전통적 농업의 특색은 근채류 재배에 있다. 타로토란, 얌토란, 바나나, 사탕수수 등이 주요 작물이다.

타로토란

3. 호주 음식문화의 특징

1. 일반적 특징

호주는 국토가 광활하고 다양한 민족과 풍부한 식량자원을 가지고 있으며 세계 각국의 요리가 잘 발달되어 있지만 특별하게 내세울 만한 전통 요리는 그다지 많지 않다.

전통적인 호주의 음식문화는 처음으로 호주에 이주하여 국가의 기틀을 다졌던 영국 음식을 토대로 하였다. 영국의 선데이 로스트나 으깬 감자, 콩, 당근 등 세 가지 채소와 함께 먹는 음식, 피시 앤 칩스 등은 호주에서도 쉽게 볼 수 있는 전통 음식이다. 영국의 식민통치의 영향이 남아 기본 음식문화는 영국을 따르고 있지만 영국은 음식문화가 발달하지 않은 나라 중의 하나이므로 이후 이주한 유럽인과 아시아인 등의 영향을 받아 다양한 민족의 음식문화가 융합되어 호주만의 독특한 음식문화를 형성하게 되었다. 즉, 이탈리아, 인도, 터키, 태국, 중국, 베트남, 중동, 프랑스 등의 다양한 음식은 각 나라 고유의 기본 형태는 갖추면서 호주인의 기호에 맞게 적절히 변형시킨 음식으로 발전하였다.

로스트 비프, 푸딩 같은 영국식 전통 음식은 가정의 식탁을 중심으로 여전히 전수되고 있으며 어디서나 쉽게 구할 수 있는 다양한 신선 식품에 의해 여러 민족의 음식문화도 함께 발달하고 있다. 전반적으로 고기 요리를 선호하며 화려한 색의 채소를 곁들이는 음식을 좋아한다.

호주는 어느 나라보다도 양고기와 소고기가 풍부하게 생산되는 나라이므로 호주인의 주식은 육류가 많은 비중을 차지하며 소고기, 양고기, 캥거루고기 등이 소비되고 있다. 국민 1인당 육류 소비량이 연간 100kg에 달하며 이러한 추세는 최근 40여 년간 이어져 왔다.

그러나 이렇게 많은 육류의 소비로 인하여 성인병과 비만인의 수가 늘어나자 1990년대 이후로 '모던 오스트레일리아(modern australia)'라고 하는 새로운 운동이 전개되면서 전통 자연음식 즉, 원주민이 즐겨 먹던 육류와 야생식물을 주재료로 한 부시 터커(bush tucker)가 인기를 끌게 되었고, 부시 터커 전문 음식점이 증가하고 있다.

(1) 육류 음식의 발달

목축업의 발달로 소고기, 양고기, 닭고기 뿐만 아니라 캥거루, 버팔로, 에뮤(emu ; 호주산 타조), 악어, 낙타 고기 등 다양한 육류가 식용된다. 돼지고기가 소고기보다 비싸며, 전통적인 방식의 불에 구운 소고기, 새끼양고기, 돼지고기를 선호한다.

에뮤

(2) 해산물 음식의 발달

남태평양에 위치한 섬나라인 호주는 해산물도 풍부하게 생산된다. 연어와 참치, 새우, 가재, 바위굴과 각종 조개, 전복, 홍합이나 바라문디(barramundi)나 트리벨라(trevalla) 같은 거대한 농어류의 생선 등 다양한 해산물이 풍부하다. 이런 신선한 해산물을 이용한 음식이 발달하였으며 새우, 바닷가재, 굴, 연어, 도미 등을 이용한 시드니의 생굴요리, 서부지역의 바닷가재 요리, 도미요리 등이 유명하다.

(3) 원주민의 음식 '부시 터커'

유럽인들이 호주에 이주하기 수만 년 전부터 호주에 살고 있었던 원주민 애보리진(aborigine)은 야생에서 얻을 수 있는 약초, 향신료, 과일과 채소, 호주 고유의 동물과 곤충을 먹을거리로 이용해 왔다. 미개한 원주민 음식으로 외면을 받아온 부시 터커(bush tucker)는 호주 고유의 새로운 맛으로 주목을 받으며 다양한 부시터거 식품들이 유럽스타일의 호주 음식에 이용되기 시작하였고 이 음식을 즐기는 사람들도 증가하고 있다.

부시 터거 식품에는 캥거루나 악어, 에뮤, 도마뱀과 다양한 자생 생선류, 갑각류, 원시 씨앗들, 너트류, 다양한 야생 과일, 베리류와 야생 곤충 등이 있다.

부시 터커

(4) 세계 각국의 다양한 요리 발달

호주는 다양한 이민자들로 구성된 국가로 영국인들의 식문화 외에 여러 민족의 고유한 음식문화가 발달하였다. 다양한 민족이 어우러진 호주는 풍부한 재료 때문에 싸고 맛있는 요리가 많다. 전통 서구식 요리, 해산물이 듬뿍 들어간 남태평양 요리, 서민적 호주 요리, 중국의 화교 요리, 동남아시아 요리 등 헤아릴 수 없을 정도로 많은 요리가 있다.

(5) 바비큐 문화 발달

호주에서는 특히 바비큐 문화가 발달했는데 집에서는 물론이고 공원, 바닷가, 강변 및 경치 좋은 산에 바비큐를 즐길 수 있는 곳이 많다. 육류 음식 문화가 발달하여 영국식 스테이크, 미트파이, 다양한 꼬치요리를 즐긴다. 특히 야외에서 먹는 바비큐를 즐겨 호주의 공원이나 해변, 가정의 뜰에는 바비큐 시설이나 화덕이 잘 갖추어져 있으며 숯불에 소고기, 양고기, 소시지, 토마토, 양파 등의 여러 가지 재료를 구워 약간의 소금으로 양념하여 재료 본래의 맛을 즐긴다.

(6) 테이크아웃 문화의 발달

야외에서 식사하는 것을 좋아하는 호주에는 피시 앤 칩이나 샌드위치, 미트파이, 소시지를 같은 음식을 사서 공원 등에서 가벼운 런치나 식사를 즐기는 테이크아웃 문화가 발달하였다. 따라서 테이크아웃 음식점이 발달하였다.

(7) 우유 및 유제품 발달

호주는 목축을 하기 때문에 우유와 유가공품인 버터, 치즈 등 다양한 제품이 생산 · 판매되고 있다. 우유뿐 아니라 양젖, 염소젖으로 다양한 치즈를 만들어 먹는다.

(8) 다양한 과일과 가공품 발달

호주의 과일은 대부분 외국에서 유입된 것으로 열대과일인 바나나, 파파야, 파인애플, 아보카도, 망고 외에 복숭아와 살구, 사과, 감귤류 등 계절별 과일도 풍부하다. 과일은 호주의 넓은 국토만큼 다양한 종류의 다른 맛을 지닌 잼과 주스 등으로 가공하거나 건과일로 만들어 스낵으로 먹기도 한다.

4 호주의 대표음식 및 음식이야기

1. 대표음식

호주는 천혜의 자연환경과 풍부한 자원, 다양한 민족이 공존하는 나라이다. 일반적으로 나라마다 대표적인 음식들이 있으나 호주는 특별한 전통 요리를 찾아보기는 어렵다. 미트 파이, 베지마이트, 캥거루 요리 등이 특색있는 요리라고 할 수 있다.

(1) 오지바비(Aussie barbie)

'바비'라고도 부르는 호주식 바비큐를 오지바비(aussie barbie)라고 한다. 소고기, 양고기, 닭고기 등과 소시지, 생선, 새우, 문어 등 여러 가지 재료를 이용하여 오지바비를 만든다.

(2) 미트파이(Meat pie)

미트파이는 진한 버터향이 나는 파이 껍질 속에 닭고기나 쇠고기를 갈아서 듬뿍 넣고 향기 좋은 버섯을 첨가하여 양념에 조려낸 음식으로 완두콩이나 그레이비소스를 뿌려서 먹는다. 미트파이는 영국에서 유래되었지만, 호주인들이 가장 좋아하는 음식 중 하나이다. 미트파이는 간식으로 먹거나 커피를 곁들여 식사를 대신하기도 한다.

(3) 키드니 파이(Kidney pie)

양파, 소고기, 소의 신장을 다져서 파이 속을 채워 구운 요리로 채소를 데쳐 함께 먹으면 맛이 더욱 좋다.

(4) 캥거루 요리

전통적인 원주민 음식인 캥거루 고기는 약간 질기고 특유의 냄새가 나긴 하지만 다른 고기에 비해 지방이 매우 적고, 콜레스테롤 함량도 적어서 다이어트식으로 소비가 증가하고 있다. 캥거루 고기는 스테이크나 꼬리로 스튜를 만들어 먹거나 햄버거 패티, 라자냐 등의 재료로 이용된다.

(5) 베지마이트(Vegemite)

베지마이트는 소금, 채소즙, 이스트 추출물로 만드는 크림타입의 스프레드로써 흑갈색을 띠는 호주를 대표하는 잼이다. 초콜릿 소스처럼 보이지만 냄새가 특이하고 짭짤한 맛이다.

베이마이트는 채소를 의미하는 'vege'와 친구를 의미하는 'mite'가 합해진 명칭이다. 효모 추출물과 채소 발효물이 많이 들어있으므로 비타민 B_1과 비타민 B_2, 나이아신이 풍부하다. 베이글이나 토스트에 발라 먹는데 호주인들의 아침 식사에 빠져서는 안 되는 것이 바로 베지마이트이다.

(6) 후식

① 래밍턴(Lamington) 케이크

래밍턴은 라즈베리 잼을 바른 스펀지 케이크에 초콜렛을 씌운 다음 코코넛 가루를 묻힌 케이크로 커피나 차와 곁들여 먹는다. 19세기의 퀸즈랜드 주지사였던 Baron Lemington의 이름을 따서 만들었다고 한다.

② 파블로바(Pavlova)

호주인들이 즐기는 디저트인 파블로바는 세계적인 발레리나 안나 파블로바(Anna Pavlova)를 위해 호주의 한 호텔에서 만든 디저트이다. 달걀흰자와 설탕을 섞어서 거품 낸 머랭으로 구운 과자에 신선한 과일과 휘핑크림을 듬뿍 얹어 만든다. 1월 26일 호주의 날에는 선호하는 소고기나 양고기를 바비큐 요리로 즐기며 샐러드와 디저트로 파블로바를 먹는다.

(7) 부시 터커(Bush tucker)

미개한 원주민의 음식이란 뜻의 부쉬터커는 호주 원주민이 4만년 동안 먹어온 음식으로 부시 터커에는 다양한 과일(특히 여러 종류의 자두), 씨앗, 견과류, 근채류(야콘, 감자, 얌 등), 육류(캥거루고기, 악어고기, 물

소, 낙타 등), 생선류, 파충류(도마뱀, 이구아나 등) 등이 식재료로 사용된다. 최근 성인병이 만연하면서 호주인들은 보다 건강식인 'bush tucker'에 대한 관심이 증가하고 있으며 이러한 음식의 대량생산과 유통이 추진 중이다.

(8) 댐퍼(Damper)

소다를 넣은 밀가루를 그릇에 담아 불 꺼진 모닥불에 묻어서 부풀린 빵으로 희고 텁텁한 맛이다.

(9) 음료

① 맥주

호주 사람 1인당 맥주 소비량은 세계 3위이다. 호주의 무더운 날씨로 인해 맥주를 즐겨 마시는데, 쿨러에 넣어 차갑게 해서 마신다. 호주인들이 즐겨 마시는 맥주는 미국의 맥주에 비하여 도수가 높은 편이나 도수가 낮은 맥주도 생산된다.

세계적으로 유명한 호주산 맥주는 포스터스 라거(Foster's Larger) 이지만, 호주 내에서 가장 많이 소비되는 것은 빅토리아 비터(Victoria Bitter)이다.

② 포도주

호주에서 포도주가 처음 생산된 것은 1816년으로 역사는 짧지만 프랑스나 캘리포니아산 포도주 못지않은 좋은 품질을 인정받아 세계적으로 수출되고 있다.

호주 포도주는 깊은 맛보다는 신선한 맛으로 유명하다. 호주인들은 나무통에서 숙성시켜 참나무향이 나는 백포도주와 스파클링 와인을 좋아한다. 호주의 포도주는 지명을 이름으로 붙이지 못하고 포도 품종을 이름으로 사용한다. 유명한 포도주 생산지는 서호주의 마가렛리버, 남호주의 바로사밸리(Barossa Valley)와 펜폴드, 시드니 북쪽의 헌터밸리 등이다.

펜폴드에서는 고급 적포도주인 '그레인지 허미티지(grange hermitage)'가 생산된다. 바로사 밸리에서는 매년 4월에 포도 수확과 포도주 생산을 축하하는 '포도축제(vintage festival)'가 열린다.

바로사 밸리의 포도축제

Check point

'Fully Licensced'와 'BYO'

호주는 허가가 없는 음식점에서는 술을 판매할 수 없다. 호주에 가면 음식점의 광고나 상점의 간판에서 'Fully Licensed' 또는 'BYO'라는 표시를 볼 수 있다.

'Fully Licensed'는 술을 판매해도 좋다는 허가증으로, 음식점 내에서 술을 주문해서 마실 수 있는 곳으로, 대체로 고급음식점이다.

'BYO(Bring Your Own)'는 손님자신이 마실 술을 가지고 와도 좋다는 것으로, 대중적인 음식점인 경우가 많다. 'BYO'도 허가증의 일종으로 이 허가증이 없는 음식점에는 술을 가지고 들어갈 수 없다. 술은 펍(pub)에 딸린 보틀숍(bottle shop)에서 구입할 수 있다.

그 밖에도 테이크어웨이(take-away) 방식이 있다.

참고문헌 및 자료

- 정혜경 오세영 김미혜 안효진(2013). “식생활 문화”. 교문사.
- 조윤준 우나라야 김현정 최원석(2011). “세계의 식생활과 문화”. 파워북.
- 최정희 최남순 조우균 이영미 차성미(2014). “세계 식생활과 문화”. 파워북.
- 네이버 지식백과
- https://wikipedia.org/
- http://nobacks.com/hamburger-sandwich-three/
- http://www.wholefoodsmarket.com/recipe/learn-cook-mac-and-cheese
- http://www.mapsofworld.com/pages/mmmerica/united-states-of-mmmerica-creole-and-cajun-cuisine/
- http://www.gourmetfoodreview.com/recipegourmet/traditional-creole-and-cajun-jambalaya-cuisine/
- http://www.healthyfoodguide.com.au/recipes/2009/february/cajun-spice-mix
- https://bluesmokesalsa.com/blue-smoke-salsa-south-west-virginia-chili/
- http://www.bbcgoodfood.com/recipes/succotash
- http://www.wheelchairtraveling.com/napa-valley-wine-country-in-california/
- http://www.kabukirestaurants.com/sushiday2015/
- http://mainstreetgourmetbakery.com/index-3-bagels.html
- http://www.nhtortilla.com/80
- http://www.abc.net.au/radionational/programs/bushtelegraph/halal/5843904
- http://www.islammission.org/islam/culture/picture_ramadan.htm
- http://missionmagazine.com/main/php/search_view.php?idx=269
- http://www.islamicinvitationturkey.com/2015/07/17/muslims-in-several-countries-mark-end-of-ramadan-by-celebrating-eid-al-fitr/
- https://islamgreatreligion.wordpress.com/tag/eid-ul-fitr/
- http://www.orangeblossomwater.net/index.php/2010/09/11/eid-al-fitr-sweets-2010/
- http://www.sbs.com.au/food/recipes/burghul-pilaf-chickpeas
- http://www.thekitchn.com/how-to-make-couscous-165983
- http://media1.or.kr/newshome/detail.php?number=3506

- http://www.essen-und-trinken.de/tajine/tajine-rezepte-1011051.html#r145296-poularden-tajine-mit-salzzitronen
- http://www.heritageinstitute.com/zoroastrianism/nowruz/nowruz3.htm
- http://www.flickriver.com/photos/tags/sholehzard/interesting/
- http://phototrip.ir/iran/abgusht-a-family-meal.html#.VsNGZPmLSUk
- http://www.mypersiankitchen.com/category/dolmeh/
- http://shalizaar.com/food/torshi/
- http://www.mypersiankitchen.com/category/kuku/
- http://media.daum.net/culture/leisure/view.html?cateid=1025&newsid=20090223083512169&p=poctan
- http://www.seriouseats.com/recipes/2015/08/perfect-pita-bread-recipe.html
- http://www.yelp.com/biz_photos/cleos-mediterranean-cuisine-new-orleans?select=m4DTEjXdmphdI5XEvbXVzQ
- http://www.weber.com/recipes/poultry/pita-breads-with-chicken-and-eggplant-in-curried-chutney-dressing
- http://www.cookandeat-lebanese.com/allActivity.aspx?id=102834&lan=
- https://isys100group7.wikispaces.com/Egypt+-+Kushari
- http://www.fearlesshomemaker.com/2013/02/hummus/
- http://www.theglobaljewishkitchen.com/2010/05/09/rice-stuffed-tomatoes-tomates-yenas/
- http://cooking.nytimes.com/recipes/1014721-shakshuka-with-feta
- http://thruguide.tistory.com/43
- http://www.thehungarydish.com/the-best-gulyas-recipe/
- http://hungarytoday.hu/news/cook-hungarian-halaszle-47286
- http://hungarytourism.tumblr.com/post/55858535652/this-is-hungarian-stuffed-cabbage-t%C3%B6lt%C3%B6tt
- http://eletunk.com/hogyan-keszul-dobostorta/
- http://www.travelnt.com/things-to-do/art-culture-and-heritage/aboriginal-culture/bush-food
- http://food.ninemsn.com.au/recipes/other/8349934/steak-and-kidney-pie
- http://www.mybestdaysever.com/pavlova/
- http://www.rmwilliamscentre.com.au/about-the-centre-overview
- http://m.blog.daum.net/foodmardaumnet/15524899
- http://visitbeijing.or.kr/beijingduck

- http://publish.tourexpress.com/tour/tourguide/MAG/080722PEK.html
- http://polarjourney.tistory.com/52
- http://www.doopedia.co.kr/photobox/comm/community.do?_method=view&GAL_IDX=101011000612247&GAL_TYPE_CD=
- http://www.study-in-china.org/KR/Education/LiveInSchool/200958215845126.htm
- http://www.menupan.com/Waple/First/Member/First_Board_View.asp?idx=1&rg=1&rc=goodrest&id=130185&mq=1691729
- http://kr.people.com.cn/n/2014/0703/c310004-8750467-3.html
- http://moaifood.tistory.com/997
- https://namu.wiki/w/%EB%8F%99%ED%8C%8C%EC%9C%A1
- http://www.happychina.co.kr/364
- http://tour.haotianjin.net/info/detail.asp?autoid=35029&ptype=3&cat3=ab2009.

찾아보기

ㅅ

ㅇ

ㅈ

ㅊ

ㅋ

ㅎ

기타

에센스 세계의 음식문화

초판 인쇄 2016년 02월 04일
초판 발행 2016년 02월 05일

저 자 이훈희 · 안미령 · 유주연
송원경 · 안기정 · 안종철
김경임 · 김자경 · 박대순

발행인 주 병 오

펴낸곳 지구문화 JIGU CULTURE

주소 경기도 파주시 회동길 209
파주출판문화정보산업단지

전화 031- 955 -7566 · 7577

FAX 031-955 -7730

이메일 jigupub@hanmail.net

등록번호 1979년 7월 13일 제 9-57호

ISBN 978-89-7006-780-3 **값** 22,000원